考古学リーダー 22

古墳から寺院へ
～関東の7世紀を考える～

小林三郎・佐々木憲一　編

六一書房

本書を 故小林三郎先生の霊前に捧げる

はじめに

　『古墳から寺院へ　関東の7世紀を考える』を皆様にお読みいただけるのは、私にとって、まさに会心のできごとです。

　それは、もちろん我われ仲間たちが集ってなしえた成果を世に問うことができるからではありますが、同時に、私事にわたって恐縮ですが、ここには私の敬愛して止まない故小林三郎さんの、文字どおり最後のご講演記録「関東における古墳の終焉」が遺稿として収められているからです。小林さんは、闘病のさなか一時ご退院の間にこの原稿の校正をされたと伺います。そして皆様ご存じのとおり、2006年11月5日に帰らぬ人となってしまわれたのです。

　じつは、小林さんとは、いつも何かにつけ酒席をともにさせて頂いたのですが、そんな折には、これからは考古学でも、大学間のより緊密な連携が必要なのではないか、個別の問題ごとにでも協力が大事なのでは、などとよく話していました。そうした私どもの意図に若い方々も共鳴してくださり、いつの間にか大学合同考古学シンポジウムという具体的な企画となり、2000（平成12）年秋、第1回「弥生の「ムラ」から古墳の「クニ」へ」として実現したわけです。この最初のシンポ当日が、まさに例の旧石器遺跡捏造事件報道のわずか5日後のことだったのを昨日のことのように思い出します。

　その翌2001年に第2回「縄文社会を探る」、2002年に第3回「埴輪づくりの実験考古学」、2003年に第4回「縄文と弥生」と続き、そして2004年11月20、21日の両日、第5回目として早稲田大学で開催されたシンポジウムの記録こそが本書というわけです。

　ご覧のとおり、大変充実した内容となりましたが、なかでも小林さんの基調講演「関東における古墳の終焉」は、当時明らかにされた府中市熊野神社古墳を中心に、同時期の多摩川流域の古墳、さらには常陸の鹿島神宮とその周辺の古墳について考察され、7世紀代の東国で地域ごとに、古墳に表現されるような前代の宗教儀礼と初期の仏教寺院あるいは神社との複雑な関係に

ついて縦横に論じられています。

　じつは1万年を超える縄文時代を含めて、列島に生きた人々の信仰・宗教といった日本人の精神文化の系譜の問題は、これから考古学でも大いに追求されていくべきだと私は思いますが、そこでも、ここに論じられている「古墳から寺院へ」といった問題は極めて大きな意味をもつと思われます。

　このシンポジウムの企画運営の中心的な役割を果たされ、議論をつねにリードされたのはいうまでもなく小林三郎さんでした。当然、この序文も小林さんがお書きになるはずだったのでしょうが、返す返すも残念です。

　そういえば、猛暑だった今夏、8月4日に甘粕健さんもお亡くなりになりました。かつて、関西での日本考古学協会の帰途、車中の缶ビールではもの足りず新幹線を降りてそのまま東京駅地下の居酒屋に腰を落ち着けて飲みなおそうということになり、甘粕さん、小林さんと考古学のあれこれを語らいつつ、暖簾まで痛飲したことなども忘れられません。

　ところで、これで我々の一連の合同シンポの成果の出版は、第4回目の「縄文から弥生へ」を残すのみとなりました。じつは、残されたこの巻には、一昨年9月10日ドイツで急逝された藤本強さんの原稿が収められることになっています。

　いずれにせよ、今回、お忙しいなか編集を担当されたばかりか、誤りなきよう、この一文のチェックまでお願いした佐々木憲一さんはじめ、すべての執筆者には深くお礼を申し上げます。いち早く提出された執筆者には、ご講演から8年も打ち過ぎてしまったことをお詫び申し上げます。シンポジウムには参加され素晴らしいご報告をしてくださった須田勉さんの原稿もぜひ収めさせていただきたかったのですが、これまた全体の遅延の故に残念ながら断念せざるをえなかったと伺います。この場をお借りして私からもお詫びいたします。

　シンポジウム全体の企画、講師依頼、予稿集の取りまとめ等々、佐々木憲一さんに協力してあたられた中條英樹さん、編集作業に尽力された山田俊輔さんにも感謝いたします。

　もとより明治大学、早稲田大学はじめ参加してくださった各大学のすべて

の皆様に、ここで改めて深甚の謝意を表します。

　第1〜3回目までの記録を出版して下さった学生社には、たいへんなご無理をお願いしたことをお詫びし、今回分を考古学リーダー22として出版をお引き受けくださった六一書房のご英断にも、深くお礼を申し上げたいと思います。

　この一連の合同シンポは2004年のこの回で一応、最終回となりました。

　当時、早・明を中心とした個人的信頼関係を土台に、大学合同の形にまで持って行けたのは意義深いことだったと今でも信じています。そして、それを可能ならしめたのが、他ならぬ小林三郎その人だったことを思い、ここにあらためて氏のご冥福をお祈り申し上げます。今回、編集の労をとられた佐々木憲一さんも言われるとおり、私も本書をぜひ小林さんのご霊前にささげたく思うゆえんです。

菊池　徹夫

目　次

はじめに………………………………………………菊池徹夫　i
例　言

古墳から寺院へ —序にかえて—……………………佐々木憲一　1

第Ⅰ部　課題研究
1　関東における古墳の終焉……………………………小林三郎　11
2　関東の後期・終末期古墳……………………………白井久美子　28
3　横穴式石室から見た古墳の終焉……………………土生田純之　57
4　古代王権と仏教・寺院………………………………川尻秋生　71

第Ⅱ部　地域研究
1　上野国における寺院建立の開始……………………髙井佳弘　85
2　武蔵国の終末期古墳と地域の編成…………………田中広明　98
3　「下毛野」と「那須」の古墳から寺院・官衙へ………眞保昌弘　109
4　常陸国の7世紀 —古墳を中心に—…………稲田健一・佐々木憲一　129
5　龍角寺の創建…………………………………………山路直充　140

第Ⅲ部　シンポジウム
　　古墳から寺院へ —関東の7世紀を考える—………………169

あとがき………………………………………………佐々木憲一　205

例　言

1　本書は2004年11月20、21日に早稲田大学戸山校舎で開催されたシンポジウム「古墳から寺院へ ―関東の7世紀を考える―」の記録である。
2　シンポジウムは、2000年に始まった「大学合同考古学シンポジウム」の第5回目として開催された。

古墳から寺院へ ―序にかえて―

佐々木憲一

　1997年、1998年に開催された第42回、43回埋蔵文化財研究集会のテーマはそれぞれ「古代寺院の出現とその背景」「前方後円墳の終焉」であった。このように古墳の終焉や古代寺院の出現をテーマに数多くの研究会・シンポジウムが開催されている。こういった研究会、シンポジウムでは一部の発表者が古墳の終焉と古代寺院の出現を単一の枠組みで捉えることがあるけれども、研究会・シンポジウム自体に関しては、古墳をテーマにしたものと古代寺院をテーマにしたものが通常別々に扱われる。やはり、古墳と古代寺院は研究が依拠する遺構、遺物が異なるため、別々の枠組みのなかで研究が実践されてきたからであろう。また群馬県山王廃寺や千葉県龍角寺のように、その地域史の枠組みのなかで議論されることが主流であった。
　そのようななかで、1997年に発行された『季刊考古学』第60号は「渡来系氏族の古墳と寺院」というテーマで特集を組み、「渡来系氏族」をキーワードに、古墳と寺院の関係に全国的視野から迫ろうとした野心的な試みである（小笠原・大脇1997）。検討対象地域は、九州、中四国、大和、河内・和泉、摂津、山背、播磨、東海、北陸、関東・東北に及ぶ。ただ、「渡来系」という前提条件があったためか、古墳と寺院とを同じ枠組のなかで分析を試みることが可能であったのは、九州、大和、河内・和泉、山背、播磨、北陸の地域であり、課題の難しさが窺える。
　本書は関東の7世紀とその前後の遺跡を素材に、そのような困難に敢えて挑戦するものである。ただ、現実はやはり厳しく、すべての地域について、発表者に古墳の終焉と古代寺院の出現をひとりで論じてもらうことは必ずしもできなかった。それでも以下の章を読んでいただいたらわかるように、関

東では古墳が消滅し、近隣に古代寺院が出現するまでの過程が地域によって大きく異なる現実を示すことができ、本書のひとつの貢献であると自負している。ここでは便宜上、旧国単位に分けているが、上野や常陸の事例が示すように、旧国内でも地域的差異がみられることは強調しておきたい。

　ここで古墳から寺院への系譜関係に関する研究史を、近畿地方を中心に、簡単に振り返ってみたい。この種の研究の嚆矢となったのが、山崎信二の「後期古墳と飛鳥白鳳寺院」である（山崎1983）。山崎は輻線紋軒丸瓦が出土した大和、山背、近江、美濃、三河の15箇寺の所在地域に渡来系氏族の存在を示す史料があって、また穹窿式横穴式石室の分布とも重なるケースが多いことを指摘し、後期古墳と古代寺院の築造の背景に渡来系氏族の存在を読みとろうとしたのである。

　大和を対象地域とした研究史については、近江俊英が的確にまとめている（近江1997）。大和の場合、飛鳥寺のように『日本書紀』などの文献史料にその創建事情が記されるような代表的な寺院が存在すること、また豊富な文献史料のおかげで、その所在する地域にどんな氏族が居住していたかまで推察できるという地域的特質がある。そのため、古代寺院の成立を考えるために、その前段階から継続的に営まれた古墳に注目した研究や、その逆に、古墳の被葬者に迫るために寺院に注目した研究が戦前以来試みられてきた。

　その初期の研究として保井芳太郎による『大和上代寺院志』がある（保井1932）。そこでは、既存の古墳に近接して造られた寺院をその古墳の主の菩提寺と考え、その例として見瀬丸山古墳と軽寺の関係をあげた。また伊達宗泰は、古墳の被葬者を推定するために寺院を検討した（伊達1967）。具体的には、桜井市文殊院西・文殊院東両古墳付近は阿部氏の居住地であり、同地域に安部寺と考えられる寺院跡も所在することから、両古墳の被葬者も阿部氏の有力者と考えた。このような方法で、古墳と寺院を関連付けられる例が香芝市平野塚穴山古墳と尼寺廃寺、橿原市天王藪古墳と田中廃寺、大和郡山市額田部狐塚古墳と額田寺、御所市水泥古墳と巨勢寺、生駒郡三郷町西宮古墳と平隆寺などがある。これらは地理的に両者が近接し、また文献から推定されたそれぞれの氏族の居住地内に両者が所在する例に限られ、大和で7世

紀に既に存在した寺院の数が60箇所を超えるのと比べると、数は少ない。

　大和のように文献史料が豊富な地域ではないが、山城南西部の乙訓地方を対象として、都出比呂志が古墳群と寺院の関係を議論している（都出1983・1988・1999）。まず、1983年刊行の京都府『向日市史』「古墳時代」において、彼は次のように述べる（都出1983 p.181）。「乙訓地域の白鳳時代の寺院跡は、北から西京区の樫原、向日市では寺戸（宝菩提院）、長岡京市では今里（乙訓寺）、大山崎町には上ノ田の四ヶ所にある。このうち、樫原・寺戸・今里の三カ所は六世紀までの首長墓の伝統が認めうる地域である。七世紀代には、旧首長も新興の首長もともに寺院造立のために民衆を動員したのである」。この時期にすでに、乙訓（京都府南西部）のなかでも、首長系譜が続く地域で寺院が出現するケースと、古墳の築造が目立たなかった地域で寺院が出現するケースを区別していることに敬服する。

　大和を対象とした諸研究同様、『向日市史』も地域史への貢献である。とはいえ、「七世紀代には、旧首長も新興の首長もともに寺院造立のために民衆を動員したのである」という文言は、首長権力のシンボルが古墳から寺院へと変革したという、古墳と寺院の関係を全体的歴史理論研究に高めたところに大きな貢献がある。5年後都出は「古墳時代首長系譜の継続と断絶」と題した論文（都出1988）において、個々の古墳群における前方後円墳の出現、消滅、再出現が列島全体を巻き込んだ政治変動の所産という議論を展開し、明言はしないものの、その表1では古墳群と寺院を同じ枠組みでとらえている（第1図）。次に1999年刊行の科研報告書『古墳時代首長系譜変動パターンの比較研究』の序論「首長系譜変動パターン序説」では「畿内地方では、7世紀代の寺院が古墳時代首長系譜の1単位と対応することが多い」と明言した（都出1999）。

　この都出のアプローチは、乙訓も含めた山城西部を対象とした梅本康広に継承される（第2図）。梅本は、都出が検討の対象とした樫原・山田（梅本は樫原と山田を別系譜として扱う）、向日、長岡（長法寺・今里、上里・井ノ内、山崎の3系譜に細分）のほかに、京都市内の嵯峨野系譜も分析した（梅本1998）。その結果、嵯峨野系譜の場合、全長75mの前方後円墳、蛇塚古墳の築造を

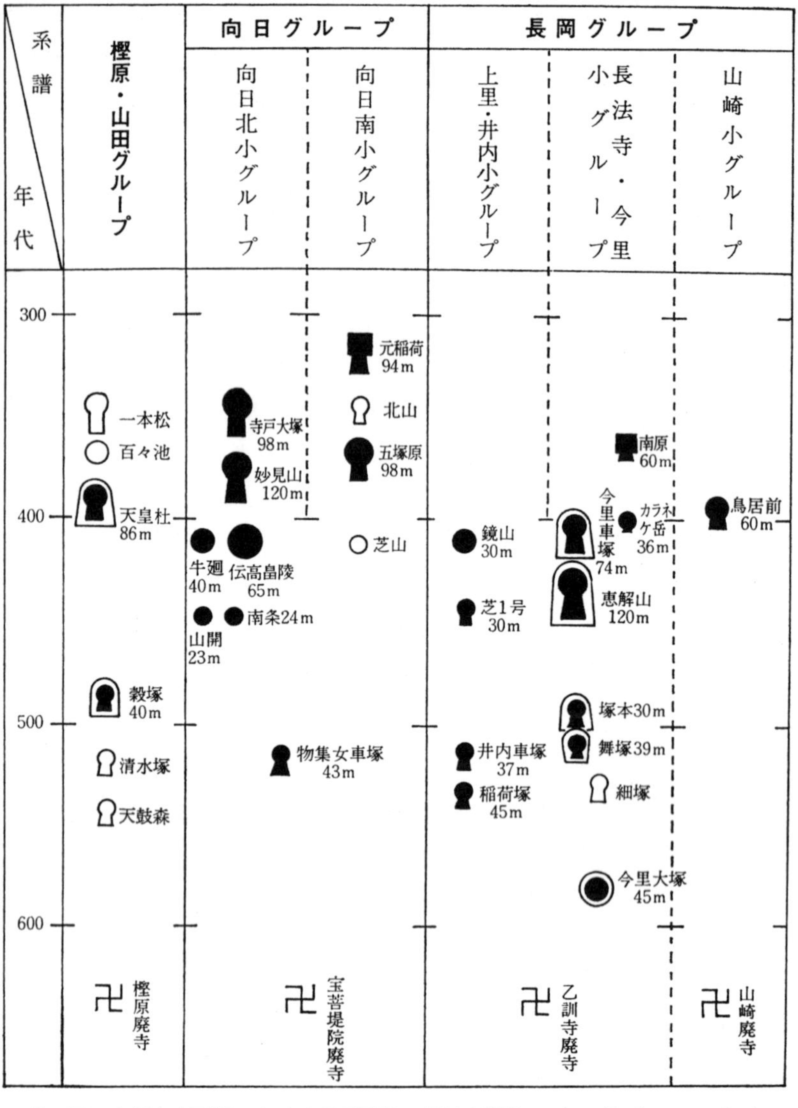

古墳から寺院へ

第1図 京都府南西部における首長系譜の継続と断絶モデル（都出1988、表1）

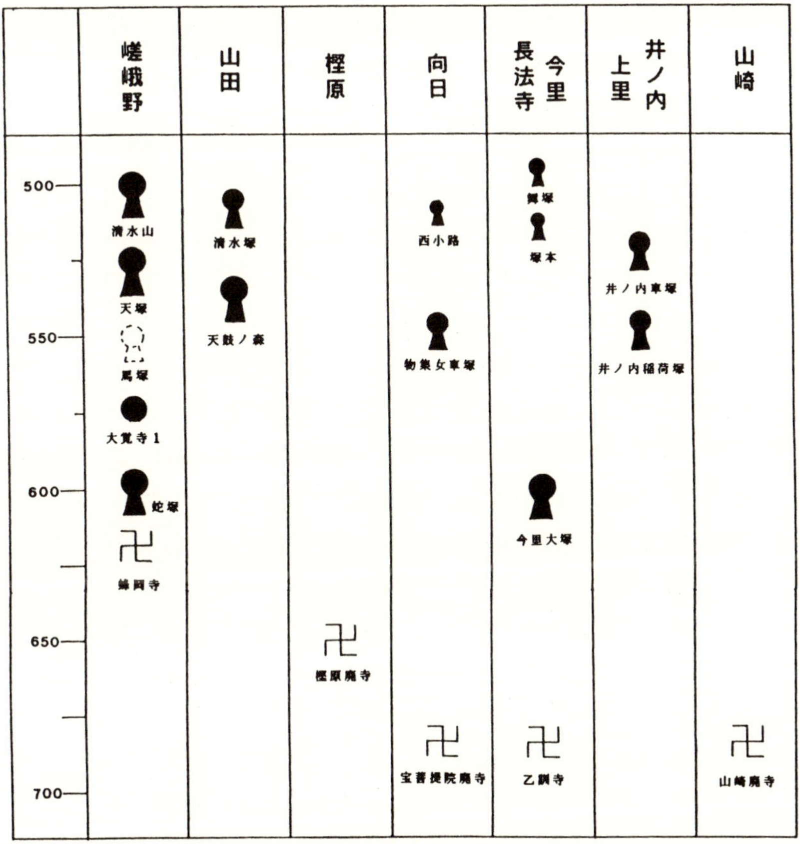

古墳から寺院へ

第2図　山背北西部の首長墓系譜（梅本1998）

6世紀末〜7世紀初頭と考え、その造営直後に蜂岡寺（広隆寺）が造られ、北野廃寺がこれに続く。つまり古墳の終焉から寺院の出現がスムーズに追えることがわかった。しかしこれは例外であって、梅本は、樫原系譜と山田系譜を別々にとらえ、樫原系譜においては、前方後円墳築造は前期で終了し（山田系譜においては2基の後期前方後円墳が知られるが湮滅）、樫原廃寺は早ければ7世紀中葉頃に成立するとする。長法寺・今里系譜では7世紀初頭に、前方後円墳（全長80m強と推定される。後円部のみ残存）と考えられる今里大塚が築かれるが、乙訓寺廃寺の築造は7世紀末葉であり、その間の首長の活動痕

跡が認められない。向日系譜においても同様で、最後の前方後円墳は6世紀中葉の物集女車塚であり、対応する宝菩提院廃寺の築造は7世紀末である。梅本の研究は、個々の首長系譜における古墳築造終焉の年代と寺院出現の年代を考慮に入れて、この地域における古墳から寺院への変革過程の地域的差異を明らかにしたところに、大きな前進がある。

後期古墳と古代寺院の関係を本格的に議論したのは、瓦の専門家でありながら『前方後円墳集成』（近畿編）編集に参加した駒井正明である（駒井1995）。駒井は、和泉、摂津、山城、大和、紀伊の5地域に分けて、後期前方後円墳と古代寺院との位置関係だけでなく、古墳の規模、埋葬施設、副葬品も検討する。ただ、駒井論文では後期前方後円墳の付近に立地する古代寺院のみ検討対象とするため、対象とする寺院は限られている。これは、7世紀に遡る古代寺院は後に畿内と呼ばれる近畿地方中部では多数存在しているが、関東と異なり後期には前方後円墳の築造が激減するため、古墳に重点をおくと、検討対象となり得る古代寺院跡の数は限られてくるからである。それでも、その限られた事例のなかに、後期前方後円墳が築かれた地域に古代寺院が営まれないなど、様々な地域的差異を見出しているのは大きな貢献である。

その上に実際は、前方後円墳が存在しない、群集墳しか営まれなかった地域にも数多くの古代寺院が建立されている現実を認識する必要がある。たとえば、京都府北部福知山市に所在する和久寺廃寺の付近には、約100基の後期円墳（6〜7世紀）からなる下山古墳群が営まれており、両者の関係を想定できる。しかしながら、下山古墳群は前方後円墳を含まない群集墳なのである。

これらの事例からうかがえるのは、古墳から寺院への変革には、様々な地域的差異があるという現実である。これらの事例は古墳・古墳群と寺院の位置関係のみに基づいたものばかりで、これに時間的変遷の視点を加味すると、その多様性はさらに顕著になる。つまり、後期古墳・古墳群の付近に古代寺院が築造されても、古墳築造の終焉時期と寺院建立時期が連続するのか、一定の断絶時期があるのかで違いがある。また断絶時期がある場合、何世代く

らい時期をおくのか、ケースにより異なってくるのである。

　本書では、関東の上野（高井）、下野・那須（眞保）、常陸（稲田・佐々木）、北武蔵（田中）、南武蔵（小林）、下総（山路）の具体的な事例に基づき、古墳終焉と寺院出現の過程の地域差を明らかにしたい。また、そういった個々の事例を日本の7世紀史全体のなかで位置付けるため、まず東国における調査研究成果の総括（白井）を提示し、横穴式石室（土生田）、文献史（川尻）から7世紀史に迫る。さらに古墳だけではなく、神社の問題にも触れられている（小林）。

引用文献

梅本康広 1998「山背北西部における前方後円墳の終焉」『前方後円墳の終焉』pp. 9-30　第43回埋蔵文化財研究集会発表要旨　福岡県津屋崎町教育委員会

近江俊英 1997「大和における古代寺院の出現とその背景」『古代寺院の出現とその背景』第1分冊、pp. 154-163　第42回埋蔵文化財研究集会発表要旨・資料　香芝市二上山博物館

小笠原好彦・大脇　潔（編）1997「渡来系氏族の古墳と寺院」『季刊考古学』第60号、pp. 1-86

駒井正明 1995「前方後円墳と古代寺院に関する覚書」『大阪府文化財協会研究紀要』3（設立10周年記念論集）pp. 185-194

伊達宗泰 1967「古墳・寺・氏族」『末永先生古希記念古代学論叢』pp. 445-463　末永先生古稀記念会（関西大学東西学術研究所内）

都出比呂志 1983「後期古墳の時代」上田正昭・熱田公・都出比呂志（編）『向日市史』上巻 pp. 170-186　京都府向日市

都出比呂志 1988「古墳時代首長系譜の継続と断絶」『待兼山論叢』史学篇第22号、pp. 1-16　大阪大学文学部

都出比呂志 1999「首長系譜変動パターン序説」都出比呂志（編）『古墳時代首長系譜変動パターンの比較研究』pp. 5-16　大阪大学文学部

保井芳太郎 1932『大和上代寺院志』　大和史学会

山崎信二 1983「後期古墳と飛鳥白鳳寺院」『文化財論叢』（奈良国立文化財研究所創立30周年記念論文集）pp. 179-216　奈良国立文化財研究所

第Ⅰ部　課題研究

関東における古墳の終焉

小 林 三 郎

　私に課せられたテーマはたいへん難しい、複雑な内容を数多く含んでいる。また、終末期古墳について私は必ずしも専門的に今まで研究してきたわけではない。であるから、とても私ごときが整理できる話ではないと思った。しかし、このシンポジウムは、私が調査団副団長を務めている武蔵府中の熊野神社古墳の発掘調査を契機にしているということは事実で、責任を果たさねばならない。したがって、熊野神社古墳から何を私が感じたのか、それに関連して過去私が調査した常陸の終末期古墳の成果から、どんなことが言えるのかということをお話したい。

熊野神社古墳の立地

　東京都府中市内あるいは八王子周辺にはいくつかの小規模な後期古墳群が多摩丘陵の崖線に沿って存在している。それらの古墳群から離れた場所に、熊野神社古墳は1基だけ独立的に存在するというのが大きな特徴である。そして、約2kmあまり離れたところに武蔵の国府、国庁が展開している。国府、国庁の北方には国分寺、国分尼寺が存在している。同時に国府と国庁の跡から熊野神社古墳にいたる2km余の丁度中間地点に、東山道武蔵路が南北に走っている。こうした立地条件を考えると、熊野神社古墳自身のもっている性格の一部がなにかそこにあらわれているのではないか、というように、初めて古墳の現場を訪れた2000年春に感じていた。

　東山道武蔵路は7世紀後半に整備された官道と言われている。年代的に前後するかもしれないが、おそらくは国府、国庁の造営、あるいは国分寺の造営と係わっている道の可能性がきわめて強いと思うのである。取り立てて熊

第Ⅰ部　課題研究

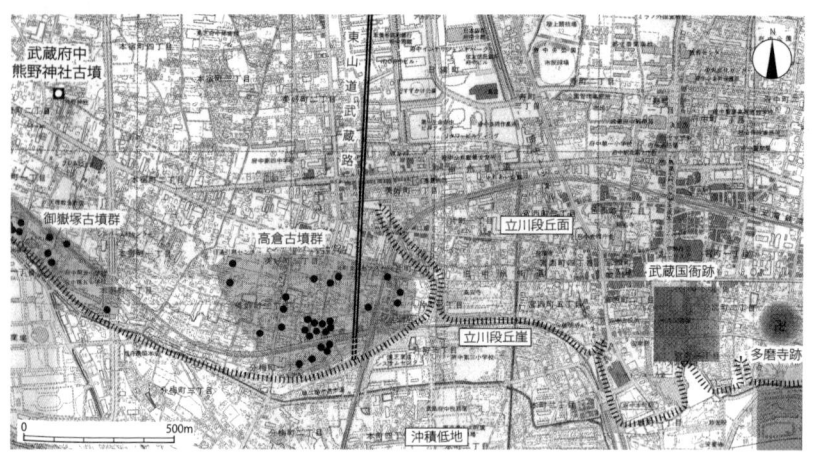

第1図　熊野神社古墳をとりまく歴史的環境

野神社古墳と関係があるかどうかは今のところよくわからない。おそらくは、古代の一つの行政区域を造っていく計画の中に、古墳、国府、国分寺、官道が全部取り込まれていたのではないかというように思う。そうしたいろいろな動きは7世紀代に入ってから出てくるのではないかと考えている。というのは、国府、国庁の周辺にはそれ以前の集落跡は発見されているが、同時期のものはなく、国府、国庁の造営にかかわって強制立ち退きのようなことがあった可能性がきわめて強いと推測している。熊野神社古墳の場合はそれよりまだ2kmほど離れていて、またその周辺は、現在すでに宅地化しているので確認することがちょっと不可能な部分があるが、今までの試掘調査の資料の中では、熊野神社古墳の周辺には大きな集落跡はほとんど見られないのである。熊野神社がそこに築造されるのは、偶然ではなく、かなり必然的な、計画の所産であったように私は感じている。

熊野神社古墳の墳丘

　熊野神社古墳は、府中市から予備調査の依頼を初めて受けたとき、かなりじっくりと古墳のまわりを歩いた。二回も三回もぐるぐるまわっているうちに、当時円墳であるというふうに言われていたが、どうも私の目でみると四

関東における古墳の終焉

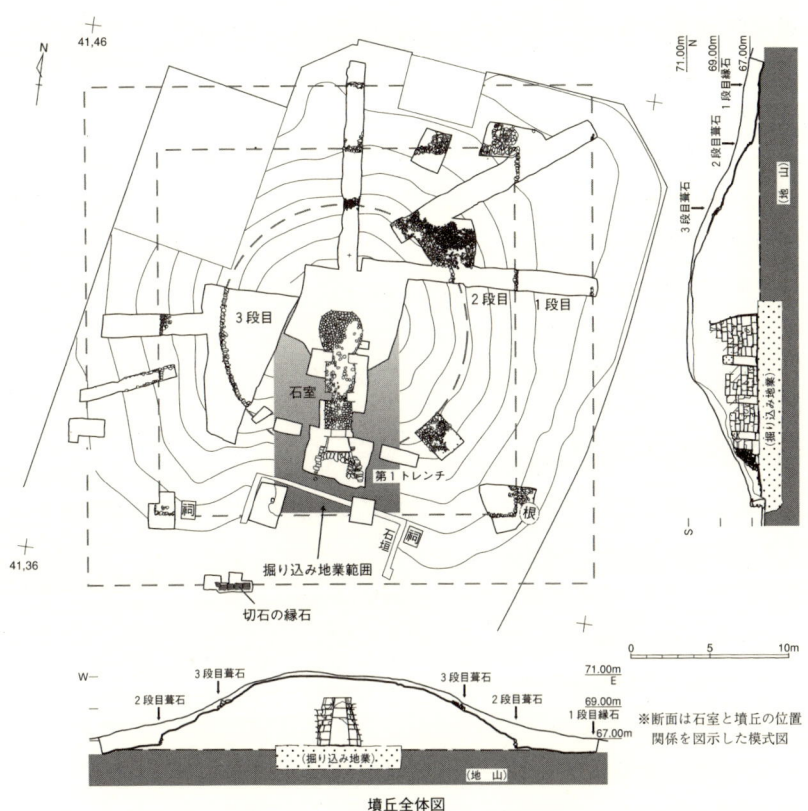

第2図　熊野神社古墳の墳丘全体図

角いのではないか、ということを府中市の方に申し上げて、墳丘測量図をきちっと作ることをまずお願いをした。測量してみると、やはり丸とも四角ともいえないような図が出来上がってきた。等高線のまわり方をみていると、これは四角くなるぞと私は確信をした。

　その後、段取りを踏んで確認調査という大きな仕事に進んできたわけである。確認調査の結果、熊野神社古墳は上円下方墳という、極めて稀な形態の墳丘をもつことがわかった。概略的には、1・2段目は方形、3段目は円形の、いわゆる三段築成の上円下方墳である。基底部は一辺約32 m、高さ50 cmあまりの低い基壇である。その低い基壇は、長さ約30 cm、幅20 cm、厚さ

13

20～30cmのきちっとした切石を、四角にきちんと並べて構築されている。古墳の墳丘はそれを基盤にして、その上に築造されている。一番下段のベースから計算すると、現状の墳頂部まで高さが約5mである。元々の墳丘の高さを復原すれば、あるいはもう1mか1m半ぐらい高くなる可能性がある。2段目の方形部分は一辺約23m、高さ約2.2m、3段目の円形部分は直径約16mで、ちょうど墳丘下底面の2分の1である。2段目と3段目の、ほぼ垂直に立ち上がる斜面には高さ1mから1m半ぐらいの、葺石というよりは石垣といったほうがいいような形で河原石を積み込んでいる。熊野神社古墳の場合には、この墳丘斜面の石垣が良好に残っていた。

その他の上円下方墳

　関東および全国的な規模で上円下方墳にどんなものがあるかと眺めまわしても、非常に少ない。関東にいくつかあると言われている「上円下方墳」は、現場に行っても、そうであるという確証はほとんどつかめない状況である。

　われわれが一番頼りにしている、実年代がはっきりわかっている上円下方墳は奈良県・京都府の境界にある石のカラト古墳である。奈良盆地の北の外れ、山城盆地との境に位置するようなところにぽつんと造られている古墳で、その真半分が発掘調査された。一辺約14m弱で、上段は二段、やはり三段築成になっている。上段の円形部分の径が約9m、全体が低いのであるが、基底部から約3mの高さであると報告されている。墳丘の斜面部には葺石が施されている。石のカラト古墳の内部主体構造は凝灰岩の切石による石棺式石室である。奈良県明日香村の高松塚古墳やキトラ古墳と若干違うが、同系列のものであると見て構わないと思う。中に木芯の乾漆棺が入っていた。調査者も含めてその後の研究者の意見は7世紀の末、8世紀までは下らないであろうという年代観である。

　石のカラト古墳の全体像が、私たちの熊野神社古墳に対する年代観の拠り所であった。7世紀代に近畿地方でも上円下方墳がそういうかたちで存在するという認識を、そこではっきりともつことができたのである。

　さらにこれは伝承であるが、飛鳥の石舞台古墳は、上円部が完全に失われ

ているけれども、上円下方墳である、ということは以前から言われている。大正末から昭和初期、京都大学の報告書が出来上がってくる段階で、その当時いろいろな事情をご存知の方に伺うと、石舞台の上にはまだ土だけでなく、葺石状のものが残っていたという時期があったようである。その葺石が、四隅の角の部分には非常に多かったという所見がある。たぶん隅のほうは平坦面がやや広いから、そこに葺石が溜まり、各辺の中央の部分については、円丘の裾とのスペースがないから、その部分の段の下まで石が落ちたという解釈がなされている。それが石舞台古墳の上円下方墳説の一番の根拠になっているということを伺っている。規模が大変大きいので、とても石のカラト古墳や熊野神社古墳と比べるべきではないが、一例としてあげた。

熊野神社古墳の内部主体

熊野神社の内部主体は非常に大規模な横穴式石室である。石材は周辺から取れる砂岩質の凝灰岩で、脆弱な岩石である。かなり大形にそれを切り出してきて、非常に細かなところで切組みをしている。つまり、直方体の石をただ積み重ねるというだけでなくて、隣接する石どうしに切り込みをつけて、あえてそれを組み合わせているという非常に手の込んだつくりの石室である。

石室全体は、羨道部の方から言うと、前室、後室、それから玄室という三つの部屋から成り立っている。玄室には玄門がある。両方に柱石を立てて、梱石をつけ、上に楣石をのせる本格的な石室構造であった。前室と後室の境目にも柱石を立てて、楣石をのせている。それら石材は全部、石室内に陥没した状態で確認できた。関東大震災の折に陥没したと考えている。石室の入口の部分、羨門にはやはり梱石を敷き、両側に門柱を立てて楣石をのせる。その外側にもう一つ、梱石の三倍ぐらいの大きさのかなり分厚い石を一枚置いている。これがちょうど羨道部に相当する部分である。その部分まで切石の壁体が及んでいる。完全に閉塞部分は外されていたからどういう閉塞部分であったかわからないが、板石をもって封ずるというようなものではなく、河原石をもって封じていたというように私たちは今考えている。それはちょうど前庭部に「ハ」の字形に開く壁体をもつ前庭部の積み方、およびそこに

第Ⅰ部 課題研究

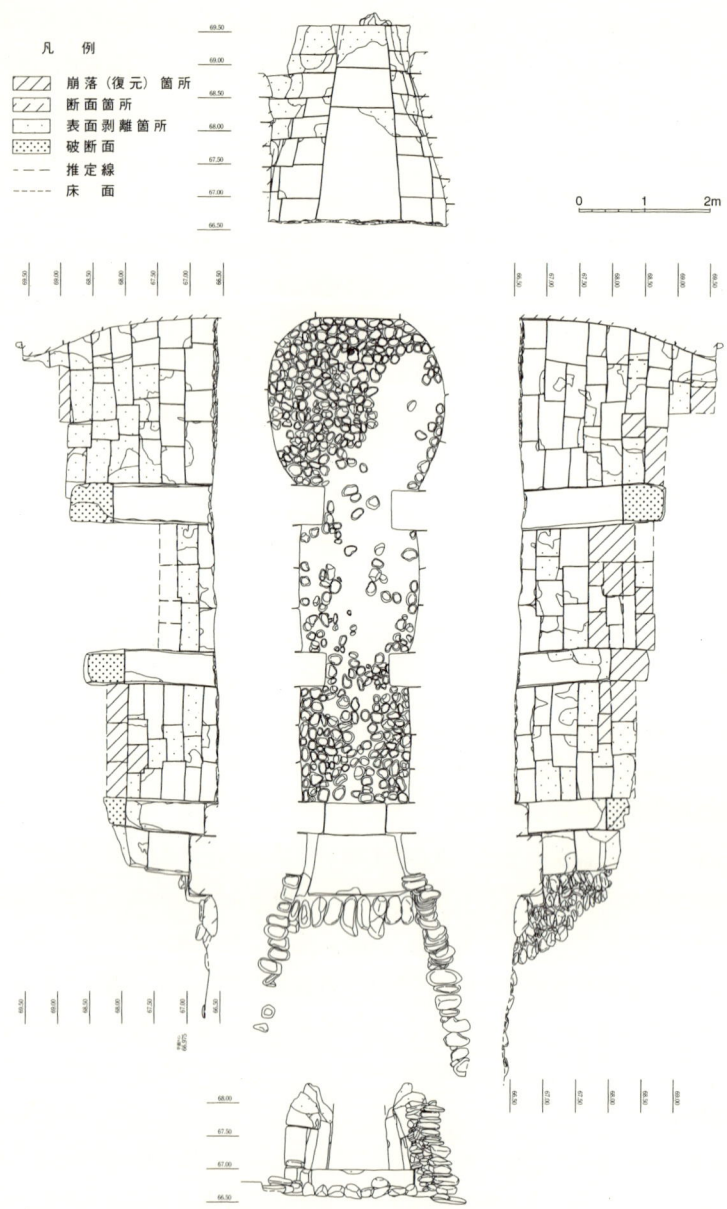

第3図 熊野神社古墳の石室実測図

用いられている石の姿に基づいた判断である。

　ほぼ円に近い平面形を示す胴張り形を採る玄室は長さが約2.6m、最大幅は約2.7m、高さが3m以上である。後室、前室は高さ約1.8mであるから、玄室の高さは突出している。後室は長さ約1.9m、最大幅約1.9m、また前室は長さ約1.7m、幅約1.7mである。前庭部（羨門の外側）、つまり閉塞が行われていたと思われる部分は約1mの奥行きがある。石室の羨門から奥までの全長が約8.7mで、関東地方の横穴式石室としては大きい部類に入る。関東地方の切石積みの横穴式石室は全部で数えると、40例に足りないのではではないかと思うが、もちろんその中でも長大な石室である。玄室の床面から天井までの高さ約3m以上というのも、たぶん関東では最高であろう。

　厚さが70～80cmぐらいある天井石は完全に陥没している。側壁上に載っていた痕跡が今でも残っている。壁体の大半は非常によくのこっている。それはおそらく、玄室構造が平面形胴張りであるということ、非常に細かな切組みをしているということなど、石の技術もかなり高度なものであるということで、壁体の崩壊を抑えていると考えている。調査中に、終末期古墳の専門家である河上邦彦さんがお見えになり、「こんな見事な截石切組積みの石室が関東にあるとは…」と言ってお帰りになったそうである。確かに石材が軟弱であるが故に細かい加工が容易であったということがあるかもしれないが、それ以上に石材を加工する技術のレベルの高さというものを私たちは感ぜざるを得ない。

熊野神社古墳の年代

　熊野神社古墳は、年代の決め手がまったくない。トレンチを何本も入れて確認調査をしているが、土器片すら出てこないというのが現状である。また、関東大震災までは石室内に自由に出入りができたようで、床面にあった副葬品の類はほとんど散逸してしまったと考えている。鉄釘など若干の遺物が床面から発見されているが、相当ばらばらに散っているので、盗掘もあったことであろう。

第Ⅰ部　課題研究

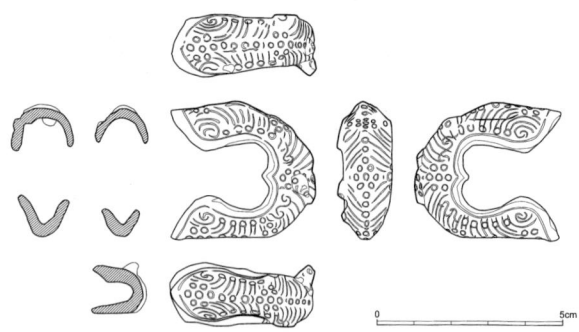

第4図　熊野神社古墳石室出土の鉄地銀象嵌鞘尻金具

　玄室床面の清掃をした際、玄室北西部の玄門に近い部分から鞘尻金具が一点出土している。その鞘尻金具が今のところ、年代比定の唯一の手がかりである。レントゲン写真でみると、鉄地に銀象嵌を施している。その銀象嵌は真ん中に一つ円文を描いてそのまわりを六つの円文で囲むという「七曜文」が、表裏各々に3箇所、先端に1箇所、合計7箇所施されている。刀の飾金具に限らず、他の馬具やその他のものについて、七曜文がつけられている遺物をできる限り検索をしたが、皆無である。唯一、七曜文がつけられているものを提示するとすれば、富本銭の真ん中の穴のまわりにつけられているものが相当する。富本銭の鋳造の時期に、もしかすると七曜文のようなものが流布していたという可能性があるという逆説をとなえるに至った。これはまだ十分に検討しなければいけないのであるが、大事な部分であると思う。それ以外は本当に年代を探る手がかりはまったくない。

　したがって、七曜文を別にして鞘尻の型式そのもので、年代の決定をしなければいけないと考えている。大刀あるいは大刀の装具の専門家にご意見を伺うと、7世紀の中葉以前に比定することは無理であろうということである。その遺物に対して7世紀の中葉を上限とする年代観をそこで私たちは持った。したがって、熊野神社古墳の築造年代、あるいは埋葬の年代について7世紀中葉を上限とし、それより後の時期ではないであろうかという結論を、今のところ持っている。まだこれは検討の余地が充分あるので変る可能性がある。いずれにしても、7世紀代の築造であることは間違いないであろうと思う。

同時期の多摩川流域の古墳

　熊野神社周辺で同じような年代を示す古墳にどのようなものがあろうか。決定的な遺物がほとんど知られていないので、比較の根拠は石室の構造あるいは墳丘の形だけしかないが、一つは八王子市の北大谷古墳という円墳である。これは熊野神社古墳と同じ種類の石材を使っている三室構造の、つまり熊野神社古墳と同じプランを持っている石室を備えている。ただし、副葬品は全く知られていない。立正大学の坂詰秀一さんのお話によると、墳丘の裾まわりの調査の時に7世紀代の初頭ぐらいの土器片が出ているということであるが、これも果たして年代の決め手になるかどうかはなはだ疑問であるということである。

　それから、川崎市馬絹古墳がある。確認調査を川崎市で実施したが、たぶん円墳であろうというお話である。これも三室構造の切石積横穴式石室を持っている。ただ、馬絹古墳の場合はかなり丈夫な石材を使っていて、玄室の高さも3mまではいかないのであるが、2.6～2.7mある、非常に大きな石室である。壁体自身が全体的に少し内側に傾いる。中に装飾のような、線刻の円文が一点つけられている。報告書もすでに出ているから、細かいことはそれを見ていただきたい。

　それから多摩市には稲荷塚、臼井塚という古墳がある。両者とも玄室と前室の二室で構成されている複室構造の切石積横穴式石室をもっている。また、両者とも石室の玄室はやや胴張りであるというように報ぜられている。とくに気をつけなくてはいけないのは、稲荷塚古墳が、周堀の調査その他に基づき八角墳と判断されていることである。八角墳は東国にはこの他に山梨県に1基、群馬県に1基、それぞれ存在するだけである。山梨県、群馬県の例も八角形の墳丘が非常にはっきりわかる。それらが同じ7世紀代の築造にかかわるものであろうということで、話題にはよく上がる。しかし、いまお話したようないくつかの古墳のお互いの関連についてはなかなか論が進んでいないというのが現状である。

　それから、熊野神社古墳の玄室はほとんど円に近いような胴張りであると

第Ⅰ部　課題研究

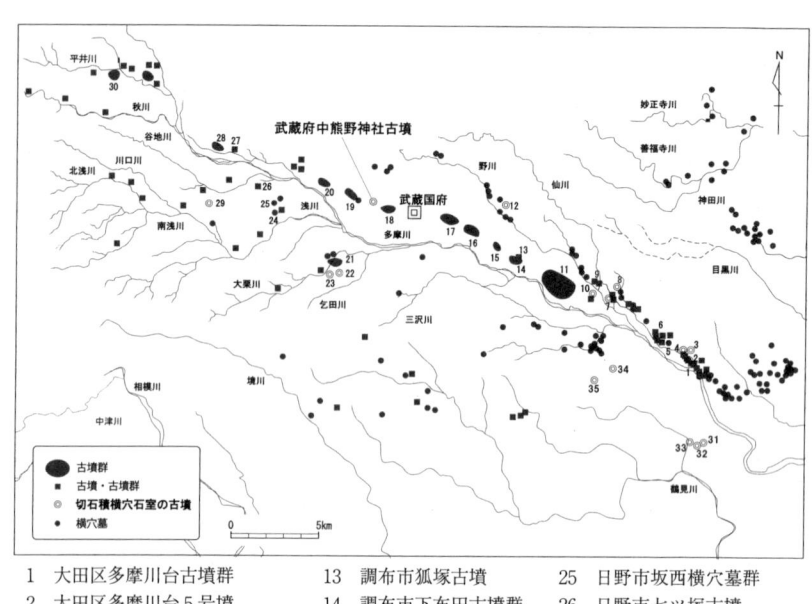

1	大田区多摩川台古墳群	13	調布市狐塚古墳	25	日野市坂西横穴墓群
2	大田区多摩川台5号墳	14	調布市下布田古墳群	26	日野市七ツ塚古墳
3	大田区観音塚古墳	15	調布市下石原古墳群	27	昭島市経塚下古墳
4	大田区浅間様古墳	16	調布市飛田給古墳群	28	昭島市浄土古墳群
5	世田谷区等々力渓谷横穴墓群	17	府中市白糸台古墳群	29	八王子市北大谷古墳
6	世田谷区野毛古墳群	18	府中市高倉古墳群	30	あきる野市瀬戸岡古墳群
7	世田谷区殿山1号墳	19	国立市下谷保古墳群	31	川崎市加瀬第9号墳
8	世田谷区大蔵1号墳	20	国立市青柳古墳群	32	川崎市加瀬第3号墳
9	世田谷区砧古墳群	21	多摩市塚原古墳群	33	川崎市第六天古墳
10	世田谷区喜多見稲荷塚古墳	22	多摩市稲荷塚古墳	34	川崎市法界塚1号墳
11	狛江市狛江古墳群	23	多摩市臼井塚古墳	35	川崎市馬絹古墳
12	三鷹市天文台構内古墳	24	日野市梵天山横穴墓群		

第5図　多摩川流域の主要な後・終末期古墳および横穴墓の分布図

先ほど言った。この胴張り横穴式石室は、関東だけでなく中部地方、東北地方南部にまで広がっている。私たちが調査を継続している長野県の大室古墳群の中にも、6世紀後半の横穴式石室の中には胴張りの横穴式石室があるくらいである。胴張りの横穴式石室は6世紀代の後半にかなりの分布域を持っているように思うが、切石切組積石室で胴張り構造をもつものになると、これは7世紀の武蔵という地域の独壇場ではないかと見ている。とにかく非常に濃密な分布を示しているのは武蔵地域である、という傾向が指摘されてい

20

る。

石室基底部の掘り込み地業

　いわゆる前庭部の南西隅と南東側に、地山層の上にどういう墳丘の盛土をしているか、墳丘構造を調べるために、おもいきって私たちはトレンチを入れた。その結果、石室の基底部構造について大変なことがわかった。そこになんと深さ2mに及ぶような掘り込み地業が発見されたのである。その範囲は石室を軸にして幅8mあまり、石室の入口の方で幅9mほど、その後玄室と後室の礫床下でも確認できたから、石室奥壁まで南北13m以上を想定している。したがって、横穴式石室は版築状の掘り込み地業が行われた上に構築され、さらに盛土がなされているということになる。厚さにすると数cmずつのロームと粘質土を交互に叩き締めて、縞状に土層を盛り込むというやり方をしている。本格的な版築ということとなると、大変な技術であるから、どの程度日本の技術がそれに追いついているかわからない。それでも、版築状の工法を採用していることは間違いない。

　今まで私たちは横穴式石室の基底部にそうした掘り込み地業があるということはほとんど考えたことがなかった。それで、比較検討のため資料を調べてみた。そうしたところ、熊野神社古墳のような形で、そこまで発掘調査をしていないので、どの程度の掘り込み地業があるのか十分わからないのであるが、とりあえず石室の基底部に掘り込み地業がありそうであるという例は次の通りである。埼玉県行田市埼玉古墳群のさらに北、切石積で複室構造の横穴式石室であったと考えられる八幡山古墳。それから埼玉県小川町周辺に穴八幡古墳、あるいは鶴ヶ丘稲荷神社古墳が、そんなに深いものではないが、掘り込み地業に近い構造を示している。

　なぜそんな掘り込み地業をやるのか。おそらく、その上に構築する石室の総重量その他を、彼らはきちっと計算しているのではないか。武蔵、多摩地域の関東ローム層の上に、府中周辺では黒土層が厚く堆積している。その黒土層では石室の重量に耐えないという判断をしたのかもしれない。掘り込み地業は数10cmの黒土を掘りきって下のローム層まで達して、深さ約2m

という数値をはじき出し、それでようやく、石室、壁体全体が保たれるという計算を彼らはしているであろう。

　この掘り込み地業の技術がどの辺から起こっているかということは、私たちには年代観に関する資料が全然ないのでわからない。いま分っている範囲であえてお話しすると、まず、高松塚古墳にしてもキトラ古墳にしても墳丘は非常に丁寧な版築状の盛土をしている。そうした技術的つながりを見ると、これも6世紀代に遡るかわからないが、技術として定着するのは7世紀代に入ってからなのかという感じがしている。

　それから、この土木技術は国府、国分寺、古代寺院の基壇あるいは基礎の部分に用いられている掘り込み地業と同じ系列の技術であると思われる。そうした特徴ある土木技術的なつながりをこの熊野神社古墳の基底部で見ることによって、7世紀代の熊野神社古墳のもっている意味がさらに大きくなったと感じている。熊野神社古墳についてはまだいろいろ話すべきことがたくさんあるのであるが、時間の関係もあるので、熊野神社古墳を調査して私たちが得た材料から何を考えようとしているのか、ということについてお話をした。

終末期古墳と初期寺院

　それから、このシンポジウムのテーマである、古墳の終末と古代寺院との関係については、熊野神社古墳を発掘しただけでは、残念ながら何にもわからない。熊野神社古墳というより、国府、国庁のある大国魂神社周辺には、位置は正確にはわからないが、かつて「多磨寺」というのがあったという記録がある。多磨寺はおそらく国府、国分寺以前に存在したらしいのであるが、もしそうであるとすると熊野神社古墳の存在とのかかわりがでてくるかもしれないという程度で、私たちの議論はいま留まっている。それから、古墳の最終末段階の年代と各地における古代寺院とのかかわりとなると、地域によってそれぞれ違うということがだんだんわかりはじめてきた。

　非常に分かりやすい例をあげると、群馬県では宝塔山古墳と山王廃寺の関係がいつも議論の的になっている。栃木県では下野薬師寺跡と、上三川町に

ある、切石の石室を持つ多功大塚山古墳との関係がささやかれている。千葉県の下総地域では龍角寺の岩屋古墳と龍角寺との関係が昔から言われている。房総半島の東京湾岸の地域、富津の内裏塚古墳群を中心とするような大古墳群が展開する地域では、最終末はよくわからないが、切組積みの特殊な石室をもつ割見塚古墳という方墳が該当すると思われる。その周辺にはいまのところそれに近い年代の寺はわかっていないということである。半世紀ぐらい後の寺院はあるようであるが、直結するものはなかなかない。それから、先ほどお話した行田市八幡山古墳の周辺にも、やはり直結するような寺はわかっていない。それから、茨城県・旧常陸の領域の中で、水戸市台渡里廃寺はかなり古手の寺院跡であるが、その周辺に直結するような古墳がなかなか見当たらない。線刻壁画をもつ水戸市・吉田古墳があげられるかも知れない。

このように、地域によって終末期の古墳と寺がある程度のセットで見える地域と見えない地域とがあって、たぶんそれが実態であろうと思うのである。これはおそらく東国、東日本全体の共通する特徴かとも考えられる。今後は研究者の間で十分な検討が必要になってくるのではと思う。

終末期古墳と神社—常陸の場合

終末期古墳と寺院との関係も重要であるが、神社との関係も7世紀代の歴史を考える上で無視できないと私は思う。たとえば、茨城県鹿島神宮の付近には宮中野古墳群が存在する。私たち明治大学考古学研究室は1981年から1983年までの3年間にその古墳群の調査を実施した。古墳群の一番南端にあたるところ、鹿島神宮に一番近いところに、大塚と称する、関東最大クラスの直径90m、高さ10mの帆立貝形古墳がある。その古墳の発掘調査の結果、「前方部」または「造出」部分のほぼ中央に、片岩製板石組みの石棺形の複室構造の石室が発見された。大変驚いたのは、その石室のあり方が茨城県内には他にほとんど見られないからである。まず石室の主軸とは直角の方向に羨門が開口する。そのままその軸が真っ直ぐ南の方にのびて、ちょうど造出部分の隅に墓道が開口するように、穿たれていた。その墓道はとくに施設はないが、ローム層の部分を深さ1m半ほど掘り込んで、古墳の堀の底

のところにちょっと出るように造られている。

　発掘して土層断面を観察したところ、墓道は、埋葬が終わって自然に埋まるのを待っているのではなく、かなり人為的に埋められているということがわかった。そして、墓道がちょうど堀の部分で開口するところに、直径30 cm あまり深さ数 10 cm の掘立柱の柱跡が三箇所検出された。何ものかよくわからない。

　もっと驚いたことは、その石室が完膚なきまでに叩き壊されていることである。江戸中期あるいは幕末に壊された石室であれば、たぶん発掘前に私たちは気付くはずである。調査前に草を刈って、木を伐採して、地面をほとんど露出させたのであるが、陥没の跡が一切ない。地面に石材が出ているわけでもない。つまり石室の破壊後、非常に締りのいい埋め方をしているということである。であるから石室の存在については、トレンチを入れて表土から下 30 cm ほどばかりのところにやっと石材が出始めるまでは、まったくわからなかった。石室を発掘したところ、立っている石材は全部内側に倒され、破壊され 30 cm ぐらいの砕片になっているのである。それら破片がそのままそっくり石棺形石室の中に全部放り込まれていて、他に一切散乱していないのである。

　これは昨日、今日埋めたものではない、と発掘当時私たちは思った。副葬品はほとんど持ち去られて、古墳の築造年代を知る手がかりはあまりなかった。銀製弓弭の一部（片一方）と、群馬県綿貫観音山古墳から出ている、鞘の部分が全部銀でできているものとよく似た小太刀鞘金具、銀装の刀子が 1 点。銀象嵌をもつ鉄製の把頭と、あとは馬具の破片その他が出ている。おそらくこれも 7 世紀代の前半ぐらいの築造かと考えている古墳の一つである。とにかく、完全に破壊されて、もう一度埋められているということで、考古学的な材料としてはそこまでである。いつ壊されたかということについてはよくわからないが、かなり古い年代にやられているのであろうということだけはいえるのである。それについては何も文献が残っていない。それ以上考えることがたいへんに難しいのである。

　私たちは、鹿島神宮の成立とその古墳の破壊とは無関係でないのではない

か、と当時から現在に至るまで思っている。当時明治大学に下出積與という古代史・宗教史の先生がおられ、香取神宮・鹿島神宮の成立とこの宮中野古墳群の7世紀前半ぐらいの年代とかかわりがあるのかということを伺ったのである。香取神宮が先にできて、それからそれの枝分かれとして鹿島神宮ができたのであるとのことであった。つまり、鹿島神宮を語る時には香取神宮を除いて語るわけにはいかないということである。鹿島神宮の成立についてはよくわからないことがいっぱいあるというお話で、それ以上の話は聞けなかった。ただ、両神社とも御神体はかなり立派な、大型の海獣葡萄鏡である。東日本で海獣葡萄鏡はなかなか出てこないので、それが神社の御神体になっていること自身も、これから考えなければいけないことと思うのである。

　以来ずっと私は悩み続けている。鹿嶋周辺をもう少しよく見ると、潮来というところに、かつて國學院大學の大場磐雄氏が調査された大生古墳群がある。また、ちょうど霞ヶ浦と北浦の間ぐらいにある大生古墳群中の孫舞塚古墳もおそらく6世紀代の一番末か7世紀代か、前方後円墳の最終末ぐらいと考えられる古墳である。他に円墳がいくつかあり、全部で20基ぐらいの古墳群である。その隣接地に大生神社という古い神社がある。立派な香取・鹿島神宮と違って村の鎮守という程度の規模の神社であるが、その場所が重要であると思う。その場所を地図の上に落とすと、香取神宮と鹿島神宮の真ん中ぐらいに当たるという位置関係にあり、このへんも大変暗示的なことである。

　それからもう一つ重要なことは、鹿島は中臣鎌足の出身地である。元々は神官であった鎌足が都に上って、それなりの地位に就くわけである。鎌足の墓ではないかと言われているのが大阪府高槻市にある阿武山古墳である。もう10年以上前になるが、京都大学と地元で再調査をして、それから京都大学考古学研究室に保管されていた、戦前の調査当時の写真とガラス乾版を検討して、それから検出された人骨を調べてみた。人骨については、何度か落馬して骨が折れているという話が伝わっている。結果としては、かつて噂として言われていた、鎌足の墓ではないかという解釈が、最近のデータでかなり補強されてきている。主体部は板石組みの石槨式の石棺で、中に乾漆棺が

第Ⅰ部　課題研究

入れられていた。遺物はほとんど残っていないのであるが、棺の飾金具のようなものが一緒に出土してきている。

その阿武山古墳の墳丘裾から出ている須恵器が7世紀前半ぐらいのものであるということである。7世紀前半代といえば、先ほどお話した大塚古墳と香取神宮・鹿島神宮とのかかわりが絡んでくる。どうも東国では、お寺と直結する地域と、在地で後に神社になるという宗教的・思想的な背景をもつ地域と、二通りあるのではないかと勝手に思っているのである。

常陸の壁画古墳との関わり

また、その思いは常陸の彩色壁画を持つ古墳の性質についての私の悩みにもつながる。その契機は、ひたちなか市の壁画古墳、虎塚古墳の1973年の発掘である。線刻のある装飾古墳や横穴に彩色を施されているものは多数知られていて、東北南部まで及んでいるが、明確な墳丘と石室を有し、彩色の壁画が施された古墳が、今わかっているだけで4基しかないということに重要な歴史的背景を感じているわけである。実際にはもっとあるのかもしれないが、はっきりしない。しかし、これら4基がすべて常陸の領域に所在している。私たちが発掘した虎塚古墳のほかに、関城町（現、筑西市）船玉古墳、岩瀬町（現、桜川市）花園三号墳、霞ヶ浦町（もと出島村、現在のかすみがうら市）大師唐櫃古墳（切石の横穴式石室）の4基である。これらは、大師唐櫃古墳を除いて、久慈川と那珂川の流域に立地している。久慈川・那珂川の上流は下野であるし、それから上野にもつながっているというルートがある。今触れた四つの古墳の年代については6世紀末から7世紀代の前半までと考えているので、おそらく初期の寺院に年代的にはかかわりをもってくるということが言えるかと思う。

まとめとして、7世紀代を解明する一番基本的な問題は、各地で発見されるいくつもの古代寺院と古墳とのかかわりであると思うし、それを突き詰めることが、7世紀史に迫る一番の早道であるというように思う。また、寺院や神社の確立が、古墳という墓制の終末を意味しているのかも知れない。そ

の思想的な、あるいは宗教的な背景は、古代国家の政治的諸関係とは無縁のものであったかも知れない。熊野神社古墳の調査成果を出発点に、常陸での調査成果も考えあわせ、終末期古墳のさまざまなあり方、寺院との関係、場合によっては神社との関係について、思いつくままをのべた。

関東の後期・終末期古墳

白井久美子

はじめに

　古墳時代を通じて、関東地方が最も存在感を示すのは古墳時代後期から終末期である。古墳時代後期の中頃以降、群集墳の全国的な展開などに見られる社会的な変化に対して、ヤマト王権は新たな支配体制や豪族層の再編成を模索し始める。やがて6世紀終わりには、古墳時代の象徴であった前方後円墳が近畿地方の中心部で一斉に造られなくなり、まもなく西日本一帯で造営が停止される。

　ところが、関東地方では後期になると再び大型化し、古墳時代を通じて副葬品が最も充実する。後期後半になって墳丘長100mを超える前方後円墳が初めて出現する地域もあり、主要古墳の分布図が塗り変わる。また、埴輪の樹立が隆盛するなど、王権の本拠地を中心とする西日本とはかなり異なる動向が見られるのである。

　古墳時代後期後半から終末期に当たる、6世紀後半から7世紀は古代日本の礎が築かれた変革の時代である。この時代に関東地方はどのように変化しつつあったか、古墳造営の特性を抽出して変革期の地域像を検討することにしたい。

1　後期大型前方後円墳に見る関東の地域的特性

　畿内の王権中枢域では、橿原市見瀬丸山古墳（墳丘長310m）の築造を最後に、6世紀後半には大型前方後円墳の築造を止め、急速にその規模が小さくなっている。6世紀末葉になると、主要な古墳は大型方墳・円墳に移行して

関東の後期・終末期古墳

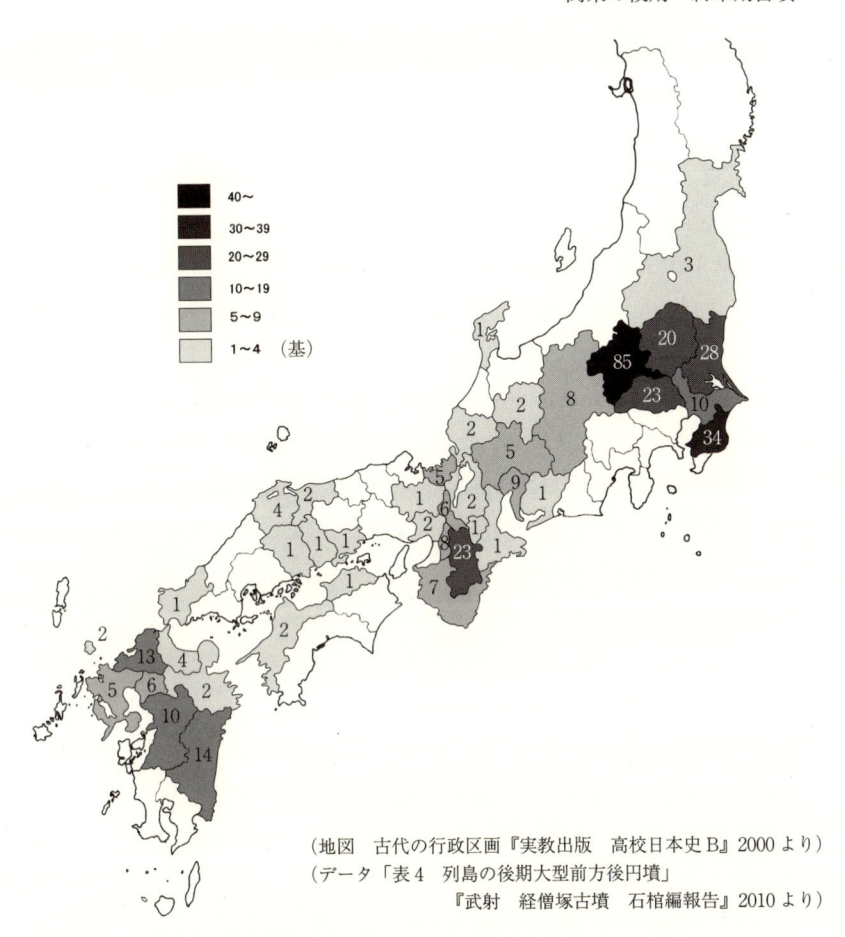

第1図　列島の後期大型前方後円墳（墳丘長60m級以上、58・59mを含む）

（地図　古代の行政区画『実教出版　高校日本史B』2000より）
（データ「表4　列島の後期大型前方後円墳」
『武射　経僧塚古墳　石棺編報告』2010より）

いる。また、大型古墳そのものの築造が規制され、王陵・王族層以外の墓は規模を縮小している。一方、関東地方では6世紀後半以降に大型前方後円墳の築造が盛んになる地域が少なくない。

　後掲の各地の動向に示されるように、後期には北武蔵などの新興の地も加えて内陸・海道の各地に大型前方後円墳が築造され、西日本とは大きく異なる様相を呈してくる。すなわち、畿内および西日本各地で大型前方後円墳が

造られなくなる6世紀以降に、依然として大型前方後円墳の造営を行い、その規模と数で畿内を圧倒するようになる。6世紀前半から7世紀初頭の墳丘長60ｍ以上の前方後円墳の数は、畿内を含めた西日本で116基、東海地方を含めた東日本では2倍以上の239基である。また、畿内39基に対し、関東地方（相模・武蔵・上総・下総・安房・常陸・上野〈上毛野〉・下野〈下毛野〉からなる坂東八国に相当する地域）では200基にのぼる（第1図）。さらに6世紀後半以降に絞ると、関東地方に65基が確認され、畿内11基の6倍に及んでいる。

　また、墳丘長100ｍ以上の大型前方後円墳は、関東地方に33〜35基あり、畿内17基の2倍に達している。それらは畿内の大王や有力豪族の墓に匹敵する規模をもち、上毛野・群馬県高崎観音塚古墳・綿貫観音山古墳、上総・千葉県金鈴塚古墳では、王族や中央の有力豪族の墓に迫る豪華な副葬品が出土している。この後期大型前方後円墳の造営に見える関東の特異性は、ヤマト王権の東北進出を背景とした政治的・軍事的基盤としての重要性によると考えられる。また、関東各地の豪族がそれぞれ中央の有力豪族と結んで一定の領域を支配した構造を反映したものといえよう。この点で、関東の前方後円墳体制は後期に至って充実し、王権の思惑とは別により整備され強化されたといえよう。ただし、内陸と海道では様相に違いが見られる。

　内陸の拠点である上毛野では、後期大型前方後円墳が小地域に分散して万遍なく分布し、それぞれ核となる古墳の規模も拮抗している。ところが、終末期の大型古墳は総社古墳群に集約され、上毛野の頂点に立つ首長墓が現れる。これに対し上総・下総・常陸では大型前方後円墳を築いた新旧の勢力は、再編されながらも後の郡単位に近い小地域内に終末期の大型古墳を造営しているのである。両地域に挟まれた下毛野・北武蔵では、特定の地域に後期の大型前方後円墳が集中し、終末期の拠点に再編される点でより上毛野に近い様相を示している。これは、文献に見える上毛野・下毛野・武蔵の大国造と上総・下総・常陸の小国造の様相を示唆する状況としても注目される。

　また、内陸部の上毛野・下毛野・北武蔵では、5世紀後半に井出二子山・摩利支天塚・埼玉稲荷山の大型前方後円墳が築かれ、それぞれ後期大型前方

後円墳群の先駆を成したのに対し、海道に沿った上総・下総・常陸では、5世紀後半に規模を縮小した前方後円墳が6世紀後半になって息を吹き返したかのように規模を拡大している。さらに、墳丘長40m以下の前方後円墳に注目すると、上総・下総・常陸が上毛野を上回る勢いで前方後円墳を築造する状況が展開し、上総・下総の現千葉県内の前方後円墳が773基（2000年時）で全国で最も多いという数値は、後期の中小規模例の造営に起因する。常陸に隣接する下毛野もこの連鎖に加わっており、関東地方の6世紀後半以降の動向にも各地で異なる状況が内在している。一方、相模と南武蔵は、前期あるいは中期前半まで存在した大型首長墓が姿を消し、後期に至っても築造が途絶えている。また、帆立貝形前方後円墳の野毛大塚山古墳（墳丘長82m）以降、大型前方後円墳の築造が見られない地域である。特に、相模はすでに中期から前方後円墳の造営に関して他地域とは異なる基準が用いられていたと考えざるを得ない状況である。これについては様々な見解が示されており（白石2000、滝沢2002、西川2004・2007）、東国への門戸としていち早くヤマト王権の支配が浸透し、強力な地方勢力が形成されにくい地域であったことが考えられる。

後期の代表的な埋葬施設である横穴式石室の受容と展開にも内陸と海道では相異がある。上毛野はその初源から畿内色が強く、特に大型古墳に一貫して畿内の直接的な影響が見られる。後期後半の石室の大型化→巨石化→切石積という中央の王族・有力豪族墓の変遷が大型古墳に反映され、それに応じた石材の調達・石工技術が導入されたことが窺える。上総・下総・常陸の横穴式石室もこの流れに沿った畿内の影響を受けているが、その様相は一様ではない。大型前方後円墳に採用される横穴式石室には、長大な無袖型・片袖型、複室両袖型、切石積ドーム型など在地の石材を生かした多系統の型式が見られる。

2 後期における古墳使用石材の広域移動と首長間交流

後期になると、関東一円で各地の石材を使った横穴式石室・箱式石棺が広く用いられ、伝統的な木棺直葬系の埋葬施設を凌駕している。河原石・磯石

第Ⅰ部　課題研究

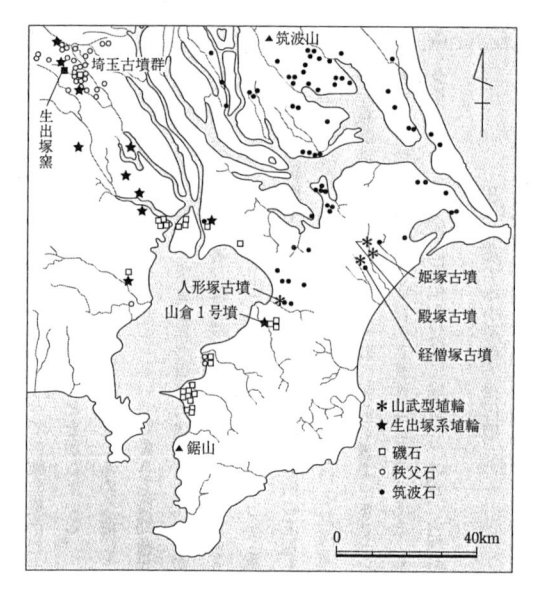

第2図　石材と埴輪の広域移動

（穿孔貝生痕のある凝灰質砂泥岩）・片岩板石・砂岩など様々な石材を用いた石材加工・構築技術が普及したといえる。さらに、北武蔵の片岩と房総の磯石のように広域間で石材を交換した例、筑波片岩の下総への普及のように地域を超えた石材供給の例が見られ、埴輪の供給も広域で行われるようになり、関東各地の首長間に独自の交流が展開したことを物語っている。

　一方では、石材の流通を核とした地域間交流が石室の型式にも影響を与えている。筑波石の流通圏では、板石組の横穴式石室・箱式石棺・石棺系横穴式石室が広く採用されるが、板石組横穴式石室のなかに、玄門をコの字状やL字状に刳り抜いた板石で構成したものがあり、特徴的な分布を示す。石材の産地付近では、つくば市平沢古墳群に3例、山口古墳群に1例、L字型の板石を2枚組み合わせた玄門をもつ石室がある。同様の石室は約50km離れた香取海南岸の佐原市又見古墳にあり、コの字状の2枚の板石から成る玄門をもつ。さらに、筑波から約60km西の行田市小見真観寺古墳に一枚石を方形に刳り抜いた玄門をもつ石室が存在する。小見真観寺古墳の石材は緑泥片岩であるが、全長112mの前方後円墳に特異な板石組石室が採用されている背景には、北武蔵の一勢力と香取海水域圏との結びつきが窺える。また、磯石・緑泥片岩の流通をめぐる東京湾の交流圏にも北武蔵が関わっている。このように、総武・常総の2つの水域に見られる後・終末期古墳の様相は内陸に比べてより多元的であるといえよう。

このような 50 km あるいは 60 km 圏の首長たちの交流にとどまらず、さらに広域圏を束ねる首長同士が、埴輪や石棺・石室の石材を交換し始めるといった動きも後期後半に始まる。北武蔵の生出塚遺跡で焼かれた埴輪が市原市山倉古墳群で樹立され、房総半島の海岸の磯石が埼玉古墳群の横穴式石室の石材として使われる例、さらに筑波山麓の石材が生実・椎名崎古墳群に運ばれている例などは、古代の国の領域を越えた交流を示している（第2図）。その移動距離は 80 km〜120 km におよぶ。関東地方における地域間交流の素地は後期以前にもあり、中期の滑石製立花と石枕の分布圏は天竜川以東に求められ、独特の葬具・葬送様式を共有する地域として捉えられた。また南武蔵の野毛大塚山古墳では、上毛野の影響下に生産された埴輪と房総あるいは三浦半島の磯石を使用した石棺が見られる。その上に開花した後期大型前方後円墳の築造や広域の首長間交流は、畿内王権との関係においてより優位な立場に成長した関東地方の諸勢力の自由な活動を物語っているといえよう。

3　7世紀前半の関東の首長墓—房総の例をめぐって—

(1) 埴輪樹立終焉以降の大型前方後円墳

　6世紀後半以降に築かれた大型前方後円墳の中には、埴輪樹立が終息した後に築かれた例が各地で確認されており、7世紀前半まで埋葬が行われた例も少なくない。これについては小地域ごとに様相がかなり異なるため関東各地の詳細は後論に譲り、ここでは上総・下総の例を挙げてその実態を確認したい。

　まず、地域最後の大型前方後円墳を見ると、上総の東京湾沿岸南部の小糸川流域には富津市三条塚古墳（墳丘長122m）・小櫃川流域には木更津市金鈴塚古墳（墳丘復元長100m）、太平洋側の九十九里沿岸に山武市大堤権現塚古墳（117m）、下総の印旛沼沿岸に浅間山古墳が築かれている。これらはそれぞれ祇園長須賀古墳群、内裏塚古墳群、大堤・蕪木古墳群、竜角寺古墳群に属しているが、周辺の古墳群には例を見ない規模を有する広域首長墓でもある。『国造本紀』記載の国造領域を比定するならば、それぞれ「須恵」・「馬来田」・「武社」・「印波」に該当し、後の周淮郡・望陀郡・武射郡・印旛

第Ⅰ部　課題研究

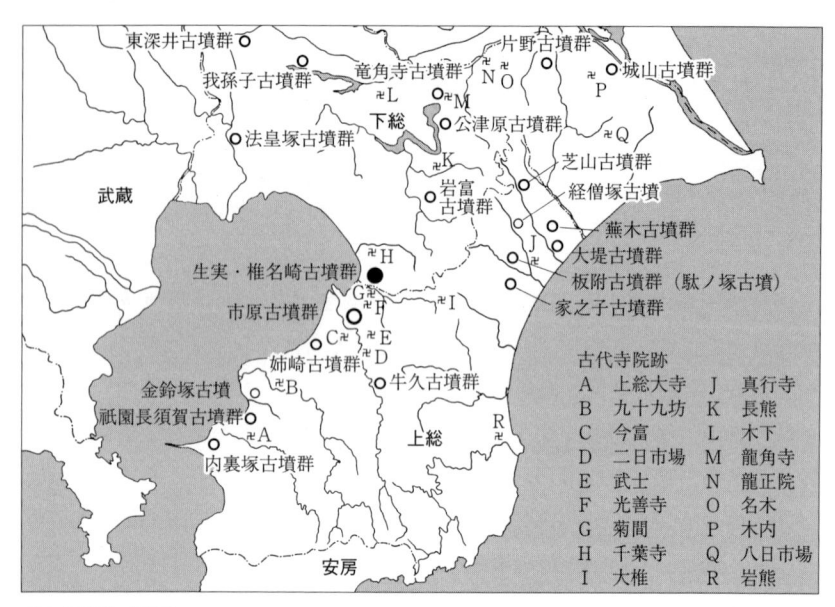

古代寺院跡
A　上総大寺　　J　真行寺
B　九十九坊　　K　長熊
C　今富　　　　L　木下
D　二日市場　　M　龍角寺
E　武士　　　　N　龍正院
F　光善寺　　　O　名木
G　菊間　　　　P　木内
H　千葉寺　　　Q　八日市場
I　大椎　　　　R　岩熊

(旧) 周淮郡・望陀郡

単位m，( ) は復元

No.	古墳名	所在地	墳形	墳丘長	周溝形態	横穴式石室	主な副葬品
1	金鈴塚古墳	木更津市	前方後円	100	(盾形)	単室・箱式石棺	金鈴・飾大刀・飾履・馬具
2	丸山古墳	同	前方後円	77		単室	飾大刀・耳環・玉類・銅鈴
3	三条塚古墳	富津市	前方後円	122	盾形二重	無袖単室	銅鏡・銀製飾金具・馬具
4	松面古墳	木更津市	方	44	方形二重		飾大刀・双魚佩・馬具・冠飾
5	鶴巻古墳	同	円	42～44	円形		飾大刀・銅鏡・銅鈴・馬具
6	割見塚古墳	富津市	方	40	方形二重	複室・奥棺室付	金銅製馬具
7	亀塚古墳	同	方	(30)			
8	森山塚古墳	同	方	27	方形	単室	把手状金具・釘
9	野々間塚古墳	同	方	20	方形二重		椎頭大刀・新羅焼陶器

(旧) 武射郡

No.	古墳名	所在地	墳形	墳丘長	周溝形態	横穴式石室	主な副葬品
1	大堤権現塚古墳	山武市	前方後円	117	盾形三重	複室 (軟砂岩)	金鈴・飾大刀・飾履・馬具
2	小池大塚古墳	芝山町	前方後円	76	相似形	単室? (軟砂岩)	大刀・鉄鏃
3	胡摩手台16号	山武市	前方後円	86	相似形二重	複室 (軟砂岩)	金銅装馬具・大刀
4	不動塚古墳	同	前方後円	63	相似形	複室 (軟砂岩)	鉄鉾・鉄鏃
5	駄ノ塚古墳	同	方	60	方形二重	複室 (軟砂岩)	金銅装馬具・大刀鉄鏃
6	経僧塚古墳	同	円	45	円形二重		飾大刀・馬具・鈴付装飾帯
7	カブト塚古墳	同	円	45	円形二重	単室 (軟砂岩?)	金銅装馬具・鉄鏃
8	姫塚大塚古墳	同	円	65	円形二重		

(旧) 海上郡

No.	古墳名	所在地	墳形	墳丘長	周溝形態	横穴式石室	主な副葬品
1	六孫王原古墳	市原市	前方後方	45	長方形	複室? (軟砂岩)	金銅製馬具
2	諏訪台C1号	市原市	前方後方	39	相似形	木棺直葬	飾大刀
3	牛久3号墳	市原市	方	31	方形二重	複室 (軟砂岩)	鉄鏃・釘

(旧) 香取郡

No.	古墳名	所在地	墳形	墳丘長	周溝形態	横穴式石室	主な副葬品
1	御前鬼塚古墳	干潟町	前方後方	101	長方形?		

(旧) 印旛郡

No.	古墳名	所在地	墳形	墳丘長	周溝形態	横穴式石室	主な副葬品
1	浅間山古墳	栄町	前方後円	78	(相似形)	複室 (筑波石)	金銅製馬具・冠・飾大刀
2	岩屋古墳	栄町	方	80	方形	単室 (貝化石)	
3	みそ岩屋古墳	栄町	方	35	方形	単室 (貝化石)	鉄鏃
4	上福田岩屋古墳	成田市	方	32	方形	単室 (貝化石)	
5	伝伊都許利命墓	成田市	方	35	方形	単室 (軟砂岩)	

第3図　房総における埴輪祭祀終焉以降の大型古墳

（幡）郡に対応する。

　これらの古墳の石室石材はそれぞれ異なり、三条塚・金鈴塚古墳が礒石、大堤権現塚古墳が軟質砂岩、浅間山古墳が筑波変成岩（筑波石）である。横穴式石室の形態・構造を見ると、金鈴塚古墳が切石積単室無袖型で、玄室内に緑泥片岩の箱式石棺が置かれている。三条塚古墳の石室は羨道部の調査によって転石（自然石）積の単室無袖型と推定される。大堤権現塚古墳は切石積の複室構造、浅間山古墳は板石組の複室構造である。このように構造はまちまちであるが、石室全体の形状や床石に注目するとこれらが共通した設計概念に基づいて築かれていることを時代色として抽出できる。

　まず、浅間山古墳の石室を取り上げると、その特徴は平面形態に最もよく表れている。羨道部・前室・後室から成る石室は、幅がほぼ一定しており、全体として長方形に近い形態になっている。石室内部の全長は6.68m、幅1.91～2.34m、高さ1.65～2.01mである。前室・後室とも比較的幅広い矩形で、縦横比は前室が1：0.73、後室が1：0.79となる。各部屋の割付を見ると、後室はほぼ中央で前後に区分し、さらに奥を2等分して3つの空間を作り出し、奥から2番目に石棺を組み込んでいる。また、前室は床石の配置によって縦割りし、右壁際に埋葬空間を設けた造作が見られる。

　一方、単室無袖型の金鈴塚古墳石室は、床石の配置によって前室・後室に相当する空間に区分されていることが分かる。さらに、奥壁から6.65mで明らかに幅を減じて床石がなくなり、羨道部に移行している。羨道部を埋葬空間として使用している点は異なるが、床石の配列や後室空間の形態（縦横比1：0.8）、奥壁から羨道に向けてわずかに幅を減じた玄室の全形などは浅間山古墳石室にかなり近い。石室幅もほぼ等しく（1.90～2.25m）、浅間山の石室総長（6.68m）が金鈴塚の玄室長（6.65m）に相当する。この平面企画の特徴は、むしろ房総南部に盛行した狭長な無袖型石室の系譜とは一線を画している。同じ礒石を使用した三条塚古墳の石室形態の解明が待たれるが、金鈴塚古墳以後の小櫃川流域では木更津市山伏作第5号墳に見られるように、小方墳に長方形の切石積無袖型石室が採用されており、金鈴塚古墳が大きな変換点になったことは確かであろう。

第Ⅰ部　課題研究

　太平洋側の九十九里沿岸、後の「武射郡」域の様相を見ると、大堤権現塚古墳の前後に築かれた60～90m級の前方後円墳は6基に及び、他の地域を圧倒している。また、後・終末期の大型前方後円墳と方墳の内容が明らかになっている点で、該期の動向を知る指標となる地域である。埴輪を樹立していた6世紀後半代には木戸川流域に山武市朝日ノ岡古墳（70m）、横芝光町殿塚古墳（89m）、作田川流域には山武市西ノ台古墳（90m）があり、殿塚古墳に方形ドーム型の切石積単室という特異な石室が採用されている。埴輪消失後の前方後円墳が最大規模に達するのがこの地域の特徴であり、これらの埴輪樹立古墳を遥かに凌駕して、3重周溝をめぐらした墳丘長117mの大堤権現塚古墳が木戸川河口部を望む台地縁辺に立地する。境川流域には山武市胡摩手台16号墳（86m）、木戸川流域に芝山町小池大塚古墳（76m）、作田川流域には山武市不動塚古墳（63m）があり、墳丘・石室の規模をやや縮小した2基が後出であると考えられる。

　大堤権現塚古墳・胡摩手台16号墳・小池大塚古墳・不動塚古墳の石室は切石積両袖型で、小池大塚古墳以外は複室構造である。不動塚古墳を除いて石室の全容が明らかではないが、石室の規模は墳丘規模に比例しているようで、権現塚古墳の石室が一際大きい。石材はいずれも第4紀層を切り出したいわゆる凝灰質砂泥岩である。権現塚古墳の石室は、横長方形の玄室に石棺を造り付けた特殊な構造で、調査報告に拠ると高く持ち送りされた側壁と天井の残存部によってドーム型の玄室が想定されている。横長の玄室を縦に区画して棺を置く形式は、「印旛郡」域の終末期方墳である上福田岩屋古墳のドーム型玄室と共通しており、系譜がつながる可能性もある。この切石積ドーム型石室は上総・下総の極めて限られた地域と時代に用いられており、明らかに系譜を異にする石室構築技術をもつ集団の関与が窺える。半島南部の石室構造との類似性から渡来系集団との関わりも想定できるであろう。一方、不動塚古墳では第4紀層の貝化石を含む泥質部が用いられ、かなり大型の切石に加工されている。玄室の形態は前室・後室とも長方形である。後室に床石があり、明らかに石の配列を変えて奥壁側と玄門側を2分している。

(2) 終末期大型古墳

　後期後半の大型前方後円墳の延長上に終末期の状況を考えると、常総の水域の一角に一辺80mという、当時の王陵を超える大きさの巨大な方墳・岩屋古墳が築かれた必然性が浮かび上がる。岩屋古墳を擁する竜角寺古墳群では、大型方墳出現の前段階になって全長約80mにおよぶ古墳群最大の前方後円墳・浅間山古墳が築かれている。この時期、畿内では大型古墳の築造は王陵と一部の有力豪族墓に限られ、古墳の築造は終焉を迎えている。しかし、関東地方が重要な地位を獲得したのは、古墳時代も終わろうとする時期であり、その時になって初めて他を凌駕する古墳を造り得たのである。

　浅間山古墳以後、竜角寺古墳群の主墳は前方後円墳から方墳に変換し、その石室にも大きな変化が表れている。石材が筑波石の片岩板石から「貝化石砂岩」の切石に替わり、石室構造も一変する。脆弱な貝砂岩の切石を使って浅間山古墳の石室とほぼ同規模の石室を構築した竜角寺岩屋古墳東石室では、側壁に7～9の切石を13段積み上げなければならなかった。その積み方は塼や煉瓦と同様の互目積である。また、天井石にも貝砂岩を架けるために側壁をかなり持ち送って、天井の幅を減じている。奥壁にも貝砂岩が用いられ、この石材としてはかなり大型の切石2段積である。このように、一見すると浅間山古墳の石室とは全く様相が異なり、棺台部と天井石の一部に片岩板石が用いられている点のみに浅間山古墳との繋がりが求められるかのように見える。

　しかし、石室の平面形に着目すると、浅間山と岩屋古墳の石室は極めて良く似た構造をもつことがわかる。岩屋古墳の東西2基の石室は単室構造であるが、その全形は浅間山の石室とほぼ一致するのである。規模が等しい東石室と比較すると、玄室の長さは岩屋の方がやや長いが、右側壁の全長・石室幅はほぼ一致する。また、後室の埋葬空間も同じように仕切られ、岩屋東石室では棺台を画する立石が浅間山の石棺側石に該当する。西石室はやや規模が小さいため、1.25倍にすると浅間山の石室と同規模になり、特に玄室の規模は長さ・幅ともに一致する。浅間山古墳の石室は後室がやや歪んでいるため、後室玄門で折れ曲がったかのような印象を与える。同じように、岩屋

第Ⅰ部　課題研究

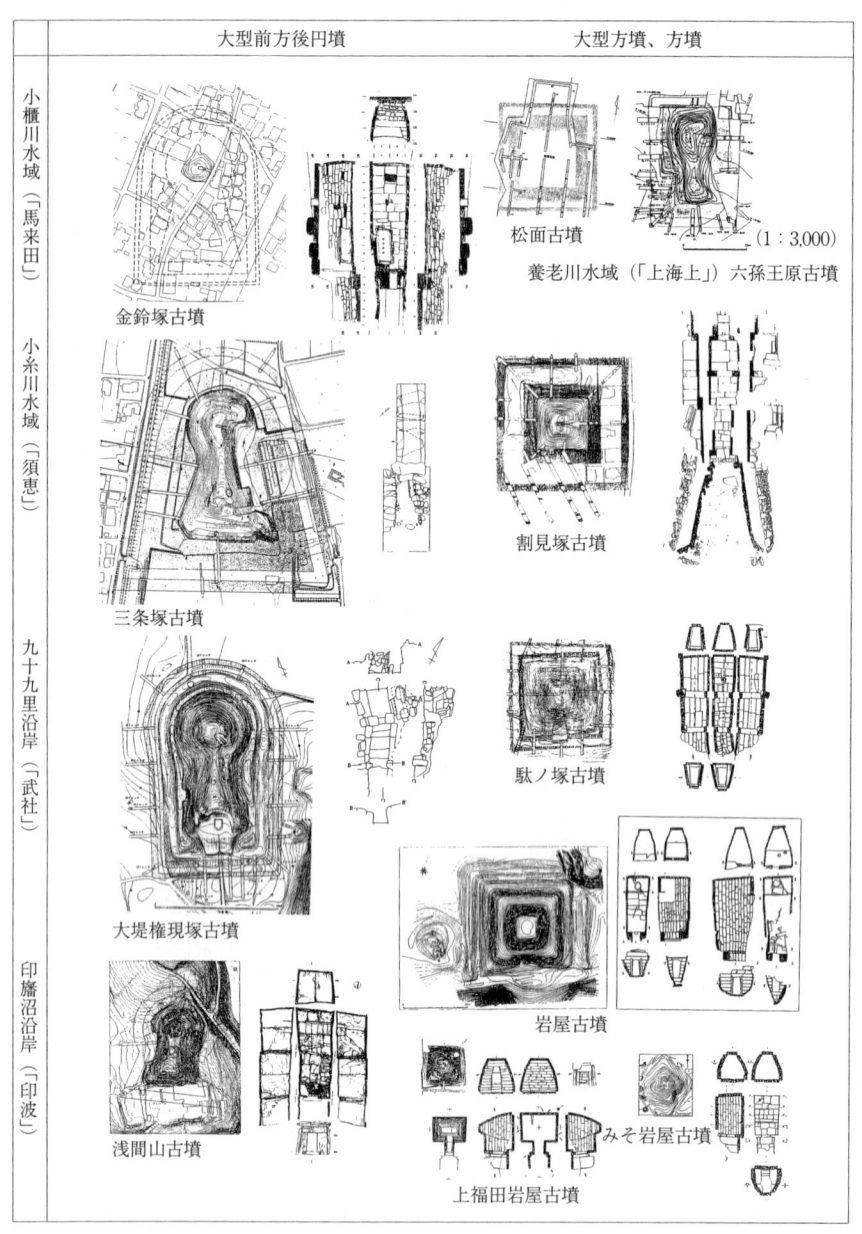

第4図　終末期大型前方後円墳・方墳（墳丘1:6000、石室 ♦ 1:480、■1:600）

古墳の西石室の平面形もやや屈曲し、しかも浅間山とは逆に歪んでいるため反転して比較すると、石室内の区画が重なり、左壁の屈曲まで重なって玄室全体が相似形になる。このことは、両古墳の石室が同様の規格に基づいて設計されたことを示すといえる。この点に注目すると、墳形・石室の構築材を異にする2基の古墳の間に断絶はなく、むしろ連続して築造された同系譜の首長墓である可能性が高い。

　金鈴塚古墳を輩出した上総の小櫃川流域では、2005年に松面古墳が墳丘1辺44mの二重周溝をもつ大型方墳であることが確認されるまで、金鈴塚古墳に後続する大型古墳は見つかっていなかった。松面古墳の出土遺物には、金銅製双魚佩・ガラス玉を装着した金銅製木葉形腰佩など、金鈴塚古墳の初葬に近い遺物と思われる副葬品が存在する。出土品に共通する双龍文環頭大刀の比較では、金鈴塚古墳玄室の出土例より新しく、羨道出土例とほぼ同時期の製品であるが、龍文の退化傾向・環頭周縁の打出し文を欠く点・柄間金具の文様の退化傾向などから金鈴塚古墳羨道出土例の方がやや新しく位置づけられる。一方、馬具は鉸具付の心葉形杏葉、無文の方形帯金具など金鈴塚古墳より明らかに新しい組み合わせが見られる。また、4弁の花文をもつ方形の透かし彫り金具8枚は、金銅製の冠飾りと推定され、金鈴塚古墳の壮麗な唐草文透し彫り文様をもつ立飾より新形式の冠飾りといえる。

　一方、1908（明治41）年に獅噛環頭をはじめとする飾大刀・四仏四獣鏡・馬具など大量の遺物が発見され、墳丘径40m以上の大円墳と伝えられていた木更津市鶴巻塚古墳は、2007年の調査によって地籍図等にほぼ合致する墳丘径42～44m、周溝外側の径80mの大型円墳であることが確認された。二重周溝の有無は未確認であるが、墳丘は松面古墳とほぼ同規模であり、同じ古墳群内に金鈴塚古墳に次ぐ大型古墳が複数存在し、墳形を異にしていたことになる。いずれも埋葬施設の構造が不明なため築造時期の推定は難しいが、鶴巻塚古墳の遺物には銀装圭頭大刀・金銅装円頭大刀があり、圭頭大刀の銀製把頭に施された宝珠文・雲気文を配した透し彫りの中心飾りは、後述する7世紀代の毛彫り馬具や仏像宝冠などに展開する新相の装飾であることは留意して良いと思われる。

第Ⅰ部　課題研究

　小糸川流域では、二重周溝をめぐらした大型方墳割見塚古墳に次期首長墓の具体像を見出すことができる。割見塚古墳は墳丘1辺が45m、周溝を含む規模は107m四方に及ぶ房総最大規模の終末期方墳である。石室は精美な切石積の複室構造で、奥に棺室をもつ特徴的な構造である。奥行き3.8mの羨道部をもつ石室の全長（奥の棺室を除く）は9.3mにおよぶ長大な規模である。後室は長さ2.39m・幅2.13～2.17m、前室は長さ2.23m・幅2.09～2.15mで縦横比1：0.9～0.95とほぼ方形の平面プランをもち、玄室の全長は5.10mである。割見塚古墳の玄室がより方形に近く、後続する30m級の方墳・森山塚古墳の玄室も方形に近い（縦横比1：0.78）。

　「武射郡」域の前方後円墳以後最大の方墳は、作田川流域に築かれた山武市駄ノ塚古墳である。駄ノ塚古墳は墳丘1辺60mの規模をもち、2重周溝をめぐらし、周溝を含む規模は84mに及ぶ。石室は軟質砂岩を用いた切石積両袖型の複室構造で、全長7.76m、玄室長5.98m、玄室の形態は前室・後室の縦横比が1：0.55・1：0.56の長方形である。石室全体に床石があり、後室は3区分、前室はほぼ中央で2分する配石が認められる。規模・構造とも前段階の不動塚古墳石室との親縁性が強い。不動塚古墳より石材が小さくなっているのは、時代色と共に入手可能な石材の制約に拠るものでもあろう。後続する駄ノ塚西古墳では墳丘1辺が1/2に縮小し、石室も矮小化して前室が短小な形態になっているが、後室の形態は長方形（縦横比1：0.68）を維持している。なお、木戸川流域に大型方墳はなく、墳丘径66mの大型円墳松尾姫塚古墳が横穴式石室を内部施設とする可能性が高いため、駄ノ塚古墳に匹敵する終末期古墳の候補に挙げられている。

　このように、各地域最後の大型前方後円墳と後続する大型方墳の石室にはそれぞれ系譜の繋がりを示す特徴が顕著に窺える。竜角寺古墳群ではこの間の使用石材の変化によって、一見全く異なるかに見える両者の石室にも平面設計・床石の配置に系譜の繋がりを見出すことができた。また、浅間山古墳と金鈴塚古墳の石室の類似点を見出し、両地域最後の大型前方後円墳に採用された石室は、それぞれの地域の横穴式石室の系譜を引きながら切石積石室への変換に向けた一定の規格を共有していた可能性があり、終末期大型方

墳・円墳の段階に切石積横穴式石室として定型化することになる。また、「武射郡」域のようにほぼ定型化した切石積横穴式石室が前方後円墳に採用され、大型方墳に引き継がれる地域も見られる。

なお、房総ではこの時期の主墳に前方後方墳を採用した例がある。養老川水域・姉崎古墳群の六孫王原古墳（墳丘長45m）、手賀沼水域・我孫子古墳群の日立精機1号墳（墳丘長48m）が代表的な例である。いずれも前期から継続する各水域の中核を成す古墳群で、特に姉崎古墳群は「上海上」国造の推定領域に造営され、前期から中期に100m級の前方後円墳を輩出している。最後の主墳に前方後方墳という前期前半の東日本を象徴する墳形を採用した要因は定かではない。しかし、周辺の群集墳を見ると中核となる古墳に前方後方墳を採用した例が複数あり、伝統的な墳形に回帰した可能性も否定できない。全国的に見ても出雲地域を除くと後期・終末期に前方後方墳を用いた例は見当たらないため、外部に系譜を求め難い現象である。

4 古墳時代最後の馬装

（1）金銅製毛彫馬具

浅間山古墳という終末期の大型前方後円墳から金銅製毛彫馬具が出土したことは、この分布が関東地方を中心とする東日本に偏在することの意味をより明確に示すことになった。浅間山古墳の資料が、毛彫馬具の変遷のどの段階に位置づけられるのか、この馬装を道上型毛彫馬具として分類・編年した先行研究（田中1980・1997）を基に改めて系譜と分布の特性に注目したい。

道上型毛彫馬具は、金銅の薄板一枚造りの金工品とした、前代の鉄地金銅貼馬具とは異なる新たな技術系統の製品である。6世紀以降の馬具製作には鞍作りと仏師が共に関わっていることは既に先学によって指摘されているが、さらに仏教色が強まった7世紀代の毛彫馬具は仏教美術の担い手によって製作された可能性の高い製品であり、新たな時代の息吹を反映した古墳時代最後の馬具としてとらえられる。

道上型毛彫馬具の成立初期には透彫文様を切り抜き、毛彫文様を施す技法が用いられている。次第に透彫りを残しつつ大半を線彫りするようになり、

第Ⅰ部　課題研究

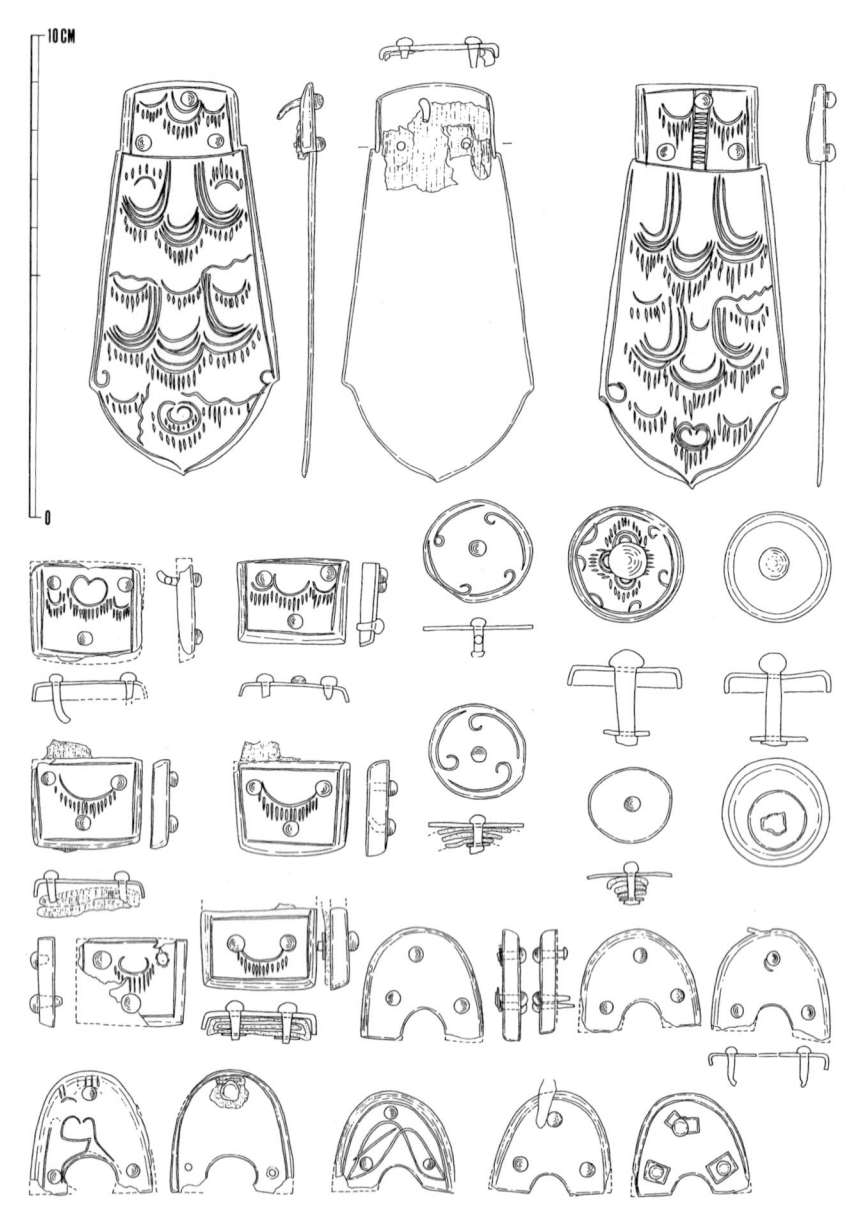

第5図　浅間山古墳出土の金銅製馬具

やがて線彫りだけに変化する。この線彫りになった段階で文様は多様化し、同時に退化と省略化が始まる。このような道上型毛彫馬具の変遷はⅣ期に分けられる。

Ⅰ期の基準資料となる前橋市道上古墳出土馬具は、杏葉・辻金具・3鋲方形金具・2鋲方形金具・有窓卵形金具・鉸具から成る金銅製飾り馬具一式を確認できる。杏葉の外形は4段の瘤状突起を加えた心葉形で、透彫り文様の交叉部に菱形透しを配し、文様の結節帯を表現しないなど、Ⅰ期以降に主体となる連弁形杏葉とは系譜が異なることを示している。また、猪目透を中心飾りとした金銅製の心葉形・棘葉形杏葉の系譜を引き、鉄地金銅貼りの倭系馬具とは別系統の馬具に連なる。

一方、並行して出現する連弁形の杏葉には法隆寺献納宝物の例を最古に、若干の省略の見られる高崎市下大島例、群馬郡榛名町しどめ塚例がある。いずれも透彫りの連結部に珠文を配した法隆寺系透彫り文様をもつ。法隆寺献納宝物の例は、法隆寺に伝わる7世紀代の金工品で最も古い一群に属し、道上型毛彫馬具の初現に関わる製品とも考えられる。これらの法隆寺系透彫り文様をもつ連弁形杏葉は連続した短期間の変化が追え、いずれも群馬県（上毛野）の例であることから上宮王家と上毛野の関わりの深さが指摘されている。Ⅰ期の例は静岡県富士市東平1号墳を除いて群馬県（上毛野）に集中しており、これらの優品が飛鳥の渡来工人一世によって製作されたとすれば、やはり王家と上毛野の親交を背景に考える必要がある。

Ⅱ期はⅠ期の透彫りを毛彫りに置換した段階で、倭系工人による製作が始まった段階である。杏葉頭部が山形で正三角形に鋲が配置されたA系と頭部が直截され逆三角形に鋲が配置されたB系に分類されている。板状の有窓正方形金具が新たに出現し、帯飾り金具の主体が小さな円形金具である点がⅡ期の指標となる。直截頭部に正三角形の鋲配置である浅間山古墳の杏葉はA・B折衷形の形態であるが、芝草文系の主文を用いた毛彫りのみの文様構成はA系の長野県佐久市東一本柳例に類する。ただし、杏葉下端や方形金具に猪目文をもつなど多様な文様要素が混在し、Ⅱ期の新相に位置づけられる。

第Ⅰ部　課題研究

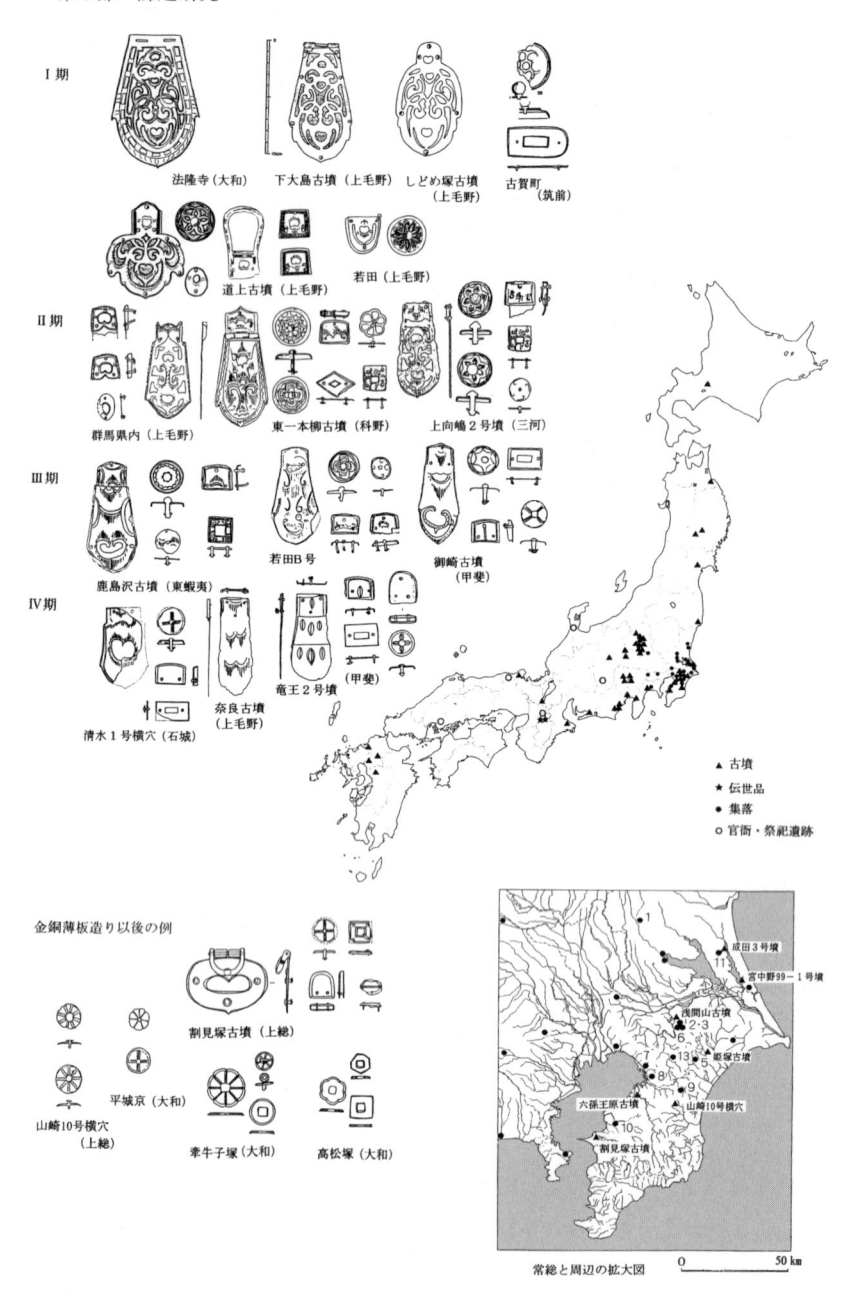

第6図　金銅製毛彫り馬具の分布（白井2002『印旛郡栄町浅間山古墳発掘調査報告書』より）

Ⅲ期には全般に文様の退化・変容が進行する。辻金具では連弁文が弧文、さらには十文字の条線文になってしまう。帯先金具の3連弧文はほとんど用いられなくなり、弧文を欠如したものが現れる。概して文様が大振りになる傾向があるが、茨城県鹿島市宮中野99-1号墳例・広島県東広島市西本6号遺跡例は文様が小振りで、配置や形の崩れが少ない。

Ⅳ期になると帯飾りの円形金具が2鋲有窓の長方形金具に完全に置換し、最後には毛彫り文様もなくなる。辻金具はさらに小型化し、花弁は形骸化した4弁文様や十文字の条線で表現され、十文字の透しに変容したものも現れる。また、定形化した2方透しの金銅製薄板造りの鏡板が出現するのもこの段階の特徴である。

大型化した猪目文を中央に配した福島県いわき市清水1号横穴墓例を最後に、杏葉の文様から猪目文が消える。3単位の弧文・光芒文の代わりに連弁を配したもの（山梨県中巨摩郡竜王2号墳）、文様が2単位に減じたもの（奈良古墳群）、円弧文が杏葉全体に伸びて多条線文が対応しなくなったもの（静岡県駿東郡御蔵上3号墳）など文様が乱れ、ついに円弧文が消失して多条線文だけになってしまう（茨城県つくば市柴崎II64号住居）。

Ⅳ期以降も毛彫り馬具と同様の意匠が横穴や飛鳥の終末期古墳の座金具・棺金具に用いられているが、厚みのある造りで明らかに道上型毛彫馬具とは異なる金工品である。また、前掲の終末期方墳・割見塚古墳の石室前庭部出土馬具も既に薄板造りの道上型毛彫馬具とは区別されるものである。割見塚古墳例には飛鳥Ⅳの土師器坏Aが伴う。

したがって、道上型毛彫馬具Ⅳ期は飛鳥Ⅲを降ることはないと考えられる。その実年代について、Ⅰ期の初源を法隆寺例に求め、607（推古15）年斑鳩寺金堂薬師堂完成頃とし、Ⅳ期の存続期間を飛鳥Ⅲの660年代前半に納める見解を示されている（田中1997）。しかし、その後飛鳥Ⅱの終わりを飛鳥水落遺跡の下限である667年まで下げ、飛鳥Ⅲを660～680年前後に置く見解が出され、飛鳥Ⅲの実年代の比定には20年前後の相違が生じている。道上型毛彫馬具の年代は、飛鳥Ⅲを650～670年前後とする従来の見解に基づけば610年～660年前後にわたる約50年間、後者の土器編年に

よれば680年前後までの約70年間となる。

(2) 集落出土の毛彫馬具

　一方、金銅製毛彫馬具は国衙・郡衙などの想定地、あるいはそれに準じる各地の拠点集落、祭祀遺跡などからも出土している。杏葉・帯先金具・円形金具・方形金具・長方形金具の出土例があり、その多くは単体で出土し、馬装としての意義は失われている。なかには長野県恒川遺跡B区1号工房跡のように不要となった金銅製品を再利用するために集積した例もあり、帯先金具5点・有窓長方形金具2点が出土している。それらの形状や文様の有無は様々で、飛鳥・藤原期から奈良時代におよぶ製品を含んでいる。

　杏葉が出土した例は少なく、柴崎II遺跡・茨城県土浦市弁財天遺跡・千葉県成田市囲護台遺跡・同北囲護台遺跡・神奈川県横須賀市小荷谷遺跡・西本6号遺跡の6例にとどまる。これらの杏葉は、馬装として使用された後に用いられたと考えられ、伴出した土器は杏葉の型式より新しい段階のものが主体を占める。小荷谷遺跡例は遺構外の遺物群のひとつであるが、出土している多量の土器は7世紀前葉～後葉のものが中心である。西本6号例は、祭祀に関連すると考えられる大小の建物群を区画した西辺の溝から出土した。伴出した土器群は飛鳥III・IVを主体とし、飛鳥Vに及んでいる。したがって、杏葉が使用された時期は7世紀後半代の幅の中に位置づけられる。他の例は7世紀後葉～末葉に使用された例が多く、柴崎II遺跡64号住居跡例は8世紀前葉に位置づけられる地元産の須恵器が伴い、杏葉が製作後かなりの期間を経て使用されたことが窺える。

　集落出土の帯金具には、2鋲・3鋲の方形金具、爪形金具、円形金具、花形金具、有窓の方形・長方形金具がある。これらの毛彫馬具、およびその系譜にある帯金具は、都城・官衙関連遺跡・古代道などの交通の要衝に位置する拠点的な集落・祭祀遺跡で出土しており、権威のシンボルとして祭祀具の役割を担っていたものと思われる。二次的に用いられたものが多いため伴出土器が馬具や帯金具の年代を示す例は少ないが、製作後まもなく使用されたと思われる例もあり、毛彫馬具III期が7世紀中葉、IV期が7世紀第3四半期に位置づけられることは、集落出土例からも検証できる。

(3) 東方型分布とその性格

　分布上の特徴は、太平洋沿岸沿いに北上する東方偏在型である。祖形の例とⅣ期の例が九州に点在するほか、都城・祭祀遺跡出土例と伝世品が伊勢・近江より西側に見られるが、基本的には東海道・東山道につらなる分布を示す。能登以北の日本海側に全く出土例がないのも特徴的である。また、東海道沿いの大半は駿河から常陸に集中している。一方、東山道沿いでは上毛野の11例が他の地域を圧倒している。とくに上毛野でⅠ期の創製期から各時期の例がそろって変遷する点は、この地域が東山道の拠点として毛彫馬具分布の核となっていたことを物語る。その影響は古代牧の展開した科野・甲斐、隣接する駿河にも及んでいる。

　古墳出土例は横穴墓も含めて43例あるが、そのうち内容の明らかな例は26例にとどまる。墳形の内訳は前方後円墳2・前方後方墳1・円墳17・方墳3・横穴墓3で円墳が最も多く、墳丘径20m以下の14～15m規模に集中している。馬具の小型化に対応するように、これらの墳丘規模が前代より著しく小型化して時代相を表していることは、既に指摘されているところである（田中1997）。唯一大型前方後円墳に出土例をもつ地域は、東海道沿いの分布の中心を成す房総である。1例は墳丘長78mの浅間山古墳（下総）、もう1例は墳丘長60mの横芝光町姫塚古墳（上総）で、浅間山古墳は毛彫馬具を出土した最大規模の古墳であり、姫塚古墳は埴輪を樹立した唯一の例である。このような房総の大型首長墓に毛彫馬具が副葬された意義は、この馬具の集落出土例の分布によって如実に示されている。

　集落出土例の分布状況は、古墳出土例よりさらに極端に偏在する。関東地方に一極集中し、しかもその領域は相模・武蔵・上総・下総・常陸に限られている。中でも下総は10遺跡15例（遺構）で最も多く、次いで常陸が7遺跡と続く。この2地域で全体の過半数を占めており、毛彫馬具受容の中心的な地域となったことは明らかである。浅間山古墳の拠地である印旛沼東岸には6遺跡に出土例があり、この地を中核として常総地域全域に毛彫馬具の配布が及んだものと思われる。集落出土例の多くは古墳への副葬が行われなくなるⅣ期以降のものであるが、この分布状況は毛彫馬具を保有した集落の

性格を端的に表していると思われる。先に触れたように、これらの集落の多くは飛鳥〜奈良時代の交通路の要衝に営まれた拠点的な集落であり、郡衙関連遺跡、あるいはそれらに隣接する大規模な集落であった。東海道を北上する古墳出土例の分布型は、7世紀前半期の王権による東北進出ルートそのものであり、集落出土例の分布型はその前進基地として東北進出の戦力を担った地域を示しているといえよう。その頂点に位置したのが印旛沼東岸域の首長であり、この時代最大の方墳である岩屋古墳の存在は、この地が果たした歴史的な役割を象徴している。浅間山古墳の被葬者はその一世代前にあって、古墳時代最後の飾り馬具を配布した最後の前方後円墳の被葬者であったといえる。

5　古墳時代終末期の冠と飛鳥仏の宝冠

　6世紀後葉までは列島各地の古墳に副葬されている冠や冠飾は、7世紀に入るとその例がかなり限られてくる。その背景に本格的な官位制の制定を進める政治的な変革が進行していたことが影響しているのは間違いではないであろう。

　冠は威儀をただす時に用いる被りものを総称しており、頭の周囲を取り巻く形式の「帯冠」、頭を包み覆う形式の「冠帽」に分けられる（毛利光1995）。帯冠はさらに額飾式・二山式・鉢巻式に分けられ、額部に一つの大きな板状の立飾を置きその上に別の立飾を付けるものを額飾式、上辺を二つの山形に作り何本かの立飾を飾るものを二山式、鉢巻状の細帯に立飾を飾るものを鉢巻式とする。冠帽については、日本と朝鮮半島の出土品を尖縁式と円縁式に分けている。本体の下縁を前後に尖らせて杏仁形に作るものが尖縁式、本体の下縁を円形に作るものが円縁式である。尖縁式は、金属製品や稀に残る有機質（白樺・皮革など）の製品とも頂部が円い円頂形と角張る角頂形があり、慶州・飾履塚、金冠塚古墳などでは2種が併存しているが、日本の出土例には角頂形の明らかな例は見当たらない。

　該期の鉢巻式帯冠は、古墳時代中〜後期の冠の影はほとんどなく、飛鳥仏の宝冠に象徴される最先端の仏教文化を表象したものに変わっている。一方、

関東の後期・終末期古墳

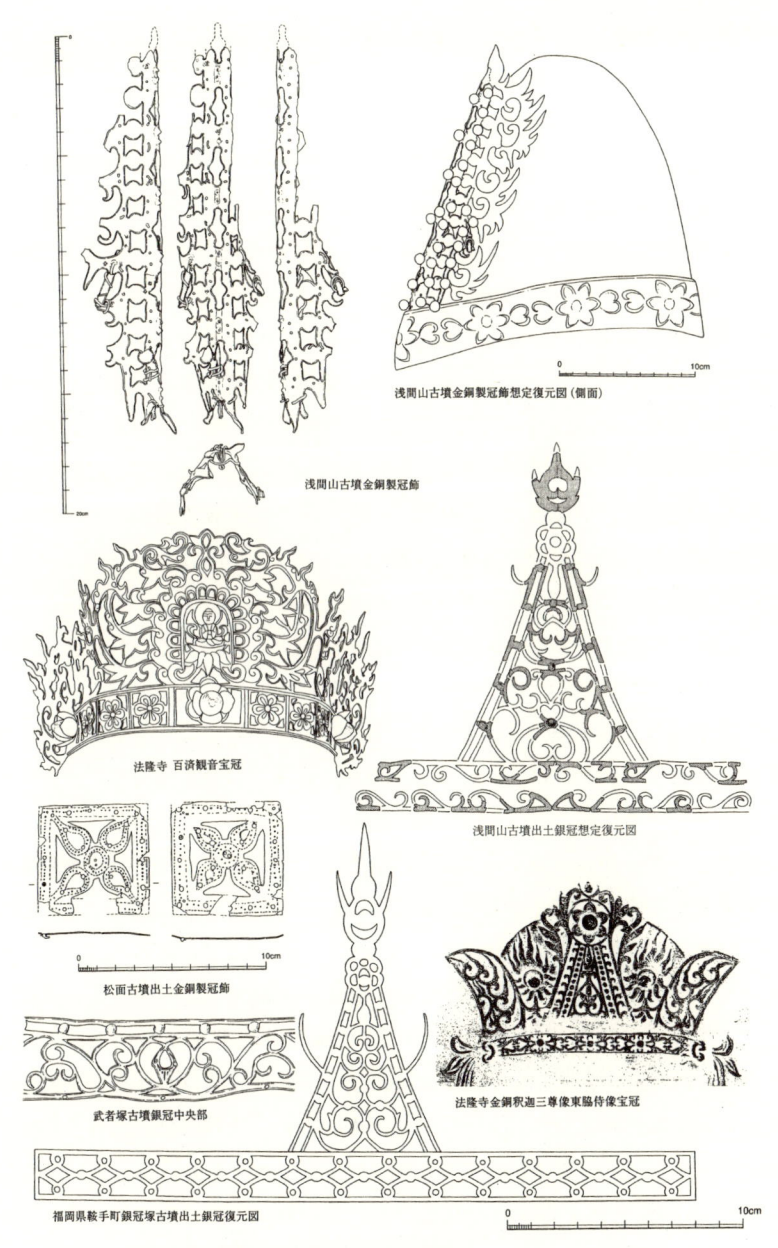

第7図 浅間山古墳出土の金銅製冠飾・銀冠と関連資料

第Ⅰ部　課題研究

二山式帯冠は鳥系立飾をもつ鉢巻き式帯冠とほぼ同時期に半島から入っているが、出土例は鉢巻式を上回り、定着・倭様化した形式である。馬形の立飾が並ぶ茨城県三味塚古墳出土例のように、すでに5世紀末葉には倭様化が始まり、忍冬唐草文を立飾に用いて6世紀後半～末葉にさらに倭様化した形式といえよう。奈良県藤ノ木古墳等の立飾に見られるゴンドラ形船や柱上の鳥、魚などの意匠は装飾古墳や形象埴輪に用いられた葬送にかかわる表象である点も注目される。これらの表象は来世をも手中に収めた権威を表すといえるが、実用に供さない大型化した飾履と組み合う点は、葬送用の冠が存在した可能性を示唆している。また、これらの立飾は円縁式冠帽に採用され、類似した意匠をもつ円縁式冠帽立飾がほぼ同時期に倭様化して7世紀まで用いられている。

尖縁式冠帽については、忍冬唐草文立飾・宝珠文立飾が百済の領域にまとまって出土し、特に銀製の宝珠文立飾が定式化している点は百済の官位制度との関連で注目される。『三国史記』「百済本紀」によれば、第8代古爾王27（通説では440年とする）年に百済十六等官制が成立したとされる。これによって「王は黒い緋緞（羅）でつくった冠帽に金で作った花を飾り、六品である奈率以上の官吏達は銀花を飾る」とあり、銀製の宝珠文立飾がこの「銀花」に相当するとすれば、これらを出土した古墳の被葬者は奈率以上の官吏達であったことになる。

推古11（603）年に制定された冠位12階位は、律令体制確立のため服飾制度を整え、官僚を組織化することにあった。この制定に当たっては、百済の服飾制度、すなわち官位制度を参考にしていたことは既に明らかにされてきたところである。冠位12階位の冠は「頂は撮り総べて嚢の如くにして縁に着く。唯元日には髻花を着す」とあることから帽に類するものとし、推古16（608）年の隋使裴世清を歓迎する時に皇子・諸王・諸臣が「悉く金髻花を以って頭に着せり」、推古19年に「諸臣の服の色、皆冠の色に随う。各髻花着せり。則ち大徳・小徳（のちの4位相当）は並に金を用いる。大仁・小仁（5位相当）は豹の尾を用いる。大礼（6位）より以下は鳥の尾を用いる」とあることから、朝鮮の冠帽に類似したもの、すなわち古墳時代の冠帽の伝統を

ひくものとみられる。

　百済では6世紀前半頃から帯冠は廃れ、日本においても6世紀末葉には廃れていた可能性があり、冠位12階位はそれを受けたものと推定されている。出土品では、金髻花は新式の植物系立飾付円縁式冠帽、豹（貂）尾や鳥尾は古式の総系や鳥系の立飾付円縁式冠帽に当たる。上記のように7世紀になっても鉢巻式帯冠が西国や東国の古墳の副葬品として残る点は、制度として不完全であったことを示しているといえよう。福岡県福津市宮地嶽古墳・浅間山古墳・福岡県鞍手町銀冠塚古墳の帯冠が600年前後に入手されていたとすれば、冠位制以前の古墳時代の伝統に則って被葬者の手に渡り、制定後も使用されて副葬されたことになろう。

　一方、円縁式・尖縁式冠帽に伴う金銅製の植物系冠飾は、「髻花」に相当する新式の植物系立飾と考えられるが、これ自体が古墳時代の冠帽の系統をひくものである。これを仮に、推古11年冠位制に当てはめると、島根県安来市鷺ノ湯病院跡横穴・浅間山古墳・福島県いわき市勿来金冠塚古墳出土の金銅製立飾は最高位の大夫の冠飾に相当する。当時の冠位制が王権中枢部のみを対象とした、遠隔地の地域首長には及ばない制度であったとする見方もできるが、冠飾の多様性を見ると必ずしも一元的な解釈は成り立たないように思われる。鷺ノ湯病院跡横穴例は日本海域の例で、出雲市上塩冶築山古墳などに円縁式冠帽立飾の変容が先行して見られる。文様は大きく変容し植物文と倭様の意匠から成り、粗い透かし彫りから見て地域内で制作された可能性が高い。勿来金冠塚古墳は東北地方の玄関として王権が重視した所で、新式の冠飾が配布されてもよい地域であるが、出土した立飾は著しく変容した植物文と硬く粗い透かし彫りから成り、入手先を他に求めるべきであろう。

　これに対し、浅間山古墳出土例は飛鳥仏の宝冠との関連が濃厚な透かし彫り文様をもつことから造仏関係の工房で作られた可能性があり、王権中枢とのつながりがより強く表われている。新たな冠位制が有力な地方豪族にも適用されたとすれば、このような冠飾が用いられたのであろうか。その場合、毛利光氏がすでに指摘しているように（毛利光1995）、植物系立飾の円縁式が上下の階層に及んでいることから、身分はさらに冠帽本体の材質・色調でも

第Ⅰ部　課題研究

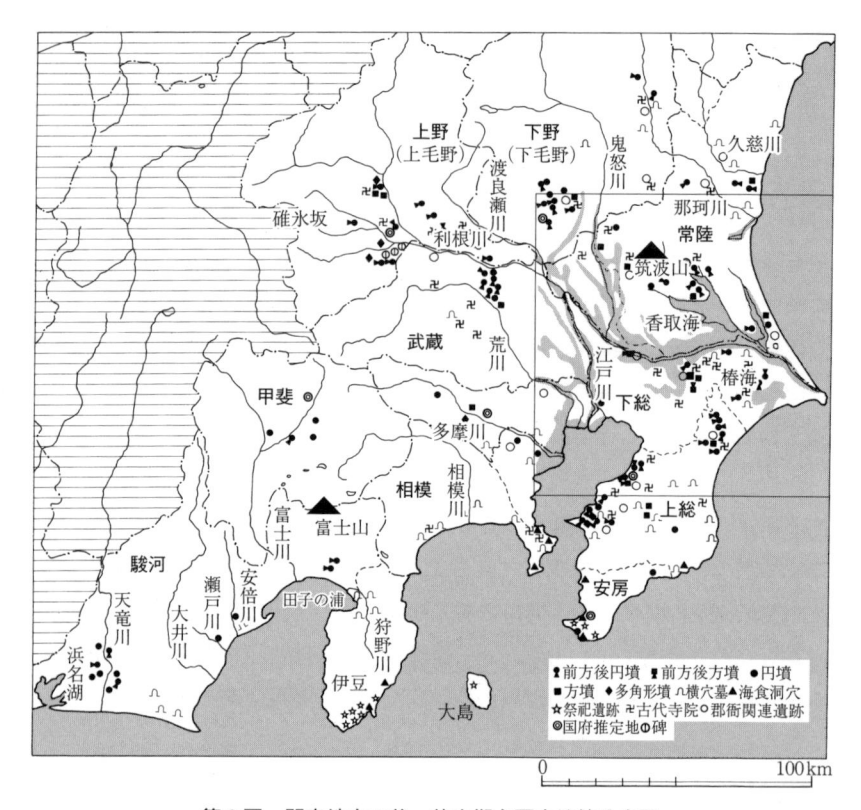

第8図　関東地方の後・終末期主要古墳等分布図

区別されていたものと思われる。

　王権中枢域では藤ノ木古墳以降、冠を副葬した例が見られない。奈良県広陵町牧野古墳、橿原市植山古墳、大阪府河南町シシヨツカ古墳など600年前後の例では金銅装の馬具・飾大刀などは引き続き副葬しているが冠は出土していない。牧野古墳の例では金銅製の山梔子玉を含む11,000点以上のもの玉類が出土して、藤ノ木古墳被葬者の玉鬘様飾りを彷彿とさせるが、新制度の冠飾とは結びつかなない。制度の変換によって威儀具としての冠を葬送に用いなくなり、古墳の副葬品から消えたと考えられる。ここに中央と地方の違いが鮮明に表れている。地方では、細片も含めると6世紀末葉以降の例は

列島各地でかなりの数にのぼると見られ、有力豪族が冠を所有し副葬する威風は根強い。様々に展開した地方豪族の冠は、推古朝期の王権中枢部の意図とは別に独自の世界観を表出しているともいえるであろう。

6　古墳から寺へ

　関東の終末期大型古墳の時代は、6世紀末葉の推古朝期に始まり7世紀後葉の天智朝期に及ぶ古代日本の大変革期にあたる。中国大陸には隋・唐の統一王朝が相次いで成立し、国家体制の確立が急務であった時代、王権と中央の有力豪族の確執をめぐって内部に波乱が生じていた。新たな体制を組み立てつつあった王権中枢部は、関東から東北にわたる広大な地域を直接取り込むために、進出の拠点に位置する関東の勢力との関係を重視せざるを得ない状況にあったと思われる。そのような動向を示す資料として、終末期の東日本に偏在する金銅製毛彫り馬具の分布を示した（第6図）。王権は大型前方後円墳の築造に象徴される、古墳時代中期的な支配体制を容認・温存しつつ、徐々に支配権を強化する政策を採ったものと思われる。その結果、7世紀前半代を中心とする推古朝後期～孝徳朝期の関東に王陵に匹敵する墳丘規模の大型古墳を輩出させることになったといえよう。また、後期後半に形成される新興の群集墳の分布域は後の官道に沿った東北への道筋にあたる。新興勢力の受容は、新たな体制に踏み込む道でもあった。

　王権の東北進出の先鋒部にあって軍事力を蓄積していた上毛野・常総地域をはじめとする東国の諸勢力は、東北遠征に地の利を得てこの期に地盤を固めるとともに王権の後ろ盾を確かなものにしたといえる。上毛野の最大にして唯一の終末期大型方墳を現出した総社古墳群、東国最大の終末期方墳である竜角寺岩屋古墳は、その象徴的な記念碑であったといえよう。それらの壮大な記念碑が東国諸勢力の求心力を高めるために必要であったことは、後期・終末期大型古墳群の爆発的な造営に見たとおりである。やがて奈良時代にはこれらの東国の諸勢力が板東諸国として東北へ進出・駐留して律令国家の東北経営に重要な地位を占めるようになるが、大型古墳に次ぐ新たな地位の象徴として求められたのは「寺」であった。

第Ⅰ部　課題研究

付　記

　竜角寺古墳群の名称は、近年、地名に由来する「龍角寺古墳群」に統一するようになったが、本稿では『千葉県埋蔵文化財分布地図』および『千葉県の歴史』に依拠して「竜角寺古墳群」を用いた。

引用・参考文献

安藤鴻基　1980「房総七世紀史の一姿相」『古代探叢』―滝口宏先生古稀記念考古学論集―　早稲田大学出版部

稲城章宏　2006「松面古墳発掘調査」『木更津市文化財調査集報11』　木更津市教育委員会

石橋充　1995「常総地域における片岩使用の埋葬施設について」『筑波大学先史学・考古学研究』第6号　筑波大学歴史・人類学系

霞ヶ浦町遺跡調査会編 2000『風返稲荷山古墳』　霞ヶ浦町教育委員会

川尻秋生　1998「古代東国の沿岸交通―中世との接点を求めて」『千葉県立中央博物館研究報告―人文科学―』第5巻第2号　千葉県立中央博物館

川尻秋生　1999「板東の成立」『千葉中央博物館研究報告―人文科学―』第6巻第1号　千葉県立中央博物館

小出博　1975『利根川と淀川』　中央公論社

国立歴史民俗博物館編　1992「東国における古墳の終末《本編》」『国立歴史民俗博物館研究報告』第44集　国立歴史民俗博物館

千葉県史料研究財団編　1998『竜角寺古墳群からみた古代の東国』―栄町浅間山古墳の調査成果をもとに―　（財）千葉県史料研究財団

坂本美夫　1979「毛彫馬具の予察」『甲斐考古』39　山梨県考古学会

酒巻忠史ほか　2007「金鈴塚古墳出土遺物の再整理2―大刀の実測―」『木更津市文化財調査集報12』　木更津市教育委員会

酒巻忠史　2008「鶴巻塚古墳」『木更津市文化財調査集報13』　木更津市教育委員会

白井久美子　2002「古墳時代後期・終末期の地域圏形成」」『古墳から見た列島東縁世界の形成』　千葉大学考古学叢書2

白井久美子・山口典子編　2002『千葉県古墳時代関係資料』　千葉県

白井久美子　2010「推古朝の冠」『比較考古学の新地平』　同成社

白石太一郎　1992「関東の後期大型前方後円墳」『国立歴史民俗博物館研究報告』第

44集―東国における古墳の終末― 国立歴史民俗博物館
白石太一郎 2000「畿内における大型群集墳の形成過程」『古墳と古墳群の研究』 塙書房
白石太一郎・白井久美子・萩原恭一 2002『印旛郡栄町浅間山古墳発掘調査報告』 千葉県
高橋一夫・本間岳史 1994「将軍山古墳と房州石」『埼玉県史研究』第29号 埼玉県
滝沢誠 2008「前方後円墳時代の駿河」『静岡の歴史と文化の創造』 知泉書館
滝沢誠 2002「考古学からみた古墳時代の焼津―志太平野の前期・中期小型古墳をめぐって―」『焼津市史研究』第3号 焼津市
田中新史 1980「東国終末期古墳出土の馬具」『古代探叢』Ⅰ 早稲田大学出版部
田中新史 1997「道上型毛彫馬具の出現と展開」『西本6号遺跡発掘調査報告書』 (財)東広島市教育文化振興事業団
田中新史ほか 2010『武射 経僧塚古墳 石棺篇報告』 早稲田大学経僧塚古墳発掘調査団
谷口栄ほか 1992『柴又八幡神社古墳』 葛飾区郷土と天文の博物館
千葉県史料研究財団編 2003『千葉県の歴史 資料編 考古2』弥生・古墳時代 千葉県
中村太一 1994「古代東国の水上交通」『古代東国の民衆と社会』 名著出版
西川修一 2007「相模の首長墓系列」『武蔵と相模の古墳』季刊考古学別冊15 雄山閣
芳賀正和・白井久美子 1996「古墳に使用された磯石」『土筆』第4号 土筆舎
萩野谷悟ほか 1988『竜角寺古墳群第101号古墳発掘調査報告書』 千葉県教育委員会
広瀬和雄・池上悟編 2007『武蔵と相模の古墳』季刊考古学別冊15 雄山閣
松尾昌彦 1997「横穴式石室石材の交流と地域性」『人物埴輪の時代』 葛飾区郷土と天文の博物館
右島和夫 2004「群集墳の築造背景」『福岡大学考古学論集』 小田富士雄先生退職記念事業会
右島和夫・若狭徹・内山敏行編 2011『古墳時代の毛野の実像』季刊考古学別冊17 雄山閣
明治大学古代学研究所公開研究会資料 2006『関東における後期・終末期古墳群の

第Ⅰ部　課題研究

　諸相』 明治大学古代学研究所

毛利光俊彦 1995「古代日本の冠—古墳出土冠の系譜—」『文化財論叢Ⅱ』 同朋社出版

毛利光俊彦 1999「朝鮮古代の冠—百済—」『瓦衣千年森郁夫先生還暦記念論文集』真陽社

毛利光俊彦 2006「日本出土金属製冠の系譜」『第6回忠清南道歴史文化院定期学術シンポジウム』

若松良一 1993「からくにへ渡った東国の武人たち」—埼玉将軍山古墳と房総の首長の交流をめぐって—『法政考古学』第20集　法政考古学会

横穴式石室からみた古墳の終焉

土生田純之

1 はじめに

　古墳の変遷にはいくつかの画期が認められている。4世紀後半及び5世紀後半の画期は、3時期区分を取る場合、前者が前期と中期、後者が中期と後期を画する画期として周知されている。これに対して古墳時代を象徴する前方後円墳の終焉は、地域によって多少の差異は認められるものの、おおよそ6世紀末の西日本に対し、特に関東を始めとする東日本では確実に7世紀前半まで存続する地域も多い。したがって東西における時間差の捉え方によっては、古墳時代の終焉も異なったものとなる。今日、一般的には前方後円墳の終焉をもって古墳時代の終焉と考えられているからである。
　さて、以上の問題について筆者の立場はおおよそ以下の通りである。3世紀中葉頃に成立した前方後円墳は、常に後の畿内（以下畿内）が型式変遷を主導しており、相似形古墳に認められるように各地前方後円墳の基準ともなっていた。したがって畿内を中心とした広域地方の首長連合を視覚的に表現する記念物として前方後円墳を捉えることが可能である（この考え方は古墳の政治的機能に注目した場合のことである。古墳は他の機能も兼ね備えており、こうした側面にも焦点を当てる必要がある）。このように考えるならば、前方後円墳の終焉は新しい政治的記念物の誕生を意味するものと捉えうるであろう。ところで6世紀末や7世紀前半は推古女王の治世下にあり、中国（隋）の施策に学ぼうとした時代であった。すなわち律令政治への直接的な始動が行われたのである。古くから説明されてきたように、前方後円墳の終焉後に方墳がとってかわるのは隋の墓制に習ったものであろう。

さて今日、国造制は、西日本が6世紀中葉、東日本は6世紀末に一斉に整備されたとする説が有力である[1]。そうであれば前方後円墳の終焉は、国造の成立と密接な関係にあると見ることができよう。つまり初代の国造は国造に就任した時に首長になったのではなく、すでに首長の地位にあったものの中から畿内政権の側で選択的に任命したものと思われる。その意味では墓制も前代的な象徴物の前方後円墳を営んだ可能性が高い。これに対して2代目以降の国造は、首長位の継承と国造就任時が重なるために、既に大和の側で進行していた前方後円墳の破棄、方墳（円墳）への変転を導入したものと考えられるのである。こうして国造制の成立と前方後円墳の終焉、東西日本における終焉時期の差異という問題が、いずれも関連するものとして理解することが可能になるのである。

　本稿で取り上げる「古墳の終焉」は、古墳時代の終焉ではない。いわゆる終末期古墳はポスト古墳時代の墓制であり、終末期古墳の終焉こそが古墳の終焉でもあった。しかし古墳時代の象徴物である前方後円墳の終焉が、やがては古墳そのものの終焉をもたらす出来事であったことも確実であろう。ところが遺骸を直接埋納する横穴式石室は、前方後円墳の終焉後も縮小することなく巨大化の道を歩む。白石太一郎による終末期横穴式石室の変遷過程に従えば、7世紀前半に位置付けられる石舞台式で最大になり、7世紀中葉前後の岩屋山式においても顕著な縮小は認められていないのである[2]。このような墳丘における画期と石室のそれとが連動しない現象をどのように理解すればよいのであろうか。ここに政治的理解あるいは一面的理解のみの限界を感じるのである。

　以下ではまず7世紀の横穴式石室を概観する。その上で変遷の要因を政治的理解のみに拘泥しない立場から探ってみることにしよう。

2　7世紀の畿内における横穴式石室の変遷

　関東の古墳は地域差も大きく、一律に論じることは不可能である。そこで畿内の影響を最も大きく受けている地域であり、彼我の対比が可能な上毛野を俎上にあげる。もちろん当地域の横穴式石室研究が、他に抜き出て進んで

横穴式石室からみた古墳の終焉

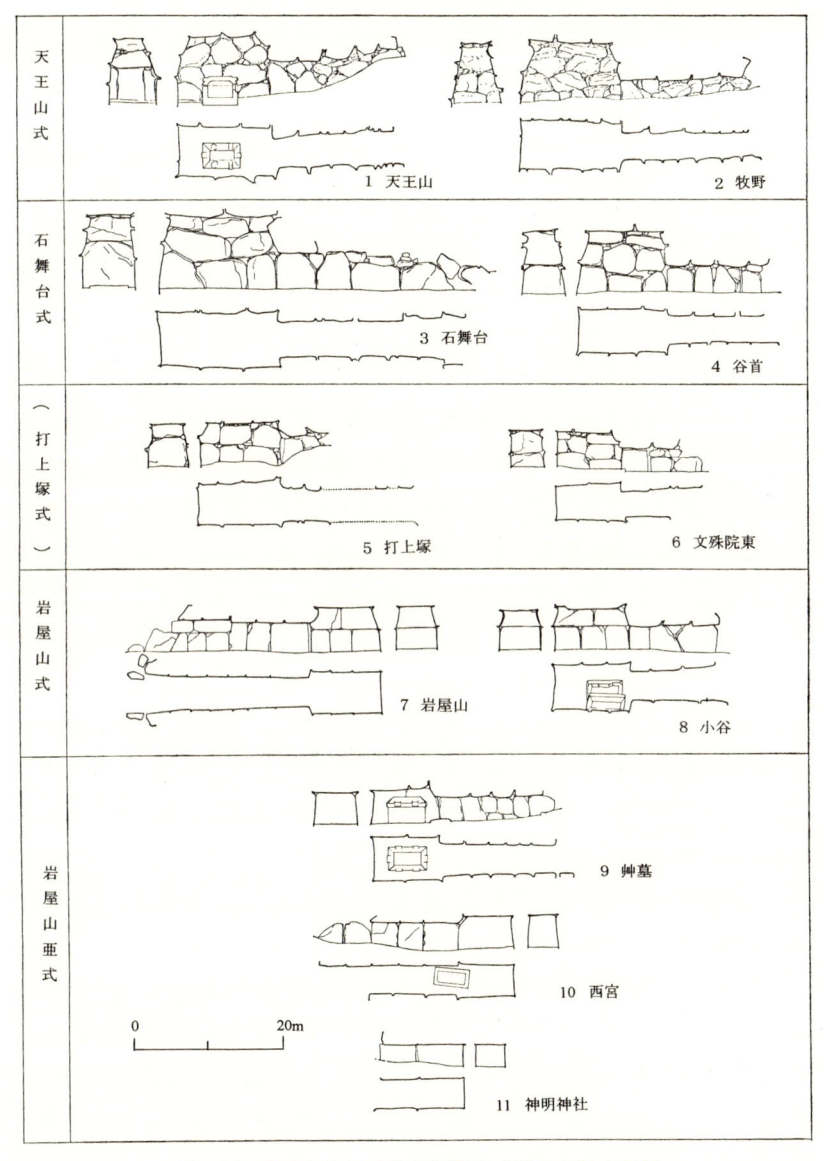

天王山式	1 天王山	2 牧野
石舞台式	3 石舞台	4 谷首
(打上塚式)	5 打上塚	6 文殊院東
岩屋山式	7 岩屋山	8 小谷
岩屋山亜式	9 岬墓 / 10 西宮 / 11 神明神社

第1図　畿内における終末期横穴式石室の型式変遷

いることをも考慮している。そこでまず、畿内における石室の変遷を白石太一郎にしたがって概観することから始めたい。

白石太一郎の畿内横穴式石室編年に従えば、7世紀の畿内は天王山式→石舞台式→（打上塚式）→岩屋山式→岩屋山亜式→二子塚式の5型式1亜式に分けられる。天王山式は赤坂天王山古墳を標識とし、およそ6世紀末から7世紀初頭の年代が与えられる。石舞台古墳を標識とする石舞台式は7世紀前半に想定されている。一般に赤坂天王山古墳は崇峻大王、石舞台古墳は蘇我馬子が被葬者に比定されており、これらの比定と年代的な矛盾はない。

一方、岩屋山古墳に代表される岩屋山式は研究者によって比定年代に差異があり、検討の余地が多い。白石は当初出土土器の年代観から7世紀第2四半期の年代を与えていた[3]。しかしその後、難波宮跡出土品の分析などから7世紀第3四半期に降下させている[4]。これに対して菱田哲郎は瓦陶（須恵器）兼窯である京都・隼上り窯の分析から、従前の白石の年代観を支持する結果を得ている[5]。白石が消費遺跡を分析の基礎としたのに対して、菱田は生産遺跡を基盤としており、両者の相違は遺跡の性格の差にも由来するところがあろう。しかし筆者には両者の考察はともに成立する可能性とともに限界をも内包するものと思われる。年代が細密化すればするほど考古資料の本来有する限界を超えることになるものと考えられるからである。こうしたことを踏まえ、筆者は、現状では岩屋山式を7世紀中葉前後に想定することが最も矛盾のない案と認識している。

上の想定でよければ、以後岩屋山亜式を7世紀後半、二子塚式を7世紀末から8世紀初頭に比定して問題ないものと思われるのである。

ところで、従来から石舞台式石室が最も横穴式石室の規模が巨大化する型式であり、以後徐々に小型化することが指摘されてきた。しかし岩屋山式石室はなお十分巨大な石室規模を維持しており、現実には7世紀後半の岩屋山亜式以後急速に規模の縮小化現象が見られるのである。後述するが、当該期には百済の滅亡という歴史的事件が発生し、多くの渡来人が列島に避難移住した。王族を含む彼らの渡来が墓制にも変革をもたらし、横口式石槨の王陵級古墳への採用を促したものとみられ、7世紀後半における石室の急速な小

横穴式石室からみた古墳の終焉

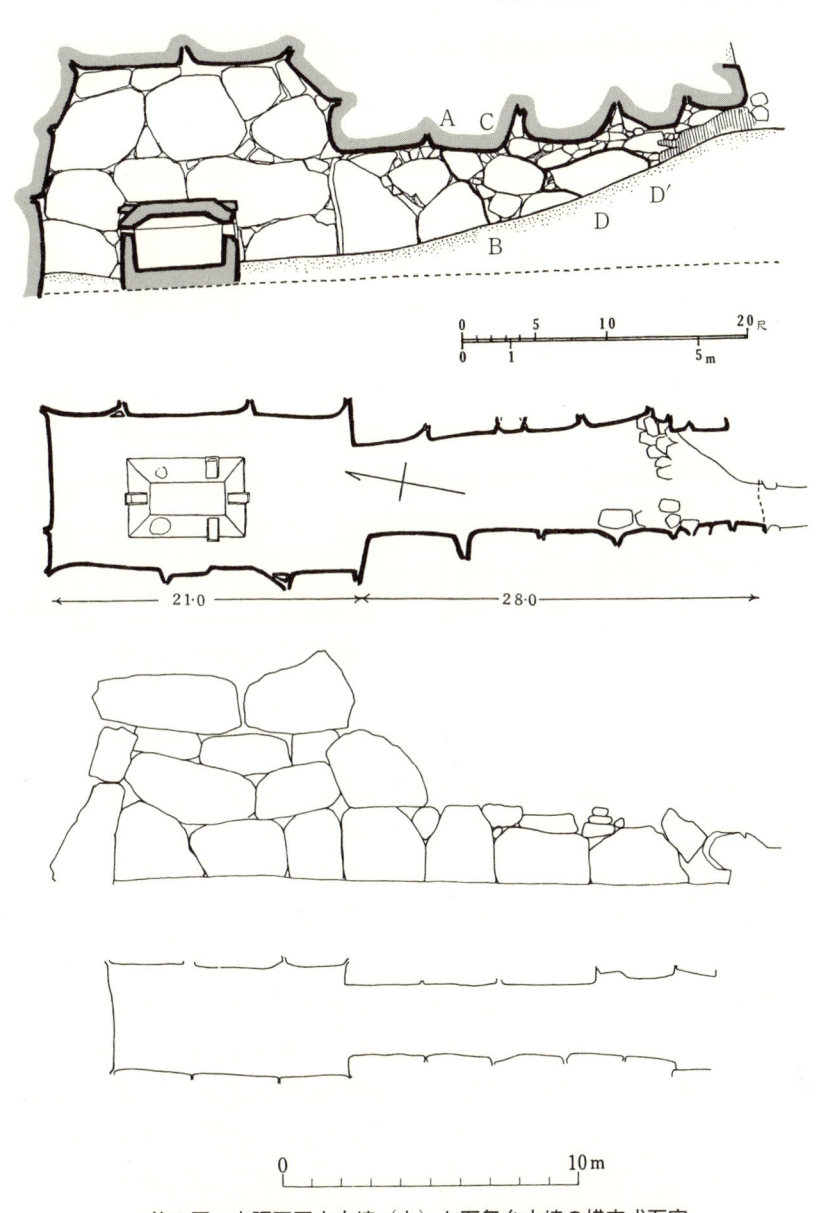

第2図　赤阪天王山古墳（上）と石舞台古墳の横穴式石室
　赤阪天王山古墳の横穴式石室羨道部における A-B、C-D（D'）は、墳丘の築成とも密接
にからむ構築工程の画期であり、小石材での調整が認められる。しかし石舞台古墳では
こうした調整箇所が消滅している。

第Ⅰ部　課題研究

型化はこうした史的背景と密接な関連を有するものであろう。

次に、横穴式石室の構築技法に注目すると、切石造りに変化する岩屋山式の成立を画期とする見解が従来見られた。確かに石材加工法の変遷においては画期と見て相違ないが、石材配置法から見ると異なった見方も可能である。

大型の横穴式石室を構築する際、奥壁や開口部側から一方向的に石材を配置するのではなく、工人が二手に分かれて双方から積み上げることが多い。あるいは、設計図通りの石室を構築するに際し、当初からすべての部位に配置する石材が揃えられていることはないようである。そのことは、石室の各所で周囲に対して明らかに小型の石材を置いて調整を行っている箇所が認められることから窺えるのである。ところが終末期古墳を象徴するともいえる切石造りの石室になると、当初から基本的にすべての石材の配置箇所が決まっていたようで、小石材での調整箇所は認められないのである（なお、ここでは天井石とのわずかな隙間などに挟まれた小石材は問題にしていない）。こうした観点に立つと、石舞台式こそが画期であると評価できる。天王山式ではそれまでの石室とは異なり、おおむねの石材配置箇所が決定されていたようで、小石材での調整箇所は認められない。この点においては、構築法に相当の進歩が認められる。しかし、側壁の段数を見るとやや不揃いの箇所もあり、すべての石材の配置位置が細部に至るまで決定していたわけではなく、配置位置の決定はおおむねの段階に留まっていたようである。ところが、石舞台式では基本的に当初からすべての石材の配置位置が決定していたようで、目地等にまったく乱れは認められないのである（天王山式の場合、この他に羨道の中に斜めに走る目地があり、こうした箇所における小石材での調整が認められる（第2図参照）。これは墳丘構築とも密接な関連のある仕様であるが、詳細は既発表の拙稿を参照していただきたい)[6]。このように見ると、石舞台式は切石造りの石室ではないものの、すでにこれと同様の石材配置・使用法を用いていることが注目されるのである。こうした石材配置法進展の背後には、大型石材の扱いになれた工人の姿を見ることができる。そしてその原因に大型石材を多用する建築の隆盛を窺うことも可能であるが、次にはひとまず上毛野における横穴式石室構築技法の展開を概観しておこう。

3　7世紀の上毛野における横穴式石室の変遷

　上毛野の横穴式石室は地域差もあり、一概に評価することはできない。しかし7世紀になると、総社古墳群が他に抜き出て充実した内容の古墳を代々築造する。こうした点等を踏まえて総社古墳群の被葬者は上毛野国造の奥津城であると考えられてきた。また7世紀の上毛野における各地首長墓は、総社古墳群を標識とする展開を見せており（截石切組積など）、総社古墳群の評価は上毛野全体の史的展開の指標ともなる重要な内容を内包している。こうした事実を踏まえて、以下では総社古墳群を検討する。

　群馬県の横穴式石室研究は、早くから尾崎喜左雄によって進められてきた[7]。近年は右島和夫が受け継いでいるが、中でも総社古墳群の研究は上述した上毛野国造の展開ともからみ重要な視点を提供している[8]。しかし、ここでは7世紀における横穴式石室の編年成果を中心に概観することにしよう。

　右島によれば、7世紀における総社古墳群の展開は、6世紀末頃の二子山古墳前方部石室を皮切りとして、以後7世紀第2四半期の愛宕山古墳、同第3四半期の宝塔山古墳、第4四半期の蛇穴山古墳へと続く。方墳の採用は愛宕山古墳に始まるが、本墳では畿内的な家形石棺を導入しており、国造の成立ともからむ両地域間の密接な交渉が窺える。次代の宝塔山古墳になると、群馬県下に特徴的な截石（切石）切組積石室になり、畿内の石室で概観した石材配置予定箇所の構築前における確定が認められる。一方、愛宕山古墳では数箇所に石材配置の乱れ（調整箇所）があり、当地域では7世紀第3四半期頃に石材配置法の展開が認められるのである（第3図参照）。こうして切石を用いた石室の採用に先行して、石室構築前に石材配置箇所の確定化が認められた畿内とは異なり、截石（切石）の受容とともにこうした配置法が受容されたことを理解できるのである。ところで、筆者は上述の石材配置に見る周到な計画性は、寺院建築に由来するのではないかと考えている。寺院建築の中でも多量に石材を用いるのは、基壇関係であるが、ここで問題とするのは化粧石等である。これは外観を荘厳化するための装置であり、隙間なく整美な石材を並べるものである。ここでは先に見た石材配置の調整箇所は認め

第Ⅰ部　課題研究

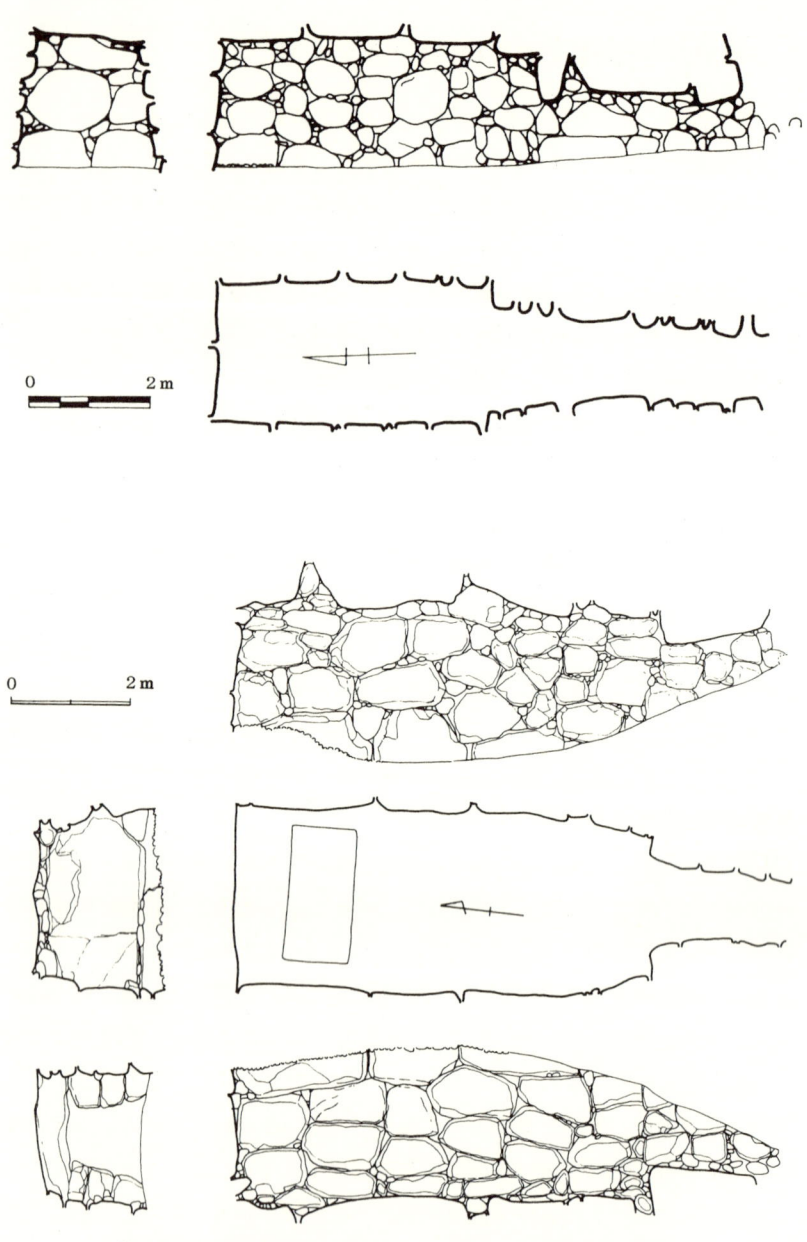

第3図　二子山古墳前方部（上）と愛宕山古墳の横穴式石室

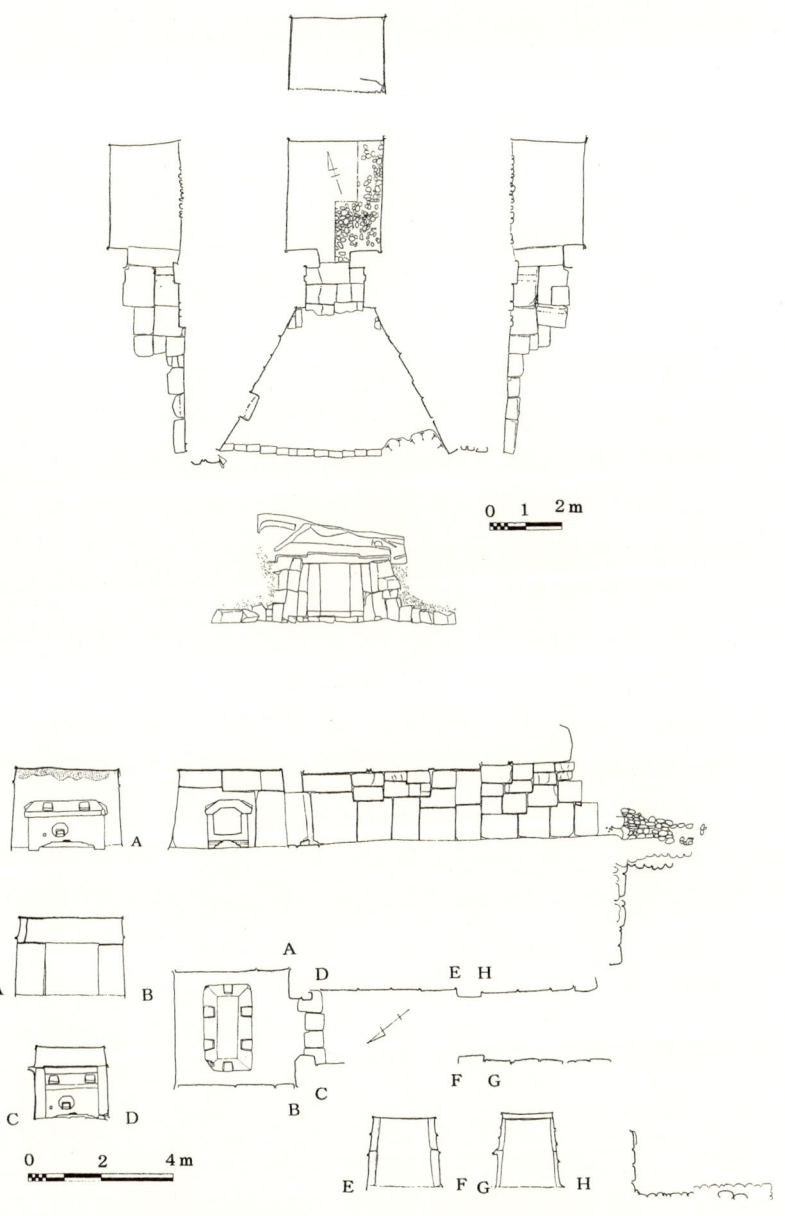

横穴式石室からみた古墳の終焉

第4図 蛇穴山古墳（上）と宝塔山古墳の横穴式石室

られない。この時期、他に石材配置法を根本的に変化させる要因は見当たらず、両者は有機的な関係を持つものと見てよいであろう。

さて、日本の寺院建立は6世紀末の飛鳥寺を嚆矢とする。先に見たように、石舞台古墳は7世紀第2四半期であり、その間数十年の時間差を生じる。この時間差を、古墳造りに寺院建築集団が動員されるまでの時間差と見るか、逆に古墳築造集団が寺院建築に動員されるまでの時間差と見るか、あるいは古墳築造に寺院建築を応用できるような習熟に要する期間と見るか、いくつかの可能性が考えられる。しかしいずれにしても、他分野の新技術を応用するのに必要な準備期間と見ることが可能であろう。しかし、一旦寺院・古墳両構築集団の交流が生じると、以後は他地域への新技術伝播について、さほどの時間差なく起こり得るものと思われる。そこで上毛野を見ると、先に見たように7世紀第3四半期の宝塔山古墳から石材配置法に根本的な変化が生じていた。この時期は山王廃寺（放光寺）の建立期であり、まさに上毛野における寺院建立の草創期にあたることが注目されるのである。もちろん厳密に見れば、截石切組積石室の出現と山王廃寺（化粧石基壇は金堂に認められている）の建立は同時ではなく、截石切組積石室の成立時期が若干遡上する可能性がある。しかし、すでに畿内で生じていた両者（寺院及び古墳構築集団）の技術交流は東国にも影響を及ぼしたであろう。つまり両者のいずれが先であっても、新しい技術は確実に東国にもたらされ、それは寺院・古墳構築の両者に応用されたと考えられるのである。こうして、両者の密接な関係が想定されるのである。このように考えてよければ、上述の事象は上毛野のみではなく東国全体に及んだ両者間における技術交流の結果であると考えられるのである。

4　律令体制の成立と石室の小型化

先に、畿内の横穴式石室は、7世紀後半に急速に小型化すること、またその理由として、百済の滅亡と多数の難民が倭国に避難したことを挙げた。これは横穴式石室という墓制の変化を、技術的に分析した場合や文化的に見た場合のことである。つまり難民の中には、新しい墓制の築造集団・工人がい

たであろう。また百済の王族を始めとする為政者層が小型の石室を営んでいるという詳細な情報は、新しい文化として倭の為政者たちに伝えられ受け入れられたと思われる。しかし、こうした技術的・文化的理由よりも、より根本的な理由として、以下に述べるような政治的・社会的理由が挙げられる。

　さて、7世紀後半から8世紀にかけての墓制は、上層にまで広がった横口式石槨と火葬墓が注目される。横口式石槨は、大阪府シシヨツカ古墳の調査によって6世紀末にまで出現時期が遡上することが判明した。紙数の関係で詳述しないが、横口式石槨は木棺を埋納すれば槨との間にはほとんど余裕がなくなる、いわば木棺の外箱のような構造であり、基本的に個人墓である。7世紀中葉までは南河内と大和盆地西部の渡来人集住地に限定的に見られた。しかし後半になると王族などの上位層墓にも採用され、また大分や広島など地方にも少数ながら営まれた。この史的背景として、7世紀後半における律令体制の確立が考えられる。律令官人は蔭位の制等による貴族の優遇策も目立つものの、根幹の理念は個人の能力によって官人を採用し登用するものである。6世紀末から7世紀にかけて、横口式石槨はすでに中央集権体制に入っていた百済からの渡来人によってもたらされた。しかし、当時倭国は未だ氏族連合体制を脱していなかったこともあり、この新来の墓制が在来の倭人に普及することはなかった。ところが、7世紀後半になると律令体制の確立もあって、官人層の墓制に相応しい横口式石槨が採用されることになる。大分市古宮大塚古墳が大分君恵尺の奥津城と想定されていることは、まさに象徴的である。ただしこうした背景のみでは天皇を含む最上位層の墓制にまで横口式石槨化が生じたことの説明にはならないであろう。この問題は、墓の有する社会的役割の変化や火葬墓の普及とも密接に絡むものである。前者の問題の一部については既に発表した[9]ので、以下では火葬墓の問題に絞って述べることにする。

　さて、仏教や火葬の普及は古墳の小型化と絡めて注目されてきた。しかし火葬については、カマド塚古墳のような特殊なものを除けば、700年の道昭や702年の持統天皇等をもって日本の火葬が始まったとされており、両者間に年代的な齟齬が生じる結果となる。仏教の普及と古墳の小型化は直結しな

第Ⅰ部　課題研究

い。しかし、古墳の役割の一部が寺院に移り、やがて古墳の小型化をもたらしたという図式には問題ないであろう。古墳自体の終焉には先に述べた社会体制の変化（氏族社会から律令社会へ）が本質的な影響をもたらしたものと考えられるが、それとともに火葬墓の普及がはたした役割にも注目する必要がある。従来火葬墓は、道昭や持統の革新派によって採用されたものの、急速には普及せず、長く伝統的土葬の影に隠れた存在であると考えられてきた。しかし、近年8世紀の火葬墓が7世紀の古墳群に後続する形で検出される例が各地で報告されている。大阪府田辺古墳群・墳墓群を始め同田須谷古墳群、奈良県三ツ塚古墳群、兵庫県長尾山古墳群や京都府旭山古墳群などがある。畿内以外でも静岡県の宇藤坂古墳群、同田頭山古墳群、群馬県の多田山古墳群、佐賀県の東十郎古墳群などがあり、今後も増加する情勢である。ただし、このように一旦普及した火葬墓であるが、その後は土葬に戻る地域も多いようである。

　以上のように見るならば、横穴式石室の小型化（当然古墳の小型化と同調する現象である）は、第1に律令社会への移行という社会体制の変化と密接に関連する現象であること。そして仏教の普及等が、やがてはそれまで古墳が持っていた社会的役割の喪失につながったこと。それと同時に、その後の火葬墓の普及ともあいまって古墳そのものが消滅していったこと、などが窺えるのである。

　本稿を終わるにあたり、横穴式石室の有する社会的意義の一時的な復権についても述べておきたい。

　かつて間壁葭子は、横穴式石室の再利用が8〜9世紀に多いことを指摘した[10]。石室の再利用とは、通有の追葬とは異なり一旦埋葬行為が途切れた後、相当の期間を経て再び埋葬施設として利用することを指す。この場合、追葬期間中も各埋葬行為の間には一定の空白時間があるが、その間も石室が祖先の埋葬施設であるという認識は維持されており、墓前の儀礼等が実施されることも多い。これに対して再利用の場合は、そうした認識が一旦なくなって後に新たに埋葬施設として利用するのである。したがって、再利用によって埋葬された被葬者は、必ずしも本来の被葬者達との血縁的なつながりを有す

るとは限らないのである。しかし、血縁関係の有無と埋葬行為に関わった人々の認識とが同一であるとは限らない。つまり、ある横穴式石室を自らの先祖の墓と見てここに埋葬されることが重要な社会的意義を有したのではないか、と考えるのである。

　以前、白石太一郎は、畿内の前期大型古墳を見通せる場所に、後期群集墳が立地することが多い事実を指摘した。その上で、この後期群集墳を、そこから見通せる前期古墳を偉大な祖先の墓と認識する人々の墳墓の地と考えた[11]。つまり、この場合の前期大型古墳は、群集墳被葬者達の社会的紐帯としての役割を果たしているのである。このように考えるならば、8～9世紀における横穴式石室の再利用にも歴史的な意義を付与することが可能であろう。つまり、先祖の墓と認識する人々による再利用であるが、氏族墓としての群集墳と氏族の始祖としての前期古墳に対し、明らかに氏族が分解した状況を窺うことができるのである。群集墳ではなく、後期古墳1基ごとの再利用という点から見て、「家」の萌芽が感じられる。今日、家産制の成立等から家の成立は10～11世紀頃に比定されているが、血縁意識に基づくそうした意識の萌芽を、こうした横穴式石室の再利用に見ることも可能ではないかと思うのである。なお、再利用者が本来の被葬者達と実際に血縁関係を有することも、当然ありえたであろう[12]。

註

1)　篠川賢『日本古代国造制の研究』吉川弘文館　1996年
2)　白石太一郎「畿内における古墳の終末」『国立歴史民俗博物館研究報告』第1集　1982年
3)　白石太一郎「岩屋山式の横穴式石室について」『ヒストリア』第49号　1967年
4)　註2)に同じ。
5)　菱田哲郎「畿内の初期瓦生産と工人の動向」『史林』第69巻第3号　1986年
6)　土生田純之「横穴式古墳構築過程の復元」土生田他『古墳構築の復元的研究』雄山閣　2003年

第Ⅰ部　課題研究

7)　尾崎喜左雄『横穴式古墳の研究』吉川弘文館　1966 年
8)　右島和夫『東国古墳時代の研究』学生社　1994 年
9)　土生田純之「始祖墓としての古墳」『古文化談叢』第 65 集（1）2010 年。
10)　間壁葭子「八・九世紀の古墳再利用」『吉備古代史の基礎的研究』学生社　1992 年
11)　白石太一郎「大型古墳と群集墳」『考古学論攷』第 2 冊　奈良県立橿原考古学研究所　1973 年
12)　茨城県つくば市の平沢 3 号墳では、横穴式石室の前庭部から須恵器の火葬骨蔵器が検出された。平沢 3 号墳は 7 世紀代の終末期方墳であるが、前庭部出土の骨蔵器は「8 世紀前葉」の年代が与えられている（田中裕・吉澤悟「古墳の正面に納められた奈良時代の火葬墓―茨城県つくば市平沢 3 号墳出土骨蔵器―」『筑波大学先史学・考古学研究』第 22 号　2011 年）。平沢 3 号墳の被葬者の子孫がその系譜に連なることを意識した結果、祖先が埋葬された墳墓の前庭部を骨蔵器の埋設地として、意識的に選択したものと思われる。このような出自の系譜意識に基づく墳墓地の選択行為は朝鮮半島も例外ではない。新羅の皇南大塚では、墳頂部から後世の骨蔵器が出土している（『黄金の国　新羅の王陵　皇南大塚』国立中央博物館　2010 年［原文ハングル］）。骨蔵器に納骨された被葬者は皇南大塚被葬者の末裔であり、偉大な先祖に連なること（血縁関係）を内外に誇示するために、骨蔵器の埋蔵地を皇南大塚に定めたものと考えられている。

古代王権と仏教・寺院

川尻秋生

はじめに

　本稿での視点は、大きく分けると3点にまとめられる。第1は、仏教を日本という狭い枠組みから解放し、中国・朝鮮を含めた東アジアの視点から眺めることである。とくに、日本の仏教・寺院と王権のあり方が、他の国々と大きく異なっていることがわかれば、引いては日本の仏教・寺院と王権の関係史がよく見えてくるはずである。

　第2に、仏教を「文明化」の文脈のなかで捉えてみようとのもくろみである。とくに、仏教・儒教・文字を相互に関連づけ、そて、エミシと仏教の関係を視野に入れることによって、仏教が果たしてきた政治・文化的機能がよくみえるはずである。

　第3には、仏教と律令支配の関係を別個に検討するのではなく、総体として理解するこという視点である。これは、第2点とも関係するが、仏教と律令制は、車の両輪のごとき関係で、いずれか一方なくしては、もう片方も存在しえないという考え方に基づいている。

1 仏教の受容と王権

　『日本書紀』の欽明・用明紀をみると、仏教の受容をめぐる当時の緊迫した情勢が読みとれる。欽明13年紀には、仏教公伝に関する、崇仏・排仏に関する記事が収められており、蘇我氏のみが受容を表明したのに対し、物部・中臣氏などが反対し、欽明が試みに蘇我氏に崇仏を許可した記事がある。

　また、敏達紀・用明紀にも同趣旨の史料がみえ、仏教受容の可否に関する

論議が数世代にわたって続いていたことがうかがえる。この点については、これまでにも数多くの研究が蓄積されてきたが、史実とみる見解、『日本書紀』の潤色とする見解、崇仏・廃仏論争が複数回あるのは不審とする見解など、見解の一致をみていない。

　この点については、かつて私見を示したことがある（川尻2003a）。すなわち、大王の世代ごとに崇仏・排仏論争があるが、新羅遠征の可否についても同様であり、群臣の利害が対立する重要な案件は、大王の世代ごとに合議によって決定されたと考えられる。したがって、すべて史実であると断言はできないものの、当時の政策決定方法としては、あり得べき史料であると考えたのである。

　さらに、推古2（594）年紀には、

　　皇太子及び大臣に詔して、三宝を興し隆えしむ。是の時に、諸臣連等、
　　各君臣の恩の為に、競いて仏舎を造る。即ち是を寺と謂う。

とみえ、推古王権は、仏教の全面的受容を宣言した。この史料は、一般的に「三宝興隆詔」とよばれ、この詔を境として、以後、舒明・皇極朝と続いて大王の世代ごとに、百済大寺の建立を表明するようになったことも、指摘したところである。

　ところで、「三宝興隆詔」については、『日本書紀』の潤色とみる見解もある。しかし、筆者は、従来あまり指摘されてはいないが、当時の寺院建立の実態を知る上で、重要な史料であると考えている。なぜなら、この史料には、「各君臣の為に、競いて仏舎を造る」とあり、中国では、君臣、つまり帝王と両親に拝礼するか否かで、東晋以降、しばしば論争が起こっており、「三宝興隆詔」が漢籍等の修飾によって作文されたとは考えにくいのである。

　そもそも『梵網経』などの経典では、僧侶は釈尊にのみ仕えるもので、王や、たとえ父母であっても拝礼してはならないとされている。こうした考え方は、長幼の序を重んずる儒教とは、相容れない考え方である。したがって、純粋な仏教者は、拝礼を強要する王権としばしば対立した。

　これに加え、仏教は、道教と鋭く対立することも多く、中国では古来、仏教・儒教・道教が、王権を巻き込んで三つ巴の闘争を繰り返してきたのであ

った（礪波1986）。中国で、大規模な廃仏は、3回起きたが、その背景には、こうした宗教対立が横たわっていたのである。

また、この点もあまり注目されていないことが、そもそも王権が完全に仏教を支配下に置くあり方は、東アジアでは新羅と日本にしかない、かなり異質な形態であった。その原因は、日本でいえば、おそらく中国南北朝以来の、排仏を含む仏教に対する諸王朝の対応、そして王権と仏教との対立を視野に入れていたからであろう。

「三宝興隆詔」にみられるように、推古朝に仏教の全面的受容がなされた背景には、隋の文帝・煬帝らの仏教擁護政策、群臣の半数以上を蘇我氏系の氏族が占めるようになったことがあるが、受容するならば、まず王権が先んじ、王権が仏教を独占物・従属物にすべきだとの思惑が働いていたからであると考えられる。

換言すれば、仏教伝来以来、日本の仏教は、王権と対立したことは一度もない。これは、中国の事例を念頭に置くならば、日本仏教の大きな特色である。そしてこの問題は、中国では道僧格として編纂された僧尼や寺院に対する法令が、日本ではより強力な拘束力を持つ僧尼令として令に組み込まれたこととも関係するだろう。

僧尼令の編纂者は、当初から王権と仏教の対立を避け、王権の従属物として仏教を位置づけて、王権により統率することをねらったのである。

少し横道にそれたが、「三宝興隆詔」は、「君臣」、すなわち天皇と親族のために寺院を造ったことを示していた。寺院の建立目的が、当初から王権（天皇・大王）護持と祖霊信仰にあったことがうかがえて興味深い。この段階での寺院は、後の畿内地域にほぼ限定されるが、群臣層の造寺目的がはっきりとみえてくるであろう。

2 仏教と文明化

仏教が古代日本に果たした役割は非常に大きいが、ここでは寺院を視野に入れて、考えることにしたい。

中国の史料における日本観をみると、仏教と文字が対になっていることが

わかる。『隋書』倭国伝では、「文字無く、唯木を刻み、縄を結ぶのみ。仏法を敬い、百済より仏経を求め得て、始めて文字有り」とし、百済から仏像や経典が導入されて、文字も伝わったとしている。また、『旧唐書』倭国伝でも、「頗る文字有り。俗は仏法を敬う」とし、同様である。仏教と文字が密接な関係にあったことがわかる。

このような意識は、『法苑珠林』にもみられる。隋の大業初めに遣隋使として渡った会承は、貞観5(631)年に至って、帰国することになったが、阿育王塔の有無を問われ、倭国に文字はなく、依拠するものもないため、帰国するのだと答えている。留学僧にとって、文字と仏教が分かちがたい関係にあったことを示していると同時に、仏教が文字の普及に大きな役割を果たしたことをよく表している。

一方、最近、複数の論語木簡が出土するようになった。徳島県観音寺遺跡、長野県屋代史蹟群、兵庫県柴遺跡などの木簡で、観音寺遺跡のものは7世紀第Ⅱ四半期まで遡り得るといわれている。また、その形状は4面のうち2面に墨書された特殊なもので、漢字・論語の学習に用いられた可能性が指摘されている。ちなみに、韓国金海市鳳凰堂遺跡でも六世紀の論語木簡が発掘され、日本が韓国の影響を受けた可能性がある。

日本の地方社会で、すでに7世紀の段階で論語が受容されていたことは、漢字や文化の地方への波及を考える上で、示唆的であろう。

さて、問題は仏教と儒教の関係である。先に述べたように、中国では儒教と仏教は対立する場合がしばしばあったが、日本ではなかった。ここで注目したいのは、日本の初期仏教、すなわち、飛鳥仏教では、戒律が重視されたとの見解である（上川1994）。敏達6(577)年には、百済から律師が贈られ、同13年には、「斎を設けた」とあり、斎とは持戒を指す。また、崇峻即位前紀には、最初の尼僧善信尼は、受戒の法を得たいと申し出、馬子は百済の「調使」に付けて学ぶことを要請したという。今、指摘したのは飛鳥仏教と戒律の密接な関係を示す一部であるが、ほぼその全容を推し量るには十分であろう。

戒律とは、仏教における礼の秩序を重んじる思想のことで、儒教と共通性

がある。日本では、仏教と儒教が対立しないばかりか、仏教と儒教が支え合う関係を形成していた。その背後に、不十分ながら、戒律の存在があった可能性があるだろう。

原秀三郎は、仏教・儒教・文字が東アジアに共通する「文明化」の要素であったと指摘したが（原2002）、中国における儒教と仏教の反目を考慮する必要があるとしても、おそらくこの指摘は正しいと思われる。古代日本が古い習俗から抜け出て、「文明化」する際にも、この3つの要素は、必要不可欠であったとみられる。

以上のように考えると、仏教・儒教・文字が「文明化」、引いては律令国家導入の地ならしをしたとみることができよう。ここにおいて、仏教、そして寺院が日本の文化史上に果たした役割の大きさをはっきりと認識することができるだろう。

3　仏教と誓約

初期の仏教の特色として、誓約との関係をあげることができる。まず、この点を、エミシや南島人と仏教の関係からみてみよう。これらの人々を俎上にあげることについては、いささか奇異に映るかも知れないが、「化外の民」を教化する点に、仏教による「文明化」が端的にあらわれると考えるからである。7世紀段階では、それ以降ではみることのできない仏教儀礼が存在した。

斉明3（657）年3月紀には、盂蘭盆会に飛鳥寺の西に須弥山をつくり、都貨羅人を饗宴し、同5年3月紀には、甘樫丘の東に須弥山像をつくり、陸奥と越のエミシを饗宴し、同6年5月紀によれば、飛鳥石上池辺に須弥山をつくり、粛慎を饗宴している。

これらは、すでに指摘もあるように、エミシなどの異民族に国家への忠誠を誓わせるために須弥山を中心とした仏教世界が利用されたことを示している（今泉1993）。つまり、仏教世界には、須弥山を中心とした、秩序だった世界があることを通じて、ヤマトの大王が統治している世界を体感させ、「辺境」に住む人々の同化政策を象徴化した行為であったと考えられるので

ある。あるいは、「治天下」のコスモロジー（石上1987）、といっても差し支えないかも知れない。

　もう一つ、従来あまり意識されたことはないが、『日本書紀』には3例ほど、エミシの沙門に関する記事がみられることにも注目したい。『日本書紀』に一般人の出家記事がみられないことからすれば、この記事の異様さが際だつだろう。

　第1は、持統3（689）年正月紀にみえるもので、ウキタマ（後の出羽国置賜郡）の城養(きがい)のエミシが沙門になることを申請し許可され、第2は同年同月に、エミシの沙門に仏像などを賜るもの、第3は同月7月に、エミシの沙門に、やはり仏像を賜ると記事である。いずれも持統3年紀に限定される。

　実は、持統3年紀には、後世からみて重要な政策が相次いで行われたのである。飛鳥浄御原令が施行され、元嘉暦・儀鳳暦が用いられ、そして庚寅年籍が作成された。この年にかぎってエミシの沙門の記事が『日本書紀』に残されているのは偶然とは考え難く、仏教を梃子として「文明化」が行われたために、とくにそれらの記事がおかれたのではあるまいか。

　ここで想起すべきは、城柵と寺院がセットになっている点である。『東大寺諷誦文稿』で、「城辺の寺」とあるのがこれである。具体的には、郡山遺跡II期と郡山廃寺、多賀城と多賀城廃寺、城生遺跡と菜切谷廃寺など、数多くあげることができる。この点は、宮都のみならず、城柵でもエミシに対する饗宴が催されたことと、対の関係にあることを物語っている。城柵では、饗宴による服属儀礼が、近隣の寺院では仏教を梃子とした服属儀礼が行われていたことを意味しよう。ここでは、仏教が誓約として機能していたし、「文明化」による秩序の構築がなされていたのである。この点は、後に述べるように、地方寺院の機能を考える上でも大きなヒントになろう。

　ところで、仏教儀礼による誓約は、夷狄支配以外にも存在した。天智10（671）年紀によれば、天智の死に臨んで、大津宮仏殿の繡仏の前で、大友皇子以下の重臣が香炉を握って天智への忠誠を誓約し、大海人皇子は、「天皇の奉為に、出家して修道せむ」と宣言し、吉野に身を引いたことはよく知られている。釈尊を仲立ちとして、仏教による誓約が七世紀以前には普遍的に

行われていたことを示していよう。仏教による「化外の民」の誓約儀礼も、実はこうした仏教儀礼の一環であったと考えることができる。

こうしてみると、天皇の「おんため」に寺院を建立したとする記事が、散見することが注目される。たとえば、大化5 (649) 年紀では、謀反の嫌疑をかけられた蘇我倉山田石川麻呂は、「この伽藍は、元より自身のために造れるにあらず。天皇の奉為に誓いて作れるなり」といい、「天皇のおんため」という語句は、長谷寺銅版銘、粟原寺露盤銘などにも、また民間の写経にも数多く見出すことができる。従来は、王権への形式的な従属の表現として、さほど重視されてこなかったが、三宝興隆詔に「君臣のため」とあり、それが日本の初期仏教に実態を踏まえているとの先の指摘に従えば、寺院の造営の目的は、王権の護持、さらにいえば王権に対する誓約の機能を持っていた可能性を指摘できよう。

前期難波宮の正殿に八角円堂跡検出され、仏堂の可能性が指摘されているが、これもまた、初期の宮都における誓約を示したものなのではなかろうか。

4　地方寺院の機能

大化元年、東国国司詔発布の翌日、仏教興隆詔が出された。そこでは、仏教公伝来以来の状況が述べられているが、そこでは馬子のみが賛成し、余臣が反対したことがみえる。これはより古い合議制のあり方を示している。

この改新政府と仏教の密接な関係については、吉川真司氏らのすでに指摘があるが（吉川1999）、国博士は高向玄理と僧旻で、僧侶が政府の首脳になったことはこれ以前にも以後もない破格の処遇であった。

また、仏教興隆詔は、飛鳥寺に使者が派遣され、そこで発布された。また、大化3 (647) 年に制定された七色十三階の冠は、朝廷の儀式と仏教法会の際に用いることが命じられた。そして、長柄豊碕宮へと続く。改新政府は仏教的色彩がきわめて強かった。このことは、支配原理の根本に、儒教と仏教を置いたことを示している。仏教興隆詔で、大王が造寺を助けることを述べているのは象徴的でさえある。こうした仏教との並立関係は、斉明朝を経て天智朝まで続く。

しかし、この段階では、畿内を中心とした地域で、畿外にまで仏教が十分浸透してはいなかった。寺院の拡大は何を契機としているのだろうか。

畿外へ仏教が十分浸透するようになるには、天武朝を待たねばならない。天武朝の仏教政策で、まず重要なのは、天武5年（676）正月紀にみえる、使者を四方の国に遣わして、金光明経および仁王経を説かせたという記事であろう。護国思想の全国への流布として注目される。この政策は、地方仏教政策の画期と考えられる。

この延長上にあるのが、持統8（694）年5月紀にみえる、金光明経一百部を諸国に送り置き、毎年正月の上玄に読ませ、当国の官物をもって布施に当てることを命じた記事である。これは、正月仏事の恒例化、起源となった。

ただし、天武朝には仏教記事は多くないとの従来の指摘にも注意する必要がある。これは、天武朝では、神祇祭祀が重視されたため、それ以前の斉明・天智朝とは一線を画していることを根拠としている。しかし、こうした従来の見方は一方的であると思う。

天武14年3月紀には、
　諸国をして家ごとに仏舎を作り、乃ち仏像及び経を置き、以て礼拝・供養せよ。

との著名な史料がある。「仏舎」につていは、郡司の家、国府付属寺院などいくつかの説に分かれるが（山中1994）、注目しておきたいのは、天武12年から14年にかけて、令制国、そして七道制が建てられたことである。このことは、諸国の行政的支配と仏教政策が並行して行われたことを示していよう。斉明・天智朝に比べて、天武朝は一歩引いた仏教政策をとったが、こと畿外に対しては、積極的な仏教政策を展開したと考えられる。つまり、畿内に対する仏教政策が一段落したのを受けて、その対象を畿外に転換したと思われる。仏教と儒教による地方支配を展開した政策に対応して、地方寺院が爆発的に増加したとみることができるであろう。

こうした寺院の機能に、祖霊信仰が含まれることは、三宝興隆詔でみたとおりであるが、とりわけ、初期仏教で注目されるのは舎利信仰である。舎利信仰については、敏達13（584）年是歳条、崇峻元（588）年是歳条などにみ

える。このことは、初期寺院で舎利を納めた塔の重視と関係があると考えられる。塔は寺院のシンボルであると同時に、仏教のシンボルでもあった。そして、古墳から寺院へというシンボルの変化からみても、重要な鍵を握っていると考えられる。さすれば、初期寺院ですでに追善供養が営まれ、推古14年7月紀、斉明3年7月紀などで、盂蘭盆会が修されていることも理解できよう。

　もう一つの特徴は、宮宅と寺院の関係である。貴族・豪族の家と寺院、また宮都でもその内部に仏教施設が営まれる場合が岸俊男氏によって指摘されている（岸1984）。具体的には、山田寺・安倍寺・内裏仏殿などがあげられるし、長屋王をはじめとする皇親の邸宅をはじめ、平安貴族の住居に至るまで、枚挙に暇がない。当時の言葉で言えば、「捨宅仏教」ということになろう。

　この点を地方寺院について考えてみると、豪族居館と寺院の関係が想定される（本郷1997）。残念ながら、豪族居館の発掘事例は多くないが、古墳時代から続く豪族の本拠に寺院が営まれた例があてはまるであろう。本郷真紹氏は、寺院が権威のシンボルであったと指摘するが、祖霊信仰、王権への誓約、そして氏の画が結束の場などと相まって、住居と寺院の密接な関係が現出したのであろう。

　さらに今述べた点とも密接に関係するのであるが、寺院と官衙がセットとなっている場合があることにも着目したい。端的に言えば、藤原京における本薬師寺や大官大寺の関係である。その初例は斑鳩宮と斑鳩寺（若草伽藍）であろうし、百済宮と百済大寺（奈良県桜井市吉備池廃寺）や川原寺と岡本宮などがあげられる。

　また、郡家とその近接地域に寺院が営まれる例が、近年ますます増加してきた。この点は、以前から郡家付属寺院、あるいは郡寺という名称で呼ばれてきたが、「郡名寺院」という呼び方がよりふさわしいであろう。

　もっとも、郡寺という名称が史料中にみえないこと、隣接寺院に公的機能がみえない事などの点をもって、あくまで氏寺であるとの反論もみられる。しかし、公的かそうでないかという二者択一的議論はすべきではなく、氏寺

第Ⅰ部　課題研究

とみたとしても、郡家における統治を補完する機能を持っていたであろうことには注意すべきであろう。

　ここで想起したいのは、先に指摘した城柵と寺院の関係である。つまり、在地統合のうえで、またその寺院を造立した氏族と王権の関係の上で、寺院はなくてはならない表象とみるべきではないか。

　このように考えれば、7世紀末から8世紀初頭にかけて、在地社会で寺院が激増する理由は、郡家の建設・整備と並行の関係にあったためではないかと考える。『日本霊異記』上、第17には、伊予国越智郡の大領の先祖が白村江の戦いで捕虜になり、後に帰国した際に、天皇から郡を建てることを許され、寺も造ったという著名な説話があるが、これなども筆者の推測を補強してくれるように思う。

　もちろん、個別には、郡家が寺院より早い例、寺院が郡家より早い例もあろうが、今後の考古学的発掘調査結果に待つところが大きい。在地支配において、仏教、寺院と律令支配は、車の両輪のごとき関係にあったという点を忘れてはなるまい。官衙が儒教に、寺院が仏教に対応するシンボルであり、両者を切り結ぶのが「文字」あった。そして、この三者が相まって律令制を浸透・維持していたのであろう。

おわりに

　寺院が建立された地域とされなかった地域があるが、その理由を個別的に、そして総合的に類型化する必要がある。そこには、おそらく、王権との関係、国造領域や評の分割、隣郡（評）との関係など、さまざまな要因が想起されるが、それぞれの地域が持つ歴史的特性を見極めることも必要であろう。つまり、広い耕地を持つなどといった理由のみではなく、交通（河川・海上）の問題など、多様なアプローチが必要になってくる。

　筆者は以前、以前、印波国造領域を取り上げ、評の分割や龍角寺の創建などを検討し、『常陸国風土記』の立評記事を参考にして、印波国造が古墳時代末期に交替した可能性を指摘したことがあるが（川尻2003b）、文献史学や考古学などの協力によって、少しずつではあるが、着実に在地の様相は明ら

かにし得ると考えている。

　付　記

　本稿に増補して、川尻秋生「寺院と知識」(上原真人ほか編『列島の古代史3　社会集団と政治組織』岩波書店、2005年)、同「仏教のはじまり」(森公章編『史跡で読む日本の歴史4　古代国家の形成』吉川弘文館、2010年)を執筆した。なお、誓約と仏教については、古市晃『日本古代王権の支配論理』(塙書房、2009年)が詳しく論及している。

引用文献

石上英一 1987「古代東アジア地域と日本」『日本の社会史』1　岩波書店
今泉隆雄 1993「飛鳥の須弥山と斎槻」『古代宮都の研究』　吉川弘文館
上川通夫 1994「ヤマト国家時代の仏教」『古代文化』46-4
川尻秋生 2003a「仏教の伝来と受容」大塚初重・吉村武彦編『古墳時代の日本列島』　青木書店
川尻秋生 2003b「大生部直と印波の国造」『古代東国史の基礎的研究』　塙書房
岸　俊男 1984「宮宅と寺院」『古代宮都の探求』　塙書房
礪波　護 1986「仏教と国家」『唐代政治社会史研究』　同朋社
原秀三郎 2002「日本列島の未開と文明」『地域と王権の古代史学』　塙書房
樋口知志 1992「仏教の発展と寺院」『新版　古代の日本9　東北・北海道』　角川書店
本郷真紹 2005「古代寺院の機能」『律令国家仏教の研究』　法蔵館
山中敏史 1994「古代地方官衙の成立と展開」『地方官衙遺跡の研究』　塙書房
吉川真司 1999「難波長柄豊碕宮の歴史的位置」薗田香融編『日本古代社会の史的展開』　塙書房

第II部　地域研究

上野国における寺院建立の開始

髙 井 佳 弘

はじめに

　上野国は「古墳から寺院へ」というテーマでは、下総国とともに必ず取り上げられる国の一つである。それは下総国には龍角寺と岩屋古墳があり、上野国には山王廃寺と総社古墳群があるので、このテーマを考えるのに適していると考えられているからに他ならない。しかし、上野国にはほかにも上植木廃寺や寺井廃寺などの初期寺院が存在し、それらもかなりの規模の伽藍をもった寺院であった。これらの寺院には、総社古墳群のような、創建と同時期の大古墳が伴わないため、このテーマで検討の対象とされることはほとんどないが、「古墳から寺院へ」という、モニュメントの交替の地域差などを考える場合には、それらを総合して考えることが必要であると思われる。ここではそれら3ヶ所の寺院遺跡とその周囲の古墳をみることによって、「古墳から寺院へ」というテーマについて考えてみることにしたい。

1　上野の初期寺院と古墳

　ここで取り上げる寺院遺跡は、前橋市山王廃寺、伊勢崎市上植木廃寺、太田市寺井廃寺である。律令制下の郡でいえば、群馬郡、佐位郡、新田郡に属し、大まかに言って、上野国平野部の西、中央、東にちょうど1箇所ずつ分布している。上野国にはこの他にも7世紀代に建立されたと考えられる寺院がある。たとえば現在の高崎・藤岡両市域には田端遺跡、馬庭東遺跡、水窪遺跡など、また、吾妻郡の東吾妻町には金井廃寺があって、それらも瓦の出土や礎石の存在などから7世紀に遡る寺院遺跡であると考えられている。し

第Ⅱ部　地域研究

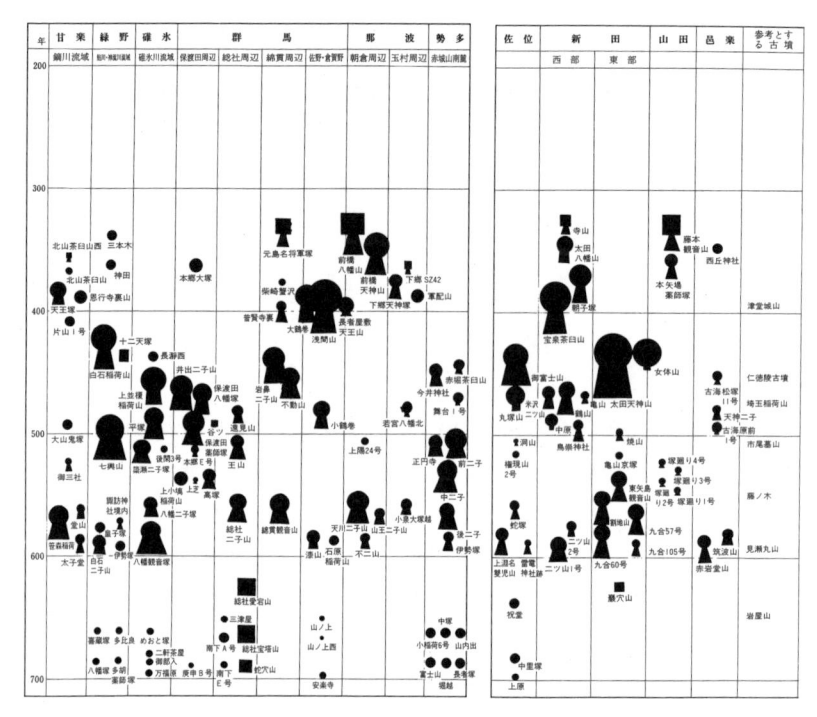

第1図　上野国古墳編年表（右島ほか1995より）

かし、それらの遺跡の創建期＝最古の瓦をみると、みな山王廃寺・上植木廃寺の第2段階以降の瓦と同笵か同系の瓦で占められている。つまり、これらの寺院は先の3箇寺が創建された後、その影響下で創建されているのであり、その意味では本地域で第1段階の寺院とは言い難いため、今回は取り上げないことにした。

　上野国の古墳の編年は、発表されてから既にかなりの時間が経ってしまい、現在では一部変更の必要性を指摘されているようだが、概ね第1図のように考えられている。他の東国諸国と同様、7世紀に入る頃には国内各地で造営されていた前方後円墳は終焉を迎えている。その後は大古墳の造営は総社古墳群のみで行われ、ここでは全国でも最大級の方墳が作られ続けることになり、当該期の古墳を考える上ではきわめて重要な地域となる。これとは対照

的に、その他の地域では中小規模の円墳（一部方墳）のみが造営され続けるので、その差は歴然としている。この差を如何に考えるかが、7世紀の上野国を理解するキーポイントのひとつとなっている。

つぎに個別にみていこう。

2　山王廃寺と総社古墳群

山王廃寺は前橋市元総社町総社にあり、総社古墳群はその東数百mの至近距離にある（第2図）。創建期の軒丸瓦は第3図の単弁8葉蓮華文のものである。その年代観については、祖形になるものが確定できていないので明確ではないが、大体7世紀中葉から第3四半期頃のものとされている。発掘調査で出土した瓦に「放光寺」という文字瓦があり、ここが山ノ上碑（高崎市）の碑文に見える「放光寺」であるということがほぼ確定したが、その碑文に

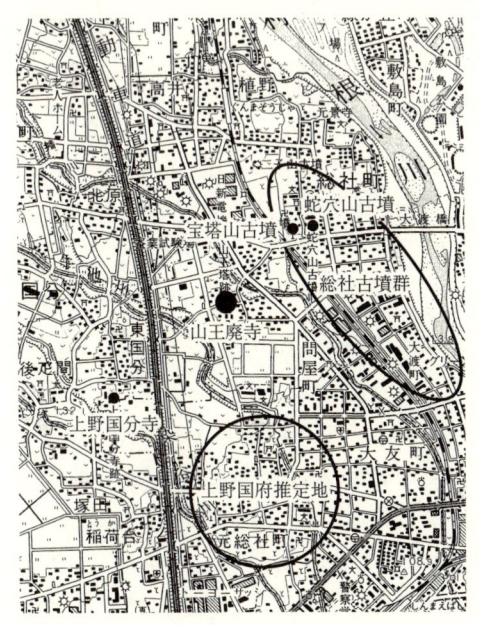

第2図　山王廃寺と周辺の遺跡（1/60,000、国土地理院5万分の1地形図「前橋」を縮小）

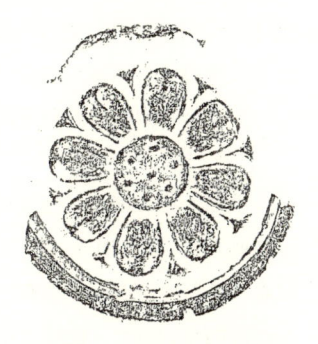

第3図　山王廃寺創建期軒丸瓦（1/4）

第Ⅱ部　地域研究

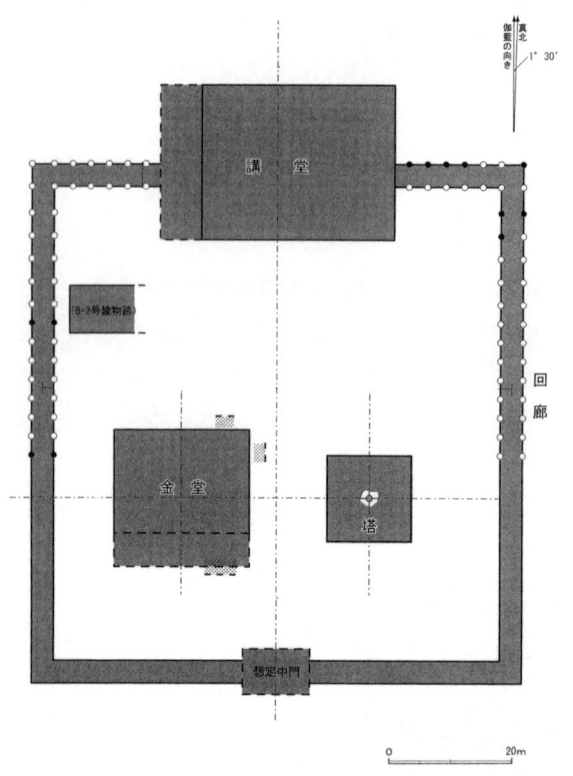

第4図　山王廃寺の伽藍配置（前橋市教育委員会 2010 より）

は「放光寺僧」とあるため、この山ノ上碑が建立された年＝辛巳（681）年以前には、山王廃寺は僧が居住できるほどに建物が整備されていたことになる。7世紀中葉〜第3四半期頃という年代観はこの推定とも矛盾しないので、現在広く受け入れられている。この年代観が正しければ、山王廃寺の創建時期は、総社古墳群のなかの宝塔山古墳と重なる頃となるわけである。

　山王廃寺の発掘調査は、1974年から1981年にかけて7次の調査、1997年から1999年には下水道管敷設工事に伴う調査が行われ、さらに2006年から2010年にかけては5ヶ年計画で範囲内容確認調査が行われた（詳細は前橋市教育委員会　1976以下の概報・報告書を参照のこと）。これらの調査の結果、塔を東、金堂を西に配し、中門からのびる回廊は北側の講堂に接続するという伽藍配置であることが判明した（第4図）[1]。現在遺跡には精巧な塔心礎が残り、その他石製鴟尾、根巻石などの石製品が豊富であることが特徴であり、その製作技術が宝塔山や蛇穴山といった、総社古墳群の古墳の石室や石棺の製作技術と類似していることが指摘されていて、両者の深い関係が確認されている（津金澤1983）。

上野国における寺院建立の開始

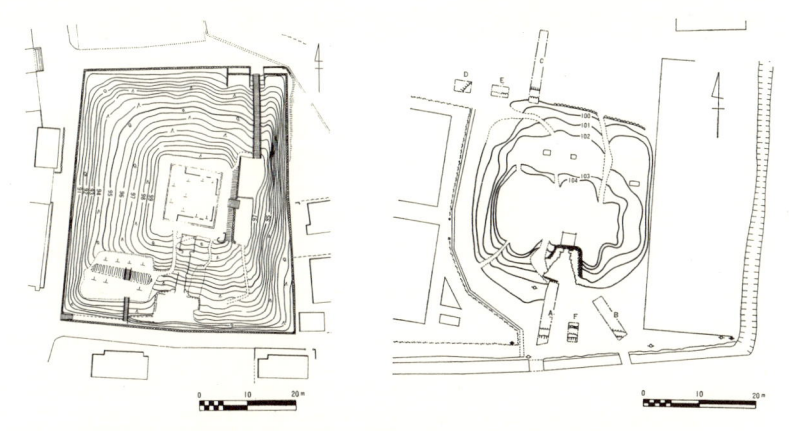

第5図　宝塔山古墳（左）と蛇穴山古墳（右）（群馬県1981より）

　その他に塔の初層に安置されていたと推定される大量の塑像片などが出土しており、地方寺院としては傑出した内容をもっている。それは、総社古墳群という、この時期としては上野国のみならず、全国でも有数の規模をもつ古墳群と深い関係がある寺院としてふさわしいと言えよう。
　その総社古墳群は、5世紀後半の遠見山古墳以後、大型の古墳が築造されるようになる古墳群で、その後6世紀代に王山古墳、二子山古墳と前方後円墳が続いて造営される。同時期には第1図に見られるように、上野国内各地で大型の前方後円墳が作られており、総社古墳群は特に目立つという存在ではなかったが、7世紀に入り、他地域で前方後円墳が作られなくなると状況は一変する。この頃になると、上野国内では中小の円墳ばかりとなるが、総社古墳群のみは、7世紀前半に愛宕山古墳（一辺56m）、後半に宝塔山古墳（一辺約60m）、蛇穴山古墳（一辺39m）と、3基の大型方墳が相次いで築造され、上野国内では卓越した存在となる。
　山王廃寺と総社古墳群とは近接した時期、位置にあるので、山王廃寺の造営氏族の墓が総社古墳群であったと考えて間違いないであろう。もちろん氏族名は軽々に確定できないものの、山王廃寺も総社古墳群も共に傑出した内容をもっており、その造営氏族が政治的にも文化的にも、上野国内随一の地位にあったことを示している。

第Ⅱ部　地域研究

3　上植木廃寺とその周辺

　上植木廃寺は伊勢崎市本関町・上植木本町にある（第6図）。古代には佐位郡に属していたが、近年南1kmに発見された三軒屋遺跡が佐位郡家正倉であることが明らかとなり、この地域が佐位郡の中心部であったことが改めて確認された。発掘調査は1982年から1993年にかけて行われ、金堂を中心として南に中門、北に講堂、南西に塔を配し、中門から発した回廊は講堂に取り付くという伽藍配置であることが判明した（第8図）。創建最初期の軒丸瓦は、伽藍西側に設けられた瓦窯で生産された、素弁8葉と、それを彫り直した単弁8葉蓮華文（第7図）のものである。組み合う軒平瓦は有節の三重弧文である。これらの瓦は古くから「山田寺式」といわれていたが、山田寺出

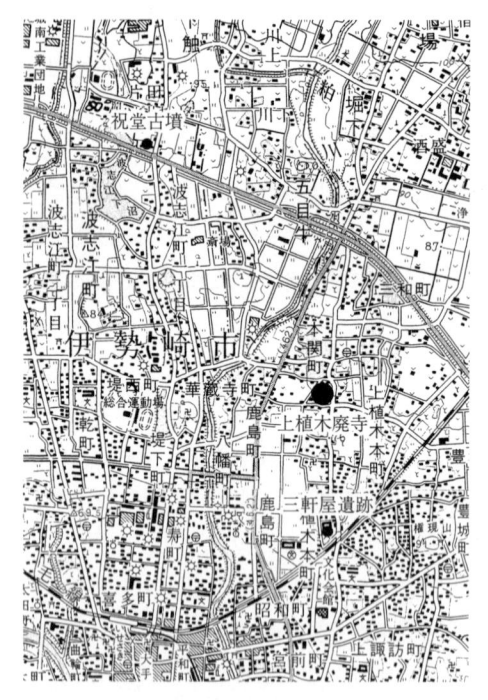

第6図　上植木廃寺と周辺の遺跡（1/60,000、国土地理院5万分の1地形図「前橋」「高崎」を縮小）

第7図　上植木廃寺創建軒丸瓦（1/4）

土の瓦とは文様がかなり異なり、近年は尾張地域との関係が指摘されている。時期は7世紀第4四半期の前半頃と考えられる（高井・出浦 2005）。

　関連する古墳としては、北西約 2.5 km にある祝堂古墳がある。第9図のように二重の周溝をもつ直径約 30 m ほどの円墳で、石室の基礎の部分に約 1 m ほどの厚さで版築が施されていたということが、これまでも寺院との関係で注意を引いてきた。第1図の編年表によれば、時期的には古墳のほうがやや古くなると思われるが、上植木廃寺造営氏族との関連を想定することは可能であろう。その他、北に5 km ほど離れているが、群馬県埋蔵文化財調査事業団によって調査された多田山古墳群が注目される。この古墳群は6世紀前半から築造が始まっているが、造墓活動の最終期には、中里塚古墳、12号墳、15号墳といった3基の載石切組積石室墳が造られており、その時期は上植木廃寺の創建時期と重なる頃である（群馬県埋蔵文化財調査事業団

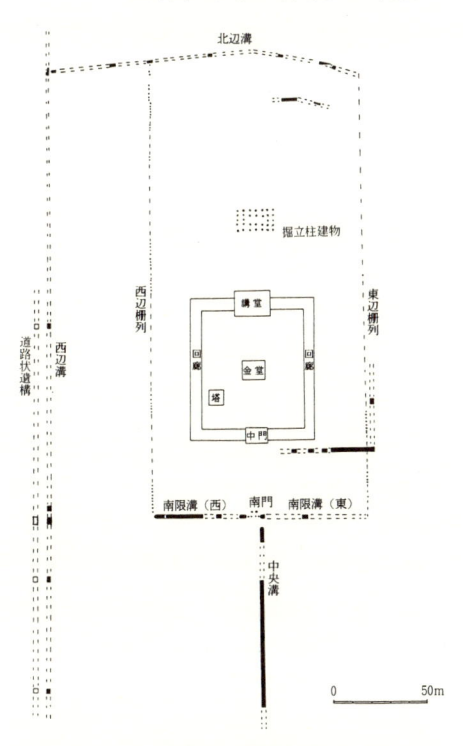

第8図　上植木廃寺の伽藍配置（伊勢崎市教育委員会 1994 より）

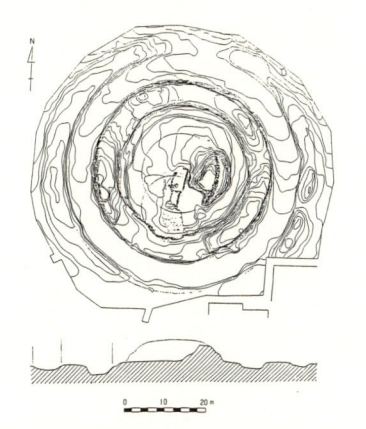

第9図　祝堂古墳（伊勢崎市 1987 より）

第Ⅱ部　地域研究

2004)。載石切組積石室墳は群馬県内では「地域首長墓」と考えられているものであり、当然、上植木廃寺との関連を考えるべき古墳である。ただし、以上のいずれの古墳も規模としては中小規模のものであり、総社古墳群との格差は大きい。

4　寺井廃寺とその周辺

　寺井廃寺は太田市天良町・寺井町にある。この地域は古代には新田郡に属していた。周辺の遺跡を見ると、西約 500 m には、平成 19 年に郡庁が発見され、新田郡衙として史跡に指定された天良七堂遺跡があり、西 1.7 km には入谷遺跡（性格不明。新田駅家との説もある）がある。また、東山道駅路と推定される古代道路 2 本（牛堀矢ノ原ルート、下新田ルート）が遺跡の南側を通過しているなど、付近には重要な遺跡が集中しており、まさに古代新田郡の中心地といえる地域である（第 10 図）。

　寺井廃寺は未調査で、遺構の詳細は不明であるが、強戸中学校や周辺の人家の地下から礎石や瓦溜まりが見つかっており、ある程度の伽藍を備えた寺

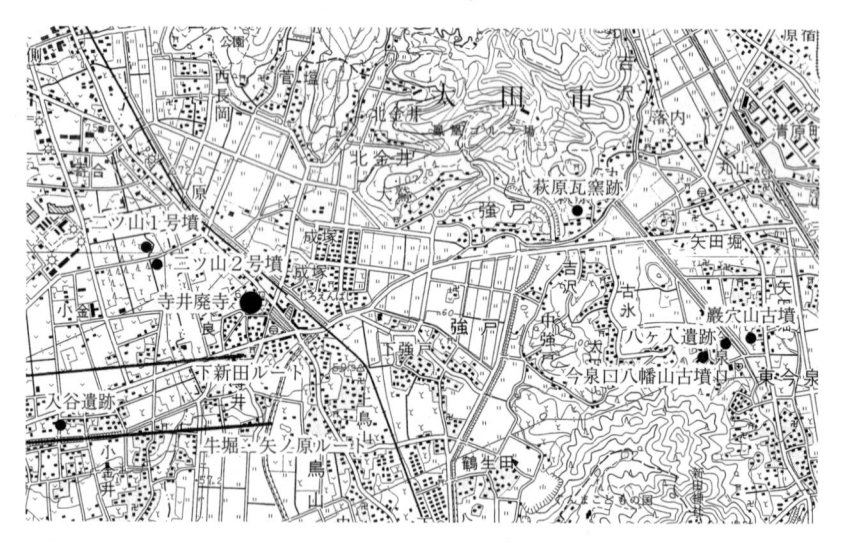

第 10 図　寺井廃寺と周辺の遺跡（1/60,000、国土地理院 5 万分 1 地形図「深谷」「桐生及足利」を縮小）

上野国における寺院建立の開始

院であったと推定されている（須田 1986 など）。創建期の軒先瓦は第 11 図の複弁 8 葉蓮華文の軒丸瓦と三重弧文軒平瓦の組み合わせで、いわゆる川原寺式のものであり、その年代は 7 世紀第 4 四半期頃と思われる。この瓦の生産地は同笵品が表採されていることから萩原窯跡であることが判明している（須田 1996 など）が、その窯跡の位置する場所は、律令制下では新田郡の隣郡となる山田郡に属していた可能性が高い。

　この地域も 7 世紀代に大古墳は見られないが、関連する古墳としては巌穴山古墳があげられることが多い。巌穴山古墳は一辺約 36.5 m の規模をもち、上野国では総社古墳群以外で唯一の方墳であり（第 12 図）、この時期の古墳としては非常に目立つ存在だからである。時期的には寺井廃寺よりもやや遡る頃の造営と考えられている。この古墳は、律令制下では隣の山田郡の範囲に入るが、萩原瓦窯も山田郡内になると思われるので、寺井廃寺のある新田郡中心部とは、本来はかなり深い関係にあった地域と考えられてきた。しかし、その前代、6 世紀末の前方後円墳を見ると、寺井廃寺のすぐ近くには二ツ山 1・2 号墳があり、巌穴山古墳のすぐ近くには今泉口八幡山古墳があって並立している。また、寺院遺跡はこれまで寺井廃寺しか知られておらず、山田郡地域には未発見であったが、巌穴山古墳のすぐ西に位置する八ヶ入遺跡の発掘調査で軒丸瓦を含む瓦や奈良三彩などが出土した（群馬県埋蔵文化財

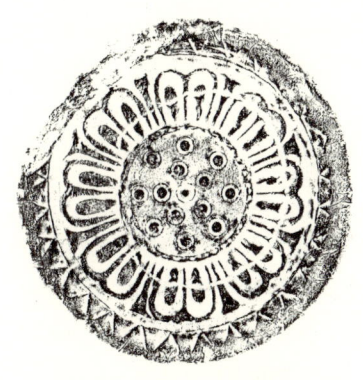

第 11 図　寺井廃寺創建期軒丸瓦（1/4）

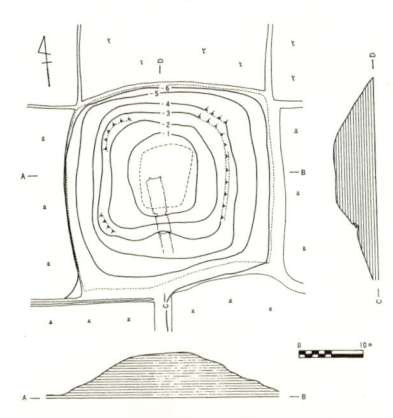

第 12 図　巌穴山古墳（群馬県 1981 より）

調査事業団 2010）ことから、その近傍に古代寺院が存在することが確実視されることとなった。寺院の創建年代は瓦の出土量が少ないこともあって不明確であるが、8世紀代のものと思われる。とすれば山田郡内では少し遅れるものの、両地域では寺院も並立していることになる。すなわちこの両地域は、密接な関係にあるとは思われるものの、同一氏族の勢力範囲とまでは考えられず、律令制下に新田郡、山田郡となる以前から別々の古墳の系譜を持ち、寺院も各々創建するほどには、独立した地域だったのである。したがって、寺井廃寺造営氏族に直接関連する古墳は、新田郡内に求めるべきであるが、目立つ古墳はほとんど知られていない。近傍で7世紀代の古墳を求めれば、北西約4kmにある北山古墳があるが、径22mの山寄せの円墳であり、寺井廃寺との関連を考えるにはやや小規模であるように思われる。現状では寺井廃寺に直接関わる古墳は不明といわざるを得ない。

まとめ

　以上、3箇所の寺院について簡単に紹介した。寺院建立以前から建立の段階まで、大きな古墳が作られ続けているのは山王廃寺と総社古墳群（最大60mクラスの方墳）のみで、上植木廃寺は30mクラス以下の中小規模の円墳、寺井廃寺は不明であるが、あったとしてもやはり中小規模の古墳であろう。その格差は非常に大きいと言える。
　また、これら3箇所の寺院の特徴をみていくと、いくつか興味深い点がある。
　まず最古の軒丸瓦をみると、それらはみな違うものであるということである。この事実は、それぞれの地域でそれぞれの氏族が、全く別個に寺院造営の技術を導入したことを示すものであろう。またこれら最古の軒丸瓦は、他の遺跡で同笵品の出土が全く知られていない。それは、その3箇所の寺院がそれだけその地域で特別古い、他に瓦を使うような場所がない頃に造営されたことを示す事実である。それがこの3箇寺を取り上げた理由でもあるが、以上のことから、上野国における寺院造営は、山王廃寺から始まったにしても、その後に続く上植木廃寺・寺井廃寺はその直接の影響を受けて造営され

ているのではないということが分かる。特に上植木廃寺は、その後も山王廃寺との同笵関係をほとんど持たないままであり、両地の歴史を考える上で興味深い。

さらに、これら3箇寺のある場所は、その後律令制下でも地域の行政的な中心となる場所であるということも興味深い事実である。山王廃寺の近傍には国府推定地があり、上植木廃寺、寺井廃寺の近傍には郡家（三軒屋遺跡、天良七道遺跡）がある。それら寺院の造営氏族は律令制下においても郡司として地方行政に力を振るったと考えられるが、寺院造営はそうした政治的視点からも検討されなければならない。

日本古代において、寺院を最初に造営するためには、大規模な建築物を造ることのできる経済力だけではなく、技術をどこかから得るための政治力や、その技術や仏教という新しい宗教を取り入れることのできる文化的な水準の高さなど、多くの要素が一定の水準に達していることが必要である。上野国では上述のように3箇所で異なる様相の寺院が建立されていることから、7世紀後半の時点で、それだけの力量のある氏族が少なくとも3箇所にはいたのである。それなのに、古墳だけを見れば、総社古墳群のみが傑出した地位にあることになる。とすると、次の問題は、このギャップをどのように理解するべきなのかということである。この問題は、7世紀前後における古墳の意味の変化、古墳造営と寺院造営に関わる豪族層の政治的地位の違いなど、多くの要素が複雑に絡まり、この時代の上野国を考える上で非常に大きな問題である。そこに、「古墳から寺院へ」という、今回のシンポジウムの意義が認められると思われる。今後さらに議論を深めていく必要があるであろう。

註
1) ただし、平成22年度の調査ではこれらの伽藍とは異なる方向の基壇が発見された。同様な方向の建物はこれまでも複数見つかっており、それらの建物の時期によっては、上述の伽藍が創建当初のものではない可能性が出てきている。本稿執筆時にはそれらの成果を取り入れた報告書が作成されている最中であったので、その結果を反映させることができなかったが、その後刊行された（前橋教育委員

第Ⅱ部　地域研究

会 2012)。それによれば、先行する建物群のなかには瓦葺きのものもあったとのことである。とすれば、創建時の山王廃寺の姿は、これまでの理解と大きく異なることになるが、先行建物群の全体像はよく分かっておらず、この点については今後の調査研究の課題になるものと思われる。

参考文献

伊勢崎市　1984『上植木廃寺発掘調査概報Ⅰ』
伊勢崎市　1985『上植木廃寺発掘調査概報Ⅱ』
伊勢崎市　1987『伊勢崎市史』通史編 1　原始・古代・中世
伊勢崎市教育委員会　1985『上植木廃寺　昭和 59 年度発掘調査概報』
伊勢崎市教育委員会　1986『上植木廃寺　昭和 60 年度発掘調査概報』
伊勢崎市教育委員会　1987『上植木廃寺　昭和 61 年度発掘調査概報』
伊勢崎市教育委員会　1988『上植木廃寺　昭和 62 年度発掘調査概報』
伊勢崎市教育委員会　1992『上植木廃寺　平成 2・3 年度発掘調査概報』
伊勢崎市教育委員会　1994『上植木廃寺　平成 4・5 年度発掘調査概報』
伊勢崎市教育委員会　2002『上植木廃寺・上植木廃寺瓦窯』
伊勢崎市教育委員会　2009『新屋敷遺跡・上植木廃寺周辺遺跡・上植木廃寺』
群馬県　1981『群馬県史』資料編 3　原始古代 3 古墳
群馬県埋蔵文化財調査事業団　2004『多田山古墳群　古墳時代編』
群馬県埋蔵文化財調査事業団　2010『八ヶ入遺跡Ⅱ』
須田茂　1986「寺井廃寺」『群馬県史』資料編 2　群馬県
須田茂　1996「萩原窯跡」『太田市史』通史編原始古代　太田市
髙井佳弘・出浦　崇　2005「上野の「山田寺式」軒瓦」『古代瓦研究』Ⅱ　奈良文化財研究所
津金澤吉茂　1983「古代上野国における石造技術についての一試論」『群馬県立歴史博物館紀要』第 4 号　群馬県立歴史博物館
前橋市教育委員会　1976『山王廃寺跡第 2 次発掘調査概報』
前橋市教育委員会　1977『山王廃寺跡第 3 次発掘調査概報』
前橋市教育委員会　1978『山王廃寺跡第 4 次発掘調査概報』
前橋市教育委員会　1979『山王廃寺跡第 5 次発掘調査概報』
前橋市教育委員会　1980『山王廃寺跡第 6 次発掘調査概報』
前橋市教育委員会　1982『山王廃寺跡第 7 次発掘調査概報』

前橋市教育委員会 2000『山王廃寺　山王廃寺等Ⅴ遺跡発掘調査報告書』
前橋市教育委員会 2007『山王廃寺　平成18年度調査報告』
前橋市教育委員会 2009『山王廃寺　平成19年度調査報告』
前橋市教育委員会 2010『山王廃寺　平成20年度調査報告』
前橋市教育委員会 2011『山王廃寺　平成21年度調査報告』
前橋市教育委員会 2012『山王廃寺　平成22年度調査報告』
前橋市埋蔵文化財発掘調査団 1996『総社愛宕山遺跡』
右島和夫 1985「前橋市総社古墳群の形成過程とその画期」『群馬県史研究』22　のち同氏著『東国古墳時代の研究』学生社　1994 所収
右島和夫 1988「総社愛宕山古墳の墳丘・石室測量調査」『群馬県史研究』28　のち同氏著前掲書所収
右島和夫ほか 1995「上野」『全国古墳編年集成』雄山閣

武蔵国の終末期古墳と地域の編成

田中広明

はじめに

　武蔵国に築かれた2基の終末期古墳から、地域編成のあり方を検討する。一つは、埼玉県行田市の八幡山古墳である。八幡山古墳は、古代王権との太い絆を示す夾紵棺や漆塗り木棺を安置した古墳である。八幡山古墳から埼玉古墳群、埼玉郡の編成などを考える。

　もう一つは、同県小川町の穴八幡古墳である。小川盆地に単独で築かれた典型的な終末期古墳である。穴八幡古墳から比企・男衾の郡界、特異な構築技法等を考える。

　そして、この二基の終末期古墳の近くには、伽藍を整えた初期寺院が、ついに建立されなかった。その武蔵国の特質を検討したい。

1　八幡山古墳と埼玉古墳群

　115文字の金錯銘鉄剣を出土した稲荷山古墳から始まる埼玉古墳群は、二子山古墳、鉄砲山古墳、将軍山古墳と武蔵国最大の前方後円墳を9基連続して造墓し、ついに前方後円墳と埴輪の時代に幕を閉じた。

　一般的な古墳群では、2、3基の前方後円墳を連続して造墓すると、別の水系や地域に拠点が移る。これは古墳時代の地域社会が、世代を越えて大形古墳を造墓し続けること、つまり首長の地域経営や大和王権との関係性を維持することが、とても難しかったことを物語っている。

　そして、首長墓が、汎列島的に前方後円墳から大形方墳や円墳に転換したとき、埼玉古墳群は、武蔵（无邪志）地域の最高首長の地位を若小玉古墳群

の八幡山古墳に奪われたのである。この転換は、埴輪の生産や石材の移動等を通じて培われた地域の労働編成や首長間の交流を棚上げした。そして、物部氏が大和王権から離脱する事件を契機に、埼玉古墳群と大和王権が、培ってきた関係を刷新し、新たな地域統合の象徴としたのが、八幡山古墳であったのである。新らしい王権の秩序は、方墳を頂点にすえた大陸志向の墓制として結実した。ただ八幡山古墳は、数度に及ぶ周溝確認調査（第１図）でも方墳か円墳か、あるいは東京都府中市熊野神社古墳のような多角形墳か、決着がついていない。

八幡山古墳は、①複室胴張りという平面型式でありながら、②硬質安山岩や凝灰岩、緑泥石片岩を駆使して、「関東の石舞台」と呼ばれる巨大な横穴式石室を作り、そこに③夾紵棺や漆塗り木棺を納めた。この三つの特徴が、八幡山古墳の被葬者を解く鍵である。

つまり、①の古墳は、武蔵国の比企・入間地方から多摩川流域に分布すること、②は、利根川流域、荒川流域で確保できる大形石材であること。そして③は、大和王権の中枢と深くかかわる被葬者像を映している。①は南武蔵、②は北武蔵の地域で顕著にみられる現象であり、同古墳が、両地域の紐帯であったこと、両地域を代表し大和王権とかかわっていたこと、そして、③の現象となったと解釈できる。

とくに③は、大陸や半島とかかわる夾紵棺や漆塗り木棺であることから、渡来系の人々が、畿内から門外不出の特殊な技術で製作した棺である。王権がその内部に閉じ込めていた頂上の技術であった。

かつて、漆塗り棺は、奈良県明日香村の高松塚古墳やマルコ山古墳などの終末期古墳から出土したこと、関東地方の初期寺院が７世紀前半までさかのぼらないことから、八幡山古墳の棺や八幡山古墳を７世紀末まで下らせる考えもあった。横穴式石室の「掘りかた」を充塡した版築も、初期寺院の成立以後とされていた。

しかし、礎石建物の基礎地業や土塁のなどに用いられた版築は、各地の７世紀前半の古墳や寺院で確認される技法である。夾紵棺や漆塗り木棺の技術者が、王権に抱え込まれていても、その工房で作られた製品が、王権からの

第Ⅱ部　地域研究

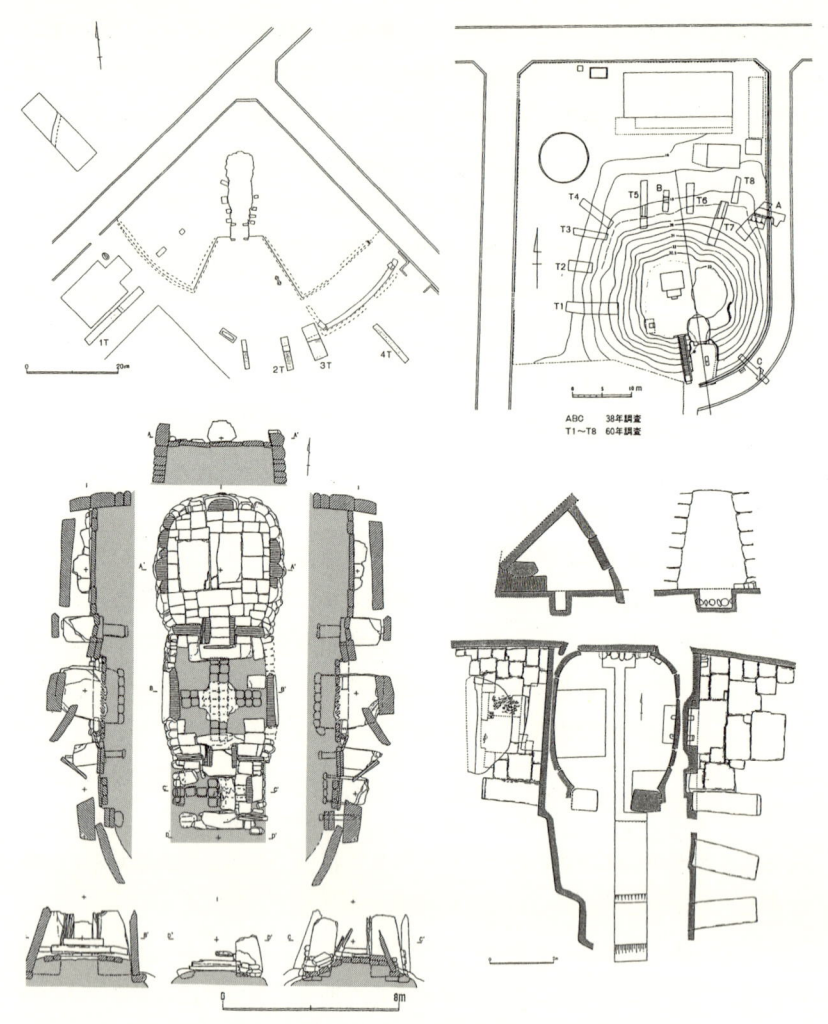

第1図　八幡山古墳（左）と地蔵山古墳（右）の墳丘と石室

下賜あるいは工人の派遣という形を取るならば、賜与されたとしてもおかしくは無い。

　よって、八幡山古墳を『聖徳太子傳暦』に登場し、聖徳太子の舎人となった物部連兄麻呂の墓とすることを否定する材料は乏しい。なお、埼玉古墳群

100

では、最後の前方後円墳、中の山古墳を構築した後、その並びに方墳の戸場口山古墳が築かれた。一辺40mの小規模な方墳となった。

2 穴八幡古墳と比企・男衾の境界

　荒川の支流である都幾川をさかのぼると、狭小な小川盆地となる。紙漉きで有名なこの町は、中世に板石塔婆の産地として栄えた。その盆地西端、小高い丘に穴八幡古墳は築かれた。一辺30mのやや大形の方墳。南には、緑泥石片岩を巧みに用いた横穴式石室が口を開けている。緑泥石片岩の板石は、箱のように並べられ、羨道、前室、玄室をつくる。

　元来、都幾川を下った東松山市周辺（比企地域）の横穴式石室は、①川原石や軟質の凝灰岩をドーム型に積み上げて②二つの部屋をつくる。また、③平面形も三味線胴張りと呼ばれる形態となる。しかし、穴八幡古墳は、この地域の古墳と異なり、わずかに②だけが共通する。つまり、穴八幡古墳は、比企地域だけではなく、畿内や上毛野地域、あるいは筑波山麓地域を通じて理解するべき古墳である。

　なぜならば、まず、穴八幡古墳の横穴式石室を支える「掘りかた」には、黄褐色土と黒色土を交互に硬く突き固めた「版築」が用いられた。いわゆる「掘り込み地業」である。版築は、前述の八幡山古墳や川越市鶴ヶ丘（E区）古墳、鶴ヶ丘神社古墳などでもみられた工法である。

　また、横穴式石室の平面形態が、直線的であることと、立面も天井に向かって壁が傾斜しないことは、考慮すべきである。

　このような一枚の大石で横穴式石室を築く事例は、上毛野の蛇穴山古墳や宝塔山古墳などの他には、常陸の箱式石棺がある。筑波山麓の黒雲母片岩をパネル状に立てて蓋をする石室である。とくに穴八幡古墳の横穴式石室は、規模や構造が、茨城県霞ヶ浦町（現、かすみがうら市）の風返し稲荷山古墳と近似している。ただし、穴八幡古墳の緑泥石片岩は、黒雲母片岩とは比べられないほど硬質で、加工が困難な石材である。

　ところで、穴八幡古墳は、在地産暗文土器や大刀の吊り金具が出土し、7世紀後半の築造であることが明らかとなった。風水思想を考慮した古墳の立

第Ⅱ部 地域研究

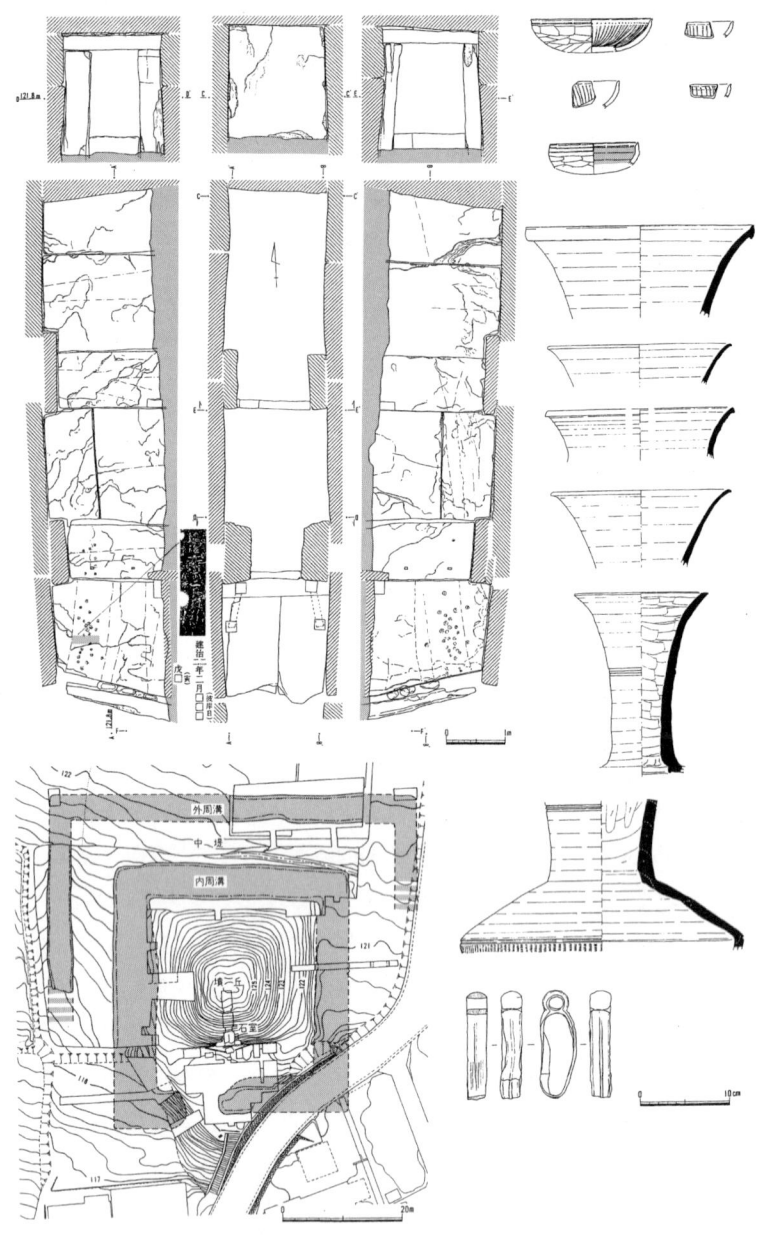

第 2 図　穴八幡古墳の石室、墳丘、出土遺物

102

地、二重周溝の方墳、大形の横穴式石室、版築など、畿内の終末期古墳の諸要素ともかかわりが深い。

　丘陵地の単独墳であることを考慮すると、被葬者に比企地域や男衾地域の首長を充るだけでは物足りない。行田市の八幡山古墳と同様、王権や畿内豪族と直結した人物、あるいは地方へ派遣された官人などを考えるべきである。

　ところで比企と男衾の境は、比企丘陵の中央付近を東西に走る。丘陵の北側が男衾、南側が比企である。穴八幡古墳は、その境界に造られた古墳である。比企地域には、赤彩の施された比企型坏、男衾地域は、黒色に仕上げられた有段口縁坏が用いられた。横穴式石室も比企地域は三味線胴張りの複室構造、男衾地域は徳利形胴張りの単室構造とまったく異なる。両地域の交点に穴八幡古墳が忽然と築かれたのである。

3　地域の編成と終末期古墳

　7世紀、とくにその後半には、列島の各地で「古墳と寺院」という二つのモニュメントが構築され、古墳時代から古代への歴史的な転換が図られたとされる。しかし、どこでも古墳と寺院が建てられたのではない。

　とくに武蔵国では、前方後円墳から系譜をたどれるような終末期古墳の周辺に、寺院が建てられた例は少ない。堂宇が調査されず、未確定な要素の多い滑川町寺谷廃寺は、埼玉県内で最も古い寺院である。近隣には、同町月の輪古墳群などの群集墳があるが、大形の終末期古墳はない。

　また寄居町馬騎の内廃寺、鳩山町小用廃寺、坂戸市勝呂廃寺なども近くに大形の終末期古墳はない。いずれの寺院も上野の山王廃寺や寺井廃寺のような伽藍を整えた寺院ではなく、その規模は小さい。建立氏族は、新興首長、または郡を越えた郡領たちが、連携して建立した寺院とされる。

　ところで6世紀から7世紀初頭にかけて、100ｍ級の古墳を築いた武蔵国内の古墳は、埼玉郡に限られる。行田市の埼玉古墳群を筆頭に同市真名板高山古墳や若王子古墳、小見真観寺古墳、菖蒲町天王山塚古墳など、元荒川と旧利根川に挟まれた低地帯に立地する古墳である。その後、埼玉郡域には、八幡山古墳や地蔵塚古墳などがみられたが、ついに初期寺院は建立されな

第Ⅱ部　地域研究

った。
　その理由は、やはり武蔵国造宗家の急速な凋落であろう。その結果、埼玉郡はわずか四郷と余部郷の下郡となる。その理由を土師器の流通から考えてみたい。
　6世紀後半、武蔵国の土師器の食器は、坏蓋模倣坏を基盤に黒色処理された有段口縁坏、赤彩された比企型坏から構成される。有段口縁坏は武蔵北部、比企型坏は武蔵南部と分布域が異なる。
　詳しく見ると、①加美・那珂・児玉・秩父・榛沢・幡羅・大里・男衾郡域は、有段口縁坏、②比企・入間・多摩郡域は、比企型坏が消費され、③足立・埼玉・横見・豊島・荏原・橘樹・都筑・久良郡などの地域は、両者を消費した。東京湾岸や印旛・手賀沼周辺など下総の西部は、③と同様である。ただし下総国では、基盤の須恵器模倣坏が坏身と異なる。
　つまり、埼玉古墳群の周辺と共通の地域的交易圏が、東京湾から上毛野に接する内陸部に延びていたことになる。この地域こそ、埼玉古墳群が直接的経営にあたった地域と考えられる。また、埼玉古墳群に埴輪を供給した鴻巣市生出塚窯の製品の広がりが、同地域と一致する。さらにこの地域の古墳は、すべて埼玉古墳群よりも小形であることから、その従属関係を示していよう。
　いずれにせよ、埼玉古墳群のかかえていた経済的領域は、令制下の埼玉郡域に収まらず、7世紀後半から8世紀初頭にかけての評の編成時に分割されたと考えられる。
　具体的には、埼玉郡と足立郡が、ひとつの評であった可能性が高い。なぜならば、足立郡には、大形の終末期古墳が無く、奈良時代、足立郡司の丈部氏に武蔵国造を引き継ぐこと、横穴式石室の構築技法や石材の確保、石室の平面形態等が共通するからである。
　一般的に評は、孝徳朝の一斉立評後、8世紀初頭まで分割や統合を経て編成された。おそらく埼玉郡と足立郡の分割は、7世紀後葉までに終ったと考えられる。それは、さいたま市大久保領家廃寺付近に集落や寺院などが、7世紀後半以降出現し、7世紀後葉までに官衙としての色彩を強めていったからである。

ところで関東地方では、6世紀から7世紀にかけて、大形古墳を築き続けた地域、すなわち国造名が、郡名や国名となった地域は、中郡以上の場合が多い。たとえば、上毛野国造と上野国群馬郡（13郡）、下毛野国造と下野国都賀郡（11郡）、武社国造と上総国武射郡（11郷）、須恵国造と同国周堆郡（9郷）、印波国造と下総国印旛郡（11郷）、茨城国造と常陸国茨城郡（18郷）、那珂国造と同国那珂郡（22郷）、久自国造と同国久慈郡（21郷）などである。なかには、上郡や大郡となった郡もある。その中で埼玉郡は、下郡に編成され、武蔵国造は、足立郡へ移動した。

ちなみに10世紀に成立した『和名類聚抄』は、埼玉郡に大田郷、笠原郷、草原郷、埼玉郷、そして余戸郷をあげる。これまでに古利根川沿いに行田、加須、蓮田、岩槻、春日部市周辺に大田郷、羽生市周辺に草原郷、鴻巣市から騎西町周辺に笠原郷、行田市周辺に埼玉郷があてられている。推定される郷は、郡の北部に集中する。

平安時代（9世紀前半）の集落遺跡も郡の北部に集中する。この分布の傾向は、7世紀後葉（第3図）まで遡る。途中の時期の分布図については、掲載を省いたがこの傾向は共通している（第4図）。つまり、評の編成段階、埼玉郡は、低地や湿地の中に浮かぶ島のような集落を束ねて五十戸（里）とし、その集合体を評としたのであった。

ところで7世紀末以降、評（郡）家の登場を契機として、その隣接地に寺院を建立する場合が少なくない。しかし郡によっては、8世紀の第Ⅱ四半期まで郡家の隣接地に寺院を建立しない場合もある。政変や国造の移動などの政治的経済的事情から、造寺関連の工人や造営費用を準備できなかった場合もあった。そうした歴史的背景から埼玉地域が、7世紀に寺院を築けなかったと考えたい。

なお、埼玉古墳群の東方には、平安時代の瓦の出土する盛徳寺がある。いまも径1mほどの硬質安山岩の礎石が残る。上野国の初期寺院や横穴式石室の石材の加工技術と共通した加工を施こす。この礎石は、平安時代の瓦を葺いた堂宇の礎石としては不釣り合いである。奈良時代以前、何らかの事情で瓦を葺かなかった幻の寺院があったかもしれない。

第Ⅱ部　地域研究

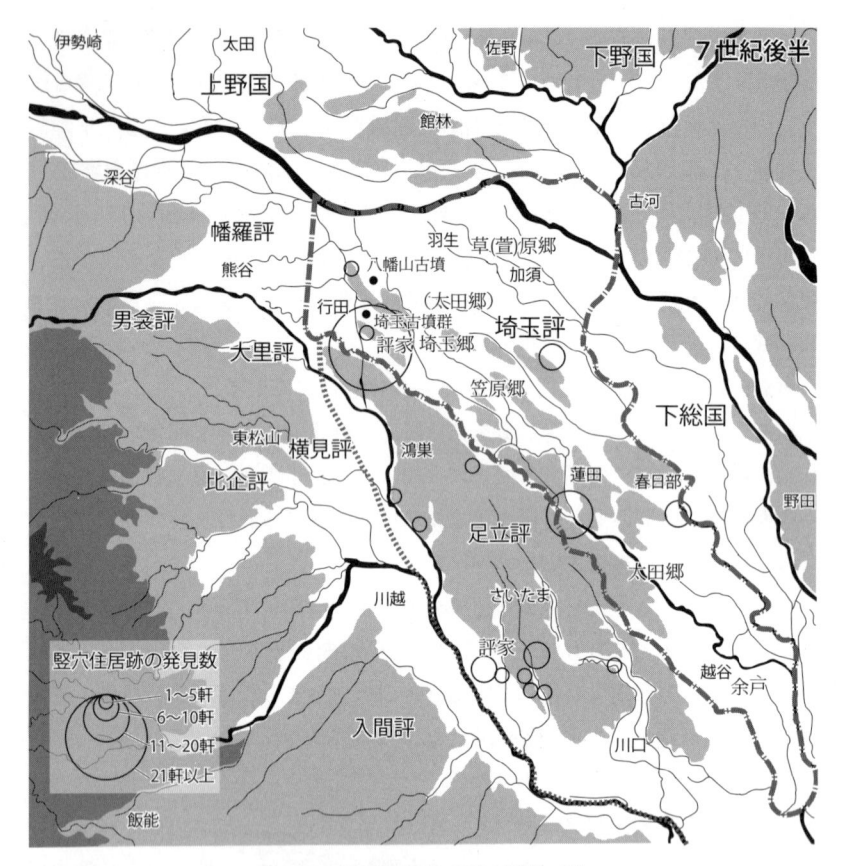

第3図　埼玉郡と足立郡の遺跡（1）

なお、八幡山古墳の被葬者とされる物部連兄麻呂は、平安時代の『聖徳太子伝暦』の中で、癸巳（633）年に武蔵国造に任命され、のちに小仁の位を賜った。小仁は、大化三（647）年以前の官位である。彼は聖徳太子の舎人として活躍し、仏教によく帰依した。しかし、聖徳太子没後、王権をめぐる政争の中で、彼の一族は没落したことも埼玉郡に初期寺院がみられない理由のひとつである。

武蔵国の終末期古墳と地域の編成

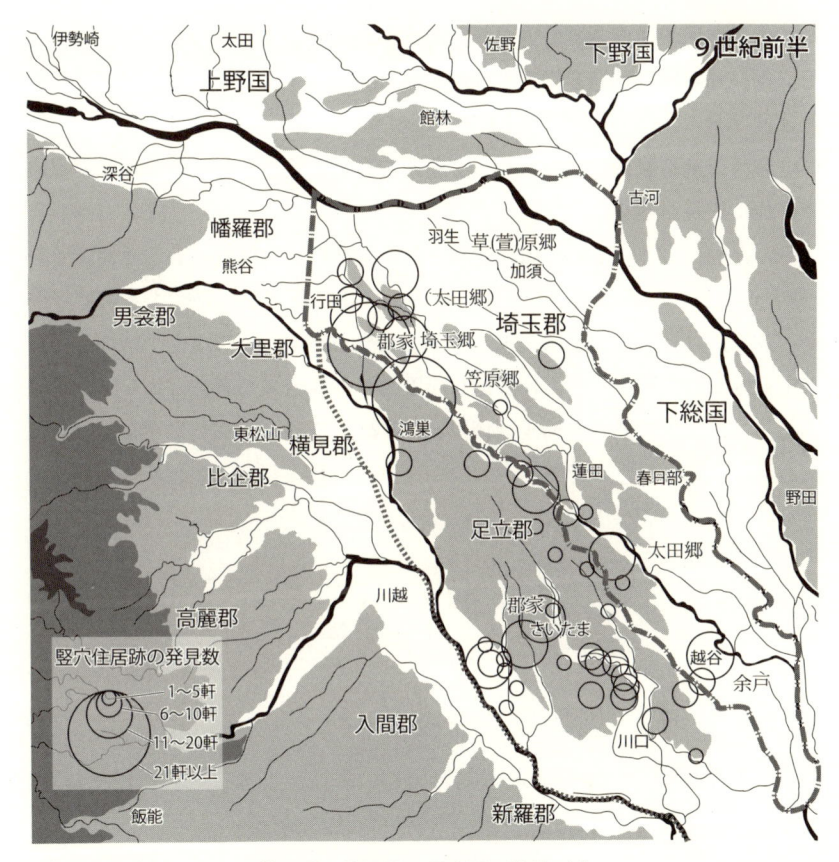

第4図　埼玉郡と足立郡の遺跡（2）

まとめ

　武蔵国に築かれた二つの終末期古墳から、地域権力の動向や地域の編成を考えた。埼玉郡に築かれた行田市八幡山古墳と、男衾郡と比企郡の狭間に築かれた小川町の穴八幡古墳。両古墳の築かれた時代は、わが国が、律令国家としての体裁を整えつつある激動の時代であった。

　大和王権の内部抗争は、地方社会にも連動し、地域に君臨した首長の権力基盤を揺がした。とりわけ武蔵国は、埼玉古墳群を境に南武蔵、北武蔵、そ

107

第Ⅱ部　地域研究

して秩父地域で構成されていた。この関係が立評によって崩れたのである。それは、武蔵国で地域を細かく分割した立評が進み、大半は中郡以下となったことである。

　一方、天武持統朝に明確な政庁を整えた評家が建設され、やや遅れてその隣接地に寺院が建立されていく。

　その寺院は、その下層に居宅建物があるように、官衙とは別の「知識」や「施入」などの原理で建立された。この点、評家建物より先行する初期寺院が、各地に存在することは、王権や中央豪族が抱える特殊技術や精神文化が、特定地域や特定氏族、個人に限定して下賜された結果と考えられる。

　そして、政争に敗れた埼玉地域は、7世紀代に古代寺院を築くことなく、新たな時代を迎えたのである。

「下毛野」と「那須」の古墳から寺院・官衙へ

眞 保 昌 弘

はじめに

　北関東の中央に位置する栃木県。ここには二つの水系からなる地域圏が存在している。一つは、県央、県南の鬼怒川、田川、思川などの水系、もう一つは、県北の那珂川を中心とした水系である。この二水系を代表する河川は奈良時代の『常陸国風土記』に鬼怒川が「毛野河」、那珂川が「粟河」としてその名がみえる。これらはそれぞれ「下毛野」「那須」両国造が置かれた地域（第1図）と考えられている。

　栃木県域の古墳時代前期は前方後方墳の時代といっても過言ではない。それを代表するのが那須地域であり、南北約6kmの狭い範囲に6基の前方後方墳が築造される。副葬鏡についても駒形大塚古墳の画文帯四獣鏡、那須八幡塚古墳の夔鳳鏡など中国鏡2面を含む豊富な副葬品が出土し、当地域の隆盛がうかがえる。中期には、河内郡の田川中流域で笹塚、塚山古墳など100m内外の前方後円墳、後期には下毛野地域でも後の都賀郡となる思川流域で摩利支天塚、琵琶塚古墳など100mを越える大型前方後円墳が築造される。その後、周辺地域（後の河内、都賀郡）には6世紀後半から7世紀にかけて大規模墳が展開する。これら県内における古墳築造地域の変遷（第2図）は当地の特徴をよくあらわしている。また、初期寺院についても下毛野地域の下野薬師寺と那須地域の浄法寺廃寺や尾の草遺跡があり、これら両地域の寺院は規模、性格、瓦の系譜なども全く異なっている。

　ここでは、古代を通して独自な文化圏をもった「下毛野」「那須」地域の古墳から寺院、そして官衙への動きを概観し、のちに下野国に統合されてい

109

第Ⅱ部　地域研究

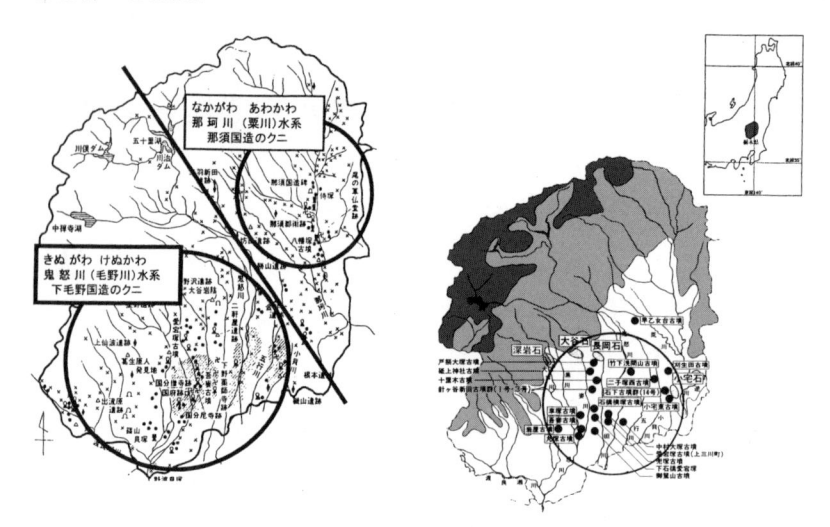

第1図　「那須」と「下毛野」

第3図　切石積石室の分布

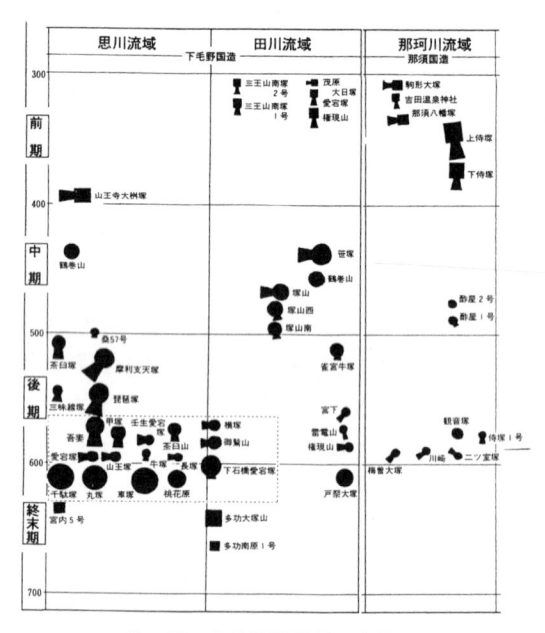

第2図　古墳築造地域の変遷

「下毛野」と「那須」の古墳から寺院・官衙へ

く過程を読み解きたい。

下毛野地域の古墳から寺院へ

　下毛野地域である思川・田川流域には6世紀後半以降、羽生田、壬生、石橋・薬師寺、国分寺、上三川、三王山、国府の7地域（第1表）において「下野型古墳」（秋元・大橋1988）とされる広い第一段平坦面（基壇）と前方部への主体部、凝灰岩による切石積み横穴式石室を持つ大規模な前方後円墳や円墳が分布する。そして、この下野型古墳にみられる特徴を持つ大型古墳の分布域を総称して下野古墳群と呼んでいる（第4図）（秋元2007）。下野古墳群を特徴付ける巨大凝灰岩による石室採用段階からの完成度には外在的要因、特に出雲東部との類似に「中央―畿内地域―」での接触が直接的な契機と考えられている（広瀬2011）。これらの大規模墳は7世紀前半代へと前方後円墳（埴輪有）→前方後円墳（埴輪無）→円墳（埴輪無）という墳形や外表施設が転換する。しかし墳丘規模、荘厳に零落はみてとれず、7世紀前半に首長墓が強い勢力を保ったまま一斉に古墳造営を停止するなど下野古墳群の出現と消滅には各首長を超えた他律的な力、たとえば中央政権の政治意志の発動と想定がなされている（広瀬2011）。また、下野国域にみる前方後円墳から円墳への変化には房総、上野地域が方墳となるのとは対照的なあり方を示すことがすでに指摘されていた（白石1982）。しかし、薬師寺（下野薬師寺）周辺では、前方後円墳の御鷲山古墳（第6図）の後、帆立貝式前方後円墳である下石橋愛宕塚古墳（第7図）、7世紀中葉に多功大塚山古墳（第8図）、多功南原1号墳（第9図）などの方墳が築造されることがわかってきている。さらにこの地域は後期古墳群から下野薬師寺が造営されるという地域的断続性が指摘できる。このほか小山地区でも大型円墳の千駄塚古墳（第10図）以後、宮内5号墳（第11図）などの方墳がみられ、この地域は寒川郡衙と推定される千駄塚浅間遺跡が後に造営される。吾妻古墳（第5図）造営以後には足利市渡良瀬川北部の常見古墳群の正善寺・海老塚・口明塚古墳、小山市思川西部でも寒川古墳群の茶臼塚・三昧塚・稲荷塚古墳へ、さらに小山市千駄塚古墳（円70m）、このほか宇都宮市戸祭大塚古墳（円53.4m）の存在は下野型古

111

第Ⅱ部　地域研究

第1表　下毛野地域後期・終末期古墳編年表

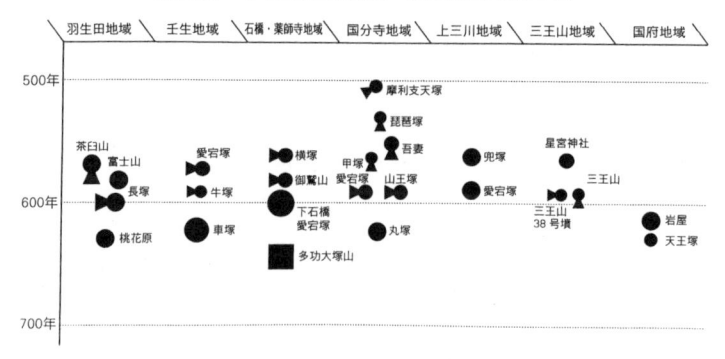

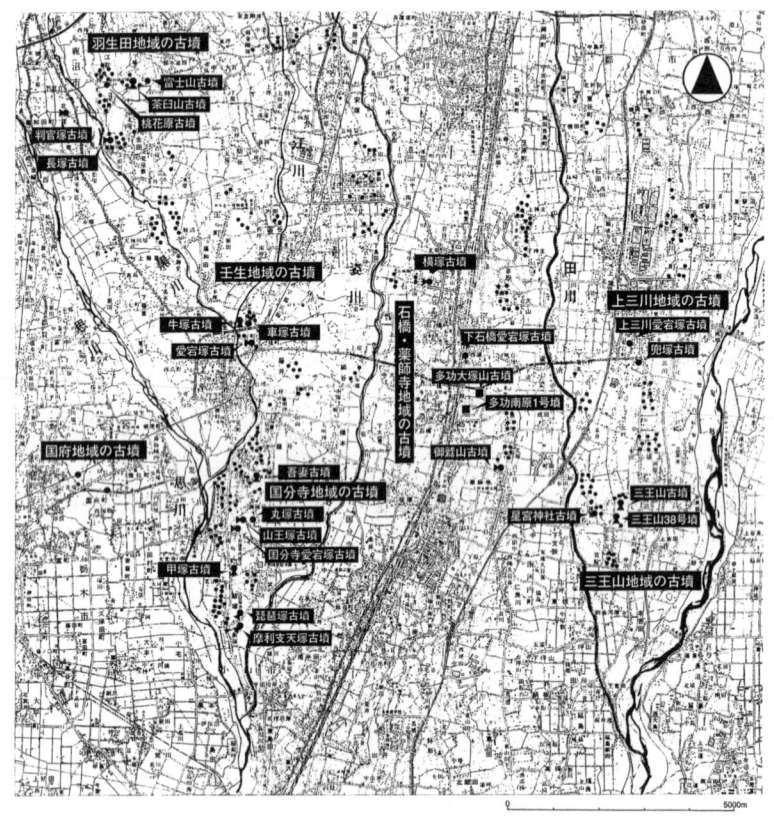

第4図　下毛野地域の後期・終末期古墳分布図

「下毛野」と「那須」の古墳から寺院・官衙へ

墳群などの首長墓に遜色ない古墳群の展開が周辺地域でも読み取られている（中村 2011）。これら周辺地域の中小規模古墳を含め首長墓母体となる古墳群を「単位地域」と呼び、25 地域を抽出し、その顕著なものが律令制下の都賀・寒川・河内郡に対応するこのことから律令による郡領域ベースがすでに 6 世紀代に存在した可能性が指摘されている（草野 2007）。また、この時期思川、田川流域の首長墓から前方後円墳の終焉での諸様相を「絶えるもの」として前方後円墳という墳形、「続くもの」として基壇、切石石室、墓域、集落、「生まれるもの」として終末期の方墳が造営される地域に下野薬師寺のみならず、郡衙前身である評衙として西下谷田遺跡をとらえ、古墳から継続する地域で新たに生まれた律令地方支配施設という視点でとらえる（小森 2010）。いずれにしても、この地域においては、若干の時間的な空白期間を持つものの、地域として連綿と古墳時代から奈良時代へ、そしてそのモニュメントが、古墳から寺院官衙へと変化することが指摘できる。このような中、特に終末期の方墳が造営される薬師寺地区では、やや時間をおいて、御鷲山古墳の南隣に下野薬師寺が造営されるのである。

　下野薬師寺の建立は『類聚三代格』嘉祥元年 11 月 3 日の太政官符に「天武天皇の建立する所なり。（略）今建立の由を尋ぬるに、大宰観世音寺と一揆なり」とあり、大宰観世音寺と共に列島東西に国家的寺院としての性格をもって天武天皇により発願されたと考えられる。伽藍は中門と講堂（金堂）に取り付く回廊内の南より塔基壇、北東に伝戒壇堂下基壇、北西に東西棟基壇をもつ三金堂を品字型に配し、その中央南面に塔を置く下野薬師寺式伽藍配置（第 12 図）とされる（No. 4）。寺院造営や瓦作りに『日本書紀』にみえる持統元（687）年、持統 3（689）年、持統 4（690）年の帰化新羅人の配置、唐や新羅で使用される「永昌」年号がみえる那須国造碑など本県域に所在する新羅人の存在が色濃くうかがえるとして、創建期の瓦は川原寺系鐙瓦と三重弧文字瓦のセットで瓦の特徴から文武朝の造営開始が考えられている（第 13 図）（須田 2012）。文様の祖系については寺井廃寺に求める指摘もあり（山路 2005）、関東地方における川原寺系鐙瓦を出土する寺井廃寺（群馬）、上総大寺廃寺（千葉）が単范種であるのに対して創建期の薬師寺は 101a、104a

113

第Ⅱ部　地域研究

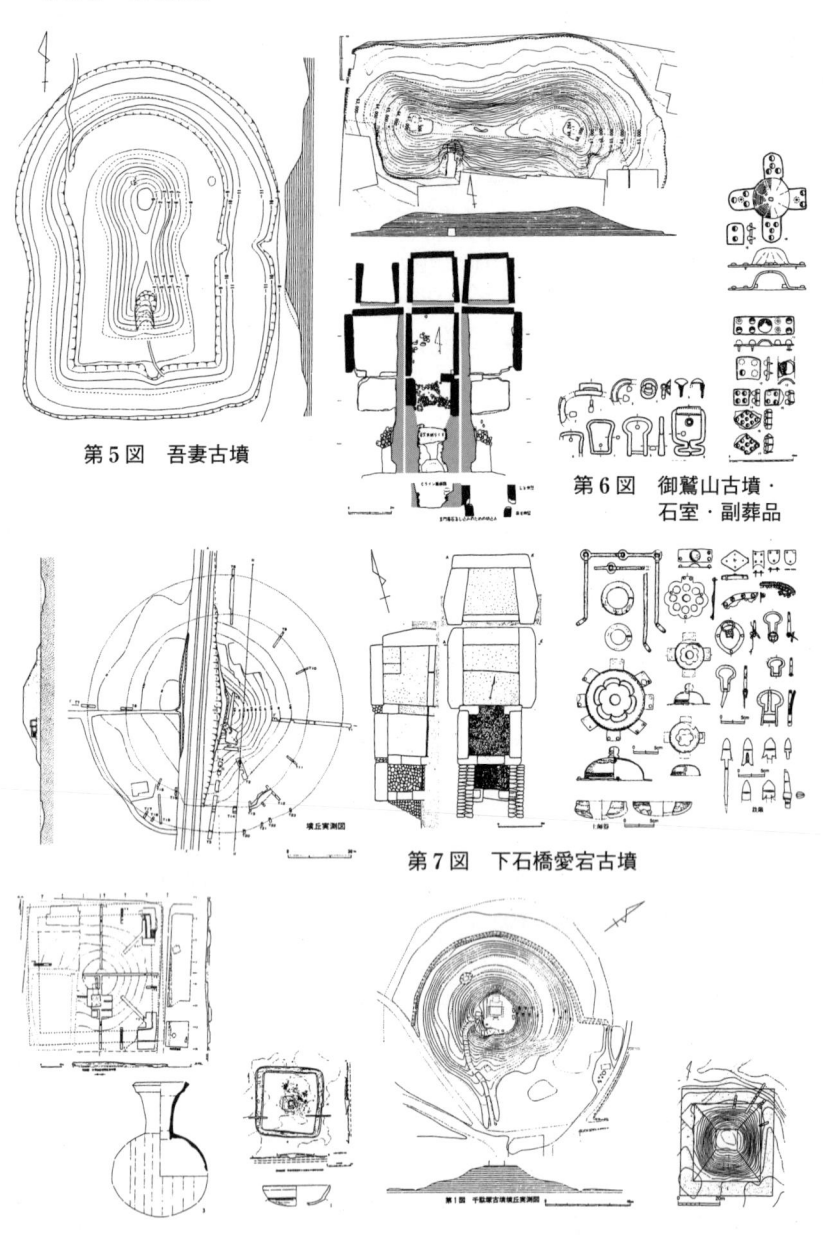

第5図　吾妻古墳

第6図　御鷲山古墳・石室・副葬品

第7図　下石橋愛宕古墳

第8図　多功大塚山古墳　第9図　多功南原1号墳　第10図　千駄塚浅間古墳　第11図　宮内5号墳

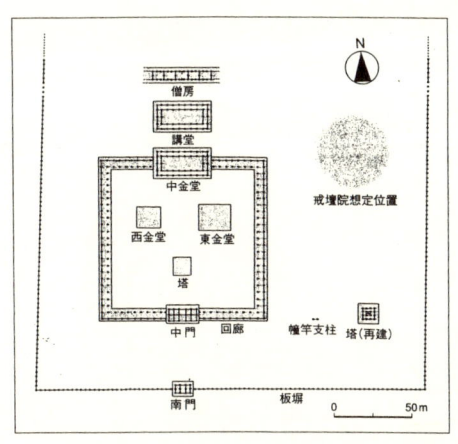

「下毛野」と「那須」の古墳から寺院・官衙へ

第12図　下野薬師寺跡伽藍配置図 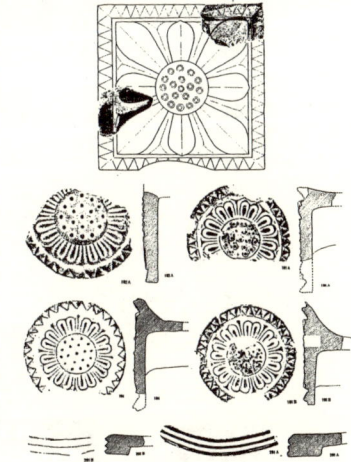　　　第13図　下野薬師寺跡出土
　　　　　　　　　　　　　　　　　　　　　　軒先瓦・鬼瓦

など複数範種認められ、下野国内のみならず陸奥国、武蔵国北部の寺院官衙出土複弁六、八葉蓮花文鐙瓦（第14図）へ影響を及ぼすものと考えられる（眞保1994）。下野薬師寺は「造薬師寺司」の設置や興福寺系軒先瓦などから720年代半ばに官寺化されたものと考えられている（須田1993）。また大和東大寺と並び、天平宝字5 (761) 年、筑紫観世音と共に戒壇が設けられ、坂東十国（信濃以東）の僧侶授戒を行った東国仏教の中心的な役割を担っている。さらに下野薬師寺別当として法王道鏡が配流されたことでも著名である。「体製巍々たり、あたかも七大寺のごとし、資財また巨多なり」嘉祥元(848) 年『続日本後紀』のごとく、寺域区画施設は五時期あるものの創建当初からの南北351m、東西252mを踏襲する。平成17年度の伽藍内調査により竪穴住居内床面上から7世紀末頃の土器や創建段階の軒先瓦が出土した。住居の性格としては寺院造営に伴う工房である可能性があり、住居が埋め戻される段階で寺院造営が始まっていたことが指摘されている（下野市2006）。

第Ⅱ部　地域研究

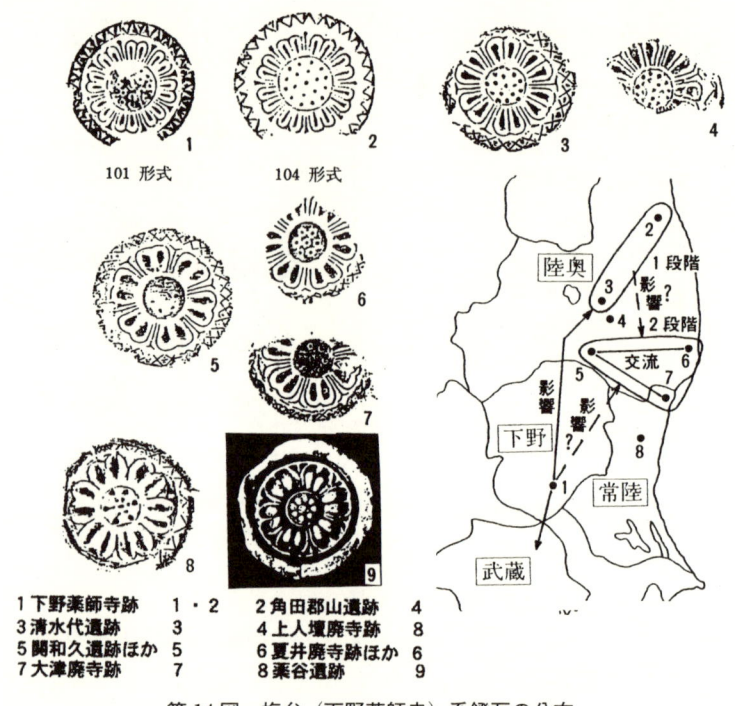

1　下野薬師寺跡　　1・2　　2　角田郡山遺跡　　4
3　清水代遺跡　　　3　　　　4　上人壇廃寺跡　　8
5　関和久遺跡ほか　5　　　　6　夏井廃寺跡ほか　6
7　大津廃寺跡　　　7　　　　8　粟谷遺跡　　　　9

第14図　複弁（下野薬師寺）系鐙瓦の分布

那須地域の古墳から寺院

　本地域の後期古墳については前期古墳に比べ調査例が少なく、不明な点が多い。このような中にあって、その分布をみると小地域ごとに50m前後の規模を持つ前方後円墳、円墳を核とした群集墳が見られる。具体的には観音塚古墳（円　40m）（第16図）、二ツ室塚古墳（前方後円　47m）（第17図）をはじめとする小船渡地区、梅曽大塚古墳（前方後円　50m）（第18図）のある梅曽浄法寺地区、川崎古墳（前方後円　49m）（第19図）のある馬頭地区があげられる。これらは『和名類聚抄』にみえる那須郡内の右上・那須・武蔵の各郷が設置される地域に比定される可能性がある（第20図）。古墳の要素について下毛野地域の古墳と比較すると、大型の古墳に基壇が認められないこと

116

「下毛野」と「那須」の古墳から寺院・官衙へ

第15図　那須地域後期古墳分布図

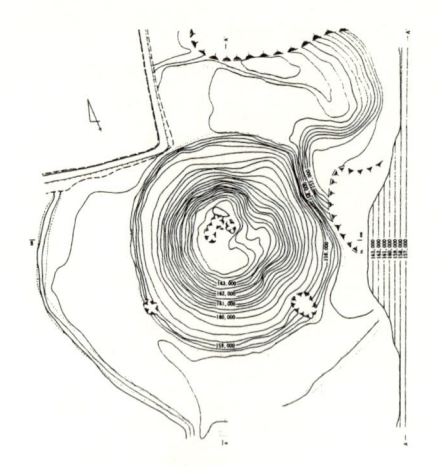

第Ⅱ部 地域研究

第16図 観音塚古墳

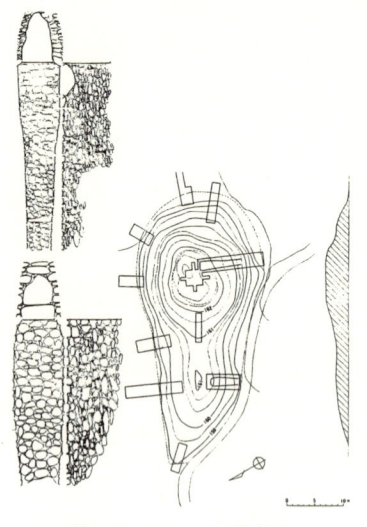

第17図 二ツ室塚古墳

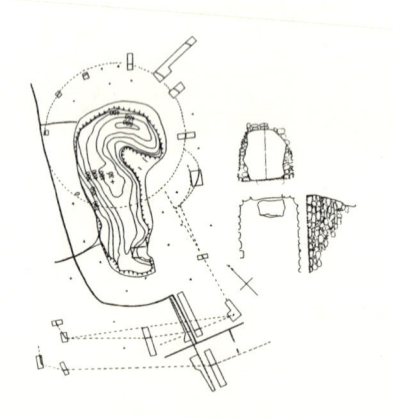

第18図 梅曽大塚古墳

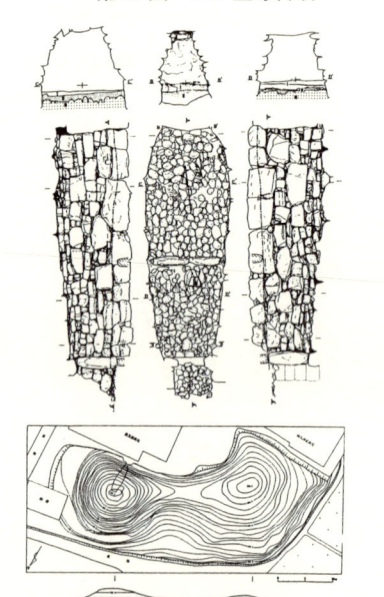

第19図 川崎古墳

「下毛野」と「那須」の古墳から寺院・官衙へ

第20図 那須地域の古墳分布と郷の比定

第21図 横穴の分布

第22図 唐御所横穴
北向田和見横穴墓群

第23図 早乙女台古墳

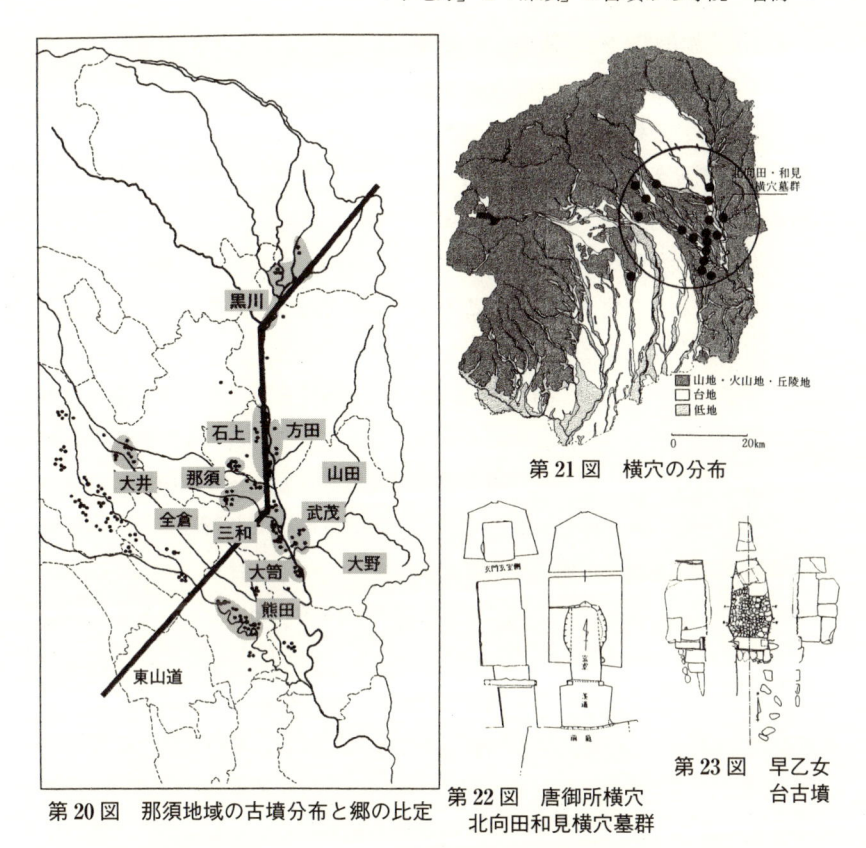

第2表 那須地域後期古墳編年表

西暦	型式	特徴	喜連川	南那須	馬頭	小川・吉田	梅曽浄法寺	湯津上蛭田	湯津上	湯津上小船渡	黒羽
300				方墳			前方後方墳・方墳		前方後方墳・方墳		
550	TK10	無袖長方形		北向田3号墳（墳）	首長原古墳（基）				侍塚5号墳（基・墳）侍塚1号墳（基・墳）	観音塚古墳（基・墳）	
	TK43	切石低突帯	早乙女台古墳（切）	大和久1号墳（低位置突帯）	北向田7号墳		梅曽大塚古墳（前）			二ツ室塚古墳（後）二ツ室塚古墳（前）	
600	TK209	両袖胴張		大和久6・7号墳	川崎古墳		新屋敷古墳	蛭田富士山C-1・C-2			鎧室塚古墳
	横穴		墓域横穴群	古舘向山横穴群	北向田和見横穴群		観音堂横穴群		石田横穴群		
	寺院官衙ほか		塩谷郡へ		尾の草遺跡		浄法寺廃寺那須郡衙		那須国造碑		

※太字は前方後円墳。（ ）内の前後は石室の位置。本表は中村2003を参考に作成。

119

第Ⅱ部　地域研究

や（那珂川・荒川左岸など）凝灰岩を産出する地域でありながら大型切石を用いた石室を構築しないなど、下毛野地域とは一定の距離をもっていたと考えられる。また、埴輪の樹立についても極めて限定的であり、古墳の新古を示す指標として捉えがたい。一方、石室については特徴的な点も指摘される。本地域の横穴式石室についてはその編年が確立しているとは言いがたいが、玄門をもたず直線的な側壁をもつ石室から、玄門をもち胴張りがある石室へというおおまかな変化が窺える。このような中でとくに玄門について、框石の上に方立石を立てるという下毛野地域において盛行した特徴的な構造を見ることができる。とくに、栃木県最大級の石室規模を有する川崎古墳にこの玄門が用いられているのはきわめて示唆的である。このような後期古墳の流れが想定できる一方、前方後円墳の築造が停止されてからの古墳造営については必ずしも明らかではない。ただし、後期前方後円墳が築造され、後に寺院や官衙が造営される地域に横穴群が集中することは注目される（第2表）。栃木県内においては那珂川流域に偏在し、唐御所横穴をはじめ著名なものも多数ある（第21図・第22図）。古くから開口している場合が多く、出土品が判明している例が少ないため時期は決めがたいものの、下毛野地域において7世紀代に胴張のある石室が多数構築されるのに対し、那須地域では墳丘をもつ古墳が極端に少ないことを見れば、横穴の分析が那須地域の古墳時代終末期を理解するうえで重要な視点となると考えている。とくに県内古墳の分布状況は都賀31.7%、河内13.1%、那須4.2%となり、横穴群が隆盛する地区において古墳数が著しく少ないことは、古墳から横穴の築造へと変化したことを如実に物語っている（秋元陽光）。那珂川流域は、那須小川古墳群などにみられるように前期の前方後方墳や方墳群が卓越すると共に横穴群も集中している（第15図）。唯一、早乙女台古墳（第23図）での凝灰岩切石積石室の採用など例外はあるが、当流域における横穴墓分布は、古代律令制の下野国那須郡のほかに塩屋・芳賀郡の一部まで含み、那珂川流域という水系、地理を基本とした那須国造領域をしめしている可能性がある。そして古代末、そして中世末にも那須系各氏族が基盤とした地域とも重なることがわかる。このことから那須のほか下毛野国造の領域についても律令制による郡など面

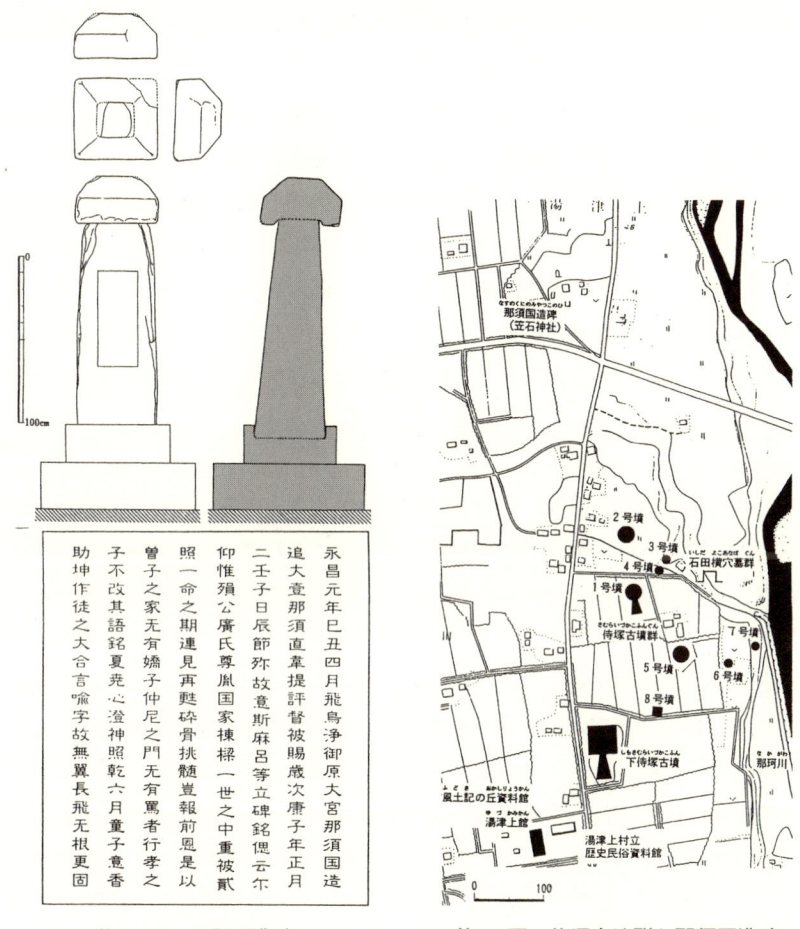

「下毛野」と「那須」の古墳から寺院・官衙へ

第24図　那須国造碑　　　　　第25図　侍塚古墳群と那須国造碑

的領域支配は国造領域を東山道、河川等により便宜的に区分けしていった結果と読み取ることができる（眞保2011）。

　那須国造碑（第24図）［八行、十九字の全一五二文字　前三行は韋提の事績と建立の経緯、後五行はその補足を中国の故事などにより顕彰］那須国造追大壱那須直韋提が永昌元（持統3〈689〉）年に那須評督に任命されたこと、庚子（文武4〈700〉）年死去し、後継者である意斯麻呂等が立てたことが記載

121

されている。元禄年間の光圀らによる調査時、国造碑下に墳丘があったことがわかる。下侍塚古墳の北700mに位置することは碑建立や銘文の内容としての顕彰のみならず、侍塚古墳群に連なる墓域を構成し、視覚的にも系譜を連ねるという意識の存在もうかがうことができる（第25図）。

国造碑設置の背景には、後期古墳群分布域の中心地が小船渡、梅曽浄法寺、馬頭の3地区にあり、それぞれほぼ均衡した勢力関係にあること、さらに701年以後の那須郡役所が梅曽浄法寺地区の那須官衙遺跡に比定されることとの関わりが考えられる。そこには古墳時代から奈良時代へと地方支配制度の成立過程における在地豪族間の地位獲得、譜代性表明とその告示という建立者の明確な意志表示を読み取ることができよう。

浄法寺廃寺は那珂川町浄法寺にあり、那須官衙遺跡の北300mに位置する。多量の瓦片（第26図）や礎石から寺院跡と考えられる。尾の草遺跡は那珂川町小口にあり、那珂川へ合流する小口川の左岸段丘上に位置する。浄法寺廃寺跡と同種の瓦（第27図）が出土し、同河川流域が古代窯業地帯であることから窯跡と考えられていた。しかし、昭和45年、平成7年の調査により寺院跡の可能性が高まった。また、同種の瓦群が出土することから寺院の移転論もある（大川ほか1970）。両遺跡の創建期の素弁八葉蓮花文鐙瓦には、有稜のものと稜のないものがあるが、笵キズが確認できるものは同一位置に認められる。製作技法（第28図）はいずれも模骨小札を持つ円筒状の男瓦を瓦当裏面に接合（A類）し、下半を堤伏に残して他を切り取る。円筒状男瓦が瓦当周縁部としてはめ込まれるもの（B類）もある。このほか、浄法寺廃寺では細弁一六葉もみられる。宇瓦は無顎の三重弧文で沈線により顎を表現する。素弁八葉の同種文様は東山道沿いに直線的に分布するなど東国での畿内系鐙瓦とは様相が異なる（上原1992）。鐙瓦の接合技法の円筒状男瓦を用いる技法は縦置き型一本造りなどに近い特徴をしめすものと考えられる。同様の技法としては、福岡県上岩田廃寺、長野県明科廃寺、山梨県天狗沢瓦窯跡、福島県腰浜廃寺などがある（第29図）。時期としては、7世紀第II四半期（岡本1996）、7世紀中葉（大脇1997）がある。那須地域は那須国造碑、小金銅仏の存在から『日本書紀』にみえる下毛野国への帰化新羅人の配置先と

「下毛野」と「那須」の古墳から寺院・官衙へ

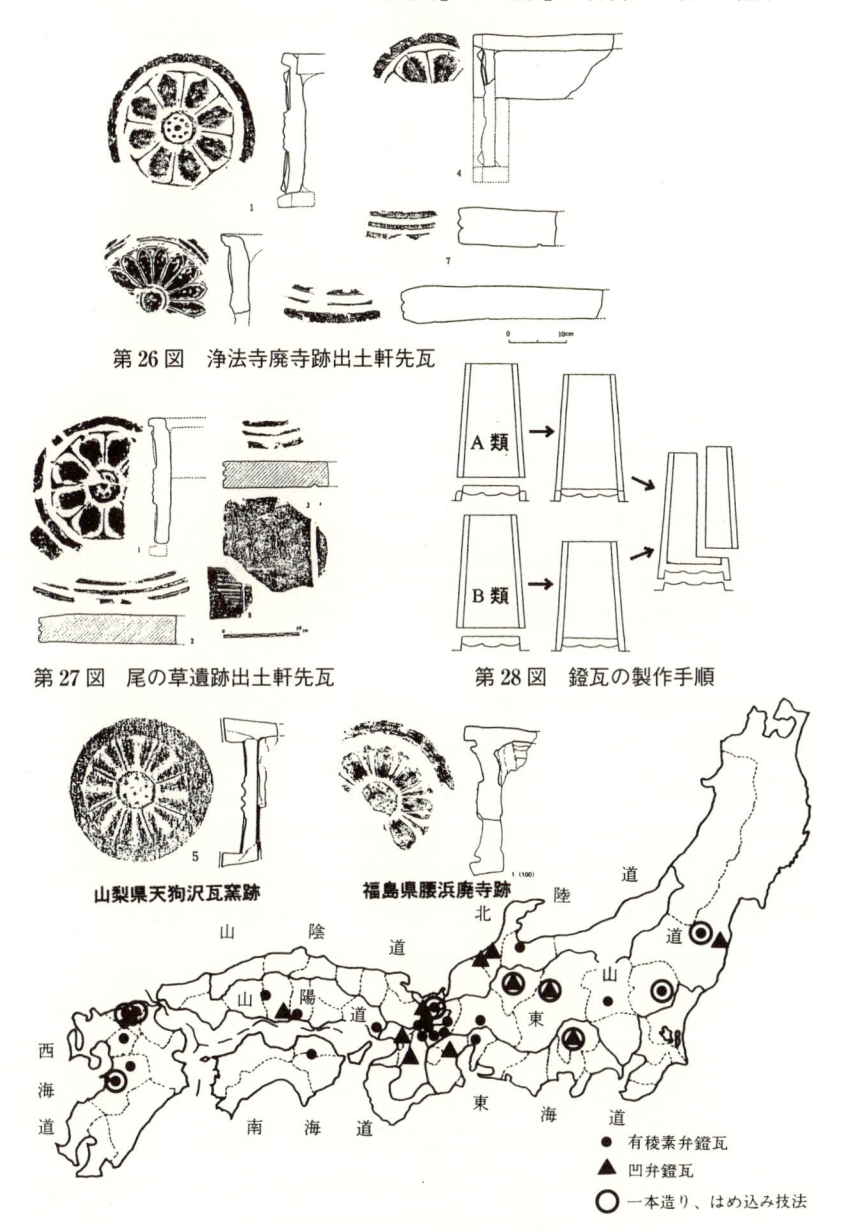

第26図　浄法寺廃寺跡出土軒先瓦

第27図　尾の草遺跡出土軒先瓦

第28図　鐙瓦の製作手順

山梨県天狗沢瓦窯跡　　福島県腰浜廃寺跡

● 有稜素弁鐙瓦
▲ 凹弁鐙瓦
○ 一本造り、はめ込み技法

第29図　素弁系鐙瓦の分布

123

第Ⅱ部　地域研究

して有力視されている。鐙瓦の文様や技法の類例や歴史的な背景から7世紀後半と考えたい（眞保1995）。浄法寺廃寺は、那須官衙遺跡の正倉域と政庁域の外郭溝間の道路遺構の延長上に位置する。周辺には梅曽大塚古墳、新屋敷古墳、観音堂横穴があり、古墳時代からの拠点といえる。また、寺院の北側は箒川の断崖が一部途切れ、明治初期の絵図にも記載される重要な交通路かつ、渡河地点となっている。尾の草遺跡は、那珂川流域のなかでも最大の横穴群や窯業生産地域の入り口に位置する。古墳時代からの本拠地域であると共に地下資源や産業、そして那珂川渡河など交通との関連が指摘できる。

ま　と　め

　下毛野、那須地域での後期、終末期古墳と寺院及び官衙の立地については、きわめて地域的な連続性が高いことをうかがうことができた。しかし、造営時期については下毛野地域で7世紀中葉から後半、那須地域で7世紀初頭から後半までの間に空白期間が存在している。この空白期間が、今後縮まるものなのか更なる発見と研究が必要となる。また、地理的に接しているものの両地域は古墳時代終末期の大型円、方墳、切石石室、横穴分布、寺院の様相などきわめて独自性の強い地域であることがわかった。もう一つの特徴としては、異なる時期に隆盛がみられることもあげられる。これらは古墳前期以来うかがうことができ、歴史を通して両地域が固有な文化圏を形成していたことをしめしている。古代史上における中央と辺境との境界に上毛野含め、下毛野と那須が位置している。陸奥国経営に対し、特に古墳時代には上毛野が中心的な役割を持っていたものの、律令期に近づいてくると、下毛野と那須が加わってくる。このような陸奥国経営という国家の重要な役割に対応するために、下毛野・那須を合わせて「下野」が形成していくものと考えることができる。そして、政治的にも文化的にも統合された「下野」を拠点として、東山道の延長として陸奥国へと政治的文化的接触が展開していくのであろう。今回検討した「下毛野」「那須」の古墳時代から奈良時代の古墳から寺院官衙への変遷は、この間の状況を如実に示すものと考えられる。

　今回拙稿をまとめるにあたり、秋元陽光には特段のご指導をいただきまし

た。また、中村亨史には古墳時代について、山口耕一、下谷淳には下野薬師寺について種々ご教示をいただきました。記して感謝を申し上げます。

引用・参考文献

赤山容造ほか 1971『早乙女台古墳調査報告書』 喜連川町教育委員会
秋元陽光 1994『上神主浅間神社古墳・多功大塚山古墳』 上三川町教育委員会
秋元・大橋 1988「栃木県南部の古墳時代後期の首長墓の動向―思川・田川水系を中心にして―」『栃木県考古学会誌』第9集
秋元陽光 2005「栃木県における前方後円墳以降と古墳の終末」『シンポジウム前方後円墳以降と古墳の終末』 東北・関東前方後円墳研究会
秋元陽光 2007「河内郡における終末期古墳」『栃木県考古学会シンポジウム上神主・茂原遺跡の諸問題』
上原真人 1992「白鳳瓦からみた畿内と地方」『天狗沢瓦窯跡と古代甲斐国』
大金宣亮ほか 1973『下野薬師寺跡発掘調査報告』
大金宣亮 1974「栃木県那須地方における古墳の分布と展開」『下野古代文化研究』創刊号
大川　清　大金宣亮 1970『尾の草遺跡発掘調査概報』 栃木県史編さん室
大川　清 1988『川崎古墳石室調査報告書』 馬頭町教育委員会
大橋泰夫 1984「下野における古墳時代後期の動向」『古代』第89号
大橋泰夫 1995「下野」『全国古墳編年集成』
大和久震平 1976「北向田和見横穴群」『栃木県史資料編考古一』 栃木県
大脇　潔 1991「畿内と東国の初期寺院」『東国の初期寺院』 栃木県教育委員会
岡本東三 1996「東国における初期寺院の成立」『東国の古代寺院と瓦』
小川町教育委員会 1985『浄法寺遺跡発掘調査概報』
小川町教育委員会 1991『小川町の遺跡』
小山市立博物館 1993「発掘調査」『小山市立博物館報』第11号
草野潤平 2007「下野における後期・終末期古墳の地域設定と動向」『関東の後期古墳群』考古学リーダー12
小森哲也 1994「栃木県」『前方後円墳集成』東北・関東編
小森哲也ほか 1999「古墳測量」『年報』栃木県立なす風土記の丘資料館
小森哲也 2010 栃木県―「絶えるもの」「続くもの」そして「生まれるもの」―

第Ⅱ部　地域研究

『前方後円墳の終焉』
下野市教育委員会 2006『史跡下野薬師寺第33次発掘調査現地説明会資料』
眞保昌弘 1994「陸奥国南部に分布する二種の複弁系鐙瓦の歴史的意義」『古代』第97号
眞保昌弘 1995「陸奥国古代寺院建立の諸段階」『王朝の考古学』
眞保昌弘 2005「考古学よりみた古代から中世の那須」『那須与一とその時代』 栃木県教育委員会
眞保昌弘 2008『侍塚古墳と那須国造碑』 日本の遺跡25
眞保昌弘 2011「那須の領域と歴史」—毛野の隣接地域として—『毛野の実像』季刊考古学・別冊17
須田　勉 1993『栃木県南河内町下野薬師寺跡』 国士舘大学考古学研究室
須田　勉 2012『古代東国仏教の中心寺院・下野薬師寺』シリーズ「遺跡を学ぶ」082
田熊信之　田熊清彦 1987『那須国造碑』 中国・日本史学文学研究会
辰巳四郎ほか 1975『二ツ室塚発掘調査概報』 栃木県教育委員会
辰巳四郎ほか 1979「千駄塚古墳」『栃木県史　資料編考古二』
常川秀夫 1973『下石橋愛宕塚古墳』 栃木県教育委員会
栃木県立しもつけ風土記の丘資料館 1987『常設展示解説　下野国の歴史』
栃木県立なす風土記の丘資料館 1993『常設展示解説　那須の歴史と文化』
中村亨史 2003「栃木県における後期古墳諸段階」『シンポジウム後期古墳の諸段階』 東北・関東前方後円墳研究会
中村亨史 2011「後期後半から終末期の下毛野」『毛野の実像』季刊考古学別冊17
橋本澄郎 2000「後期古墳と横穴墓」『南那須町史』南那須町馬頭町 1990『馬頭町史』
広瀬和雄 2011「しもつけ古墳群の歴史的意義—6・7世紀の東国政策をめぐって—」『しもつけ古墳群』—下毛野の覇王、吾妻ノ岩屋から車塚へ—壬生町立歴史民俗資料館
松原弘宣 2004「国造と碑—那須国造碑と阿波国造碑—」『文字と古代日本1支配と文字』
壬生町立歴史民俗資料館 2011『しもつけ古墳群』—下毛野の覇王、吾妻ノ岩屋から車塚へ—
山越　茂 1979「吾妻岩屋古墳」『栃木県史　資料編考古二』

「下毛野」と「那須」の古墳から寺院・官衙へ

山口耕一 1999「多功南原1号墳」『多功南原遺跡』 栃木県教育委員会

山路直充 2005「下野薬師寺一〇一型式（川原寺式）鐙瓦の祖型」『古代東国の考古学』

山ノ井清人　水沼良浩 1992「御鷲山古墳」『南河内町史』南河内町湯津上村教育委員会 1990『湯津上村の文化財ガイドブック』

挿図・表出典

第1図　眞保 2008

第2図　栃木県なす風土記 1993 を改変

第3図　栃木県しもつけ風土記 1987 を改変

第4図　壬生町歴民 2011

第5図　山越 1979

第6図　山ノ井ほか 1992

第7図　常川 1973

第8図　秋元 1994

第9図　山口 1999

第10図　辰巳ほか 1979

第11図　小山市立博 1993

第12図　須田 2012

第13図　大金ほか 1973

第14図　眞保 1994

第15図　眞保 2011 を改変

第16図　小森ほか 1999

第17図　辰巳ほか 1975

第18図　小川町教委 1991

第19図　大川 1988

第20図　眞保 2005

第21図　栃木県なす風土記 1993 を改変

第22図　大和久 1976

第23図　赤山ほか 1971

第24図　田熊ほか 1987 を改変

第25図　小森ほか 1999

第26図　小川町教委 1985 を改変

第Ⅱ部　地域研究

第 27 図　大川ほか 1970

第 28 図　眞保 2008

第 29 図　眞保 1995 を改変

第 1 表　壬生町 2011

第 2 表　中村 2003 を参考に作成

縮尺等

下毛野古墳墳丘 1／4,000　那須古墳墳丘 1／2,000　石室 1／400　遺物（大）1／32（小）1／16　ほか適宜縮尺

常陸国の7世紀 —古墳を中心に—

稲田健一・佐々木憲一

1 6世紀後半から7世紀の古墳の概要

　6世紀後半から7世紀にかけての常陸国の古墳の状況については、稲村繁の論考に詳しい（稲村 2000）。稲村が作成した第1図をみると、埴輪は6世紀末までの古墳には樹立されるが、7世紀に入るとほぼ一斉に樹立されなくなる。前方後円墳の築造については、7世紀第1四半期頃まで続けられるが、その後は築造が終了し、墳形は前方後円墳から円墳や方墳に変化していくことが指摘されている。

　このような常陸国の古墳の概要を踏まえて、ここでは今回のテーマ「古墳から寺院へ」について、台渡里廃寺跡のある那賀郡と、茨城廃寺跡のある茨城郡の二つの地域の古墳を中心に、常陸国の様相を探ることとする。

2 台渡里廃寺跡と周辺の古墳

　台渡里廃寺跡は、水戸市渡里町の那珂川を望む標高約32ｍの台地上に所在する。遺跡は、観音堂山地区と南方地区の二つに分けられている。台渡里廃寺跡では、重要遺跡範囲確認の目的で2002年度より調査が継続的に実施されており、観音堂山地区では瓦積み基壇を持つ建物が確認され、当地区の性格が寺院跡であったことを示唆する重要な成果を上げている。また、2007～2008年にかけて水戸市と茨城大学が実施した台渡里遺跡の調査により、台渡里廃寺跡の南東部で7世紀代のものと推定される大溝が確認された。この溝は、上面幅6～7ｍ、底面幅3.7ｍ、深さ2.5ｍを測る断面逆台形の大溝で、「首長居館跡」または評衙に関わる遺構と推定されている（川口

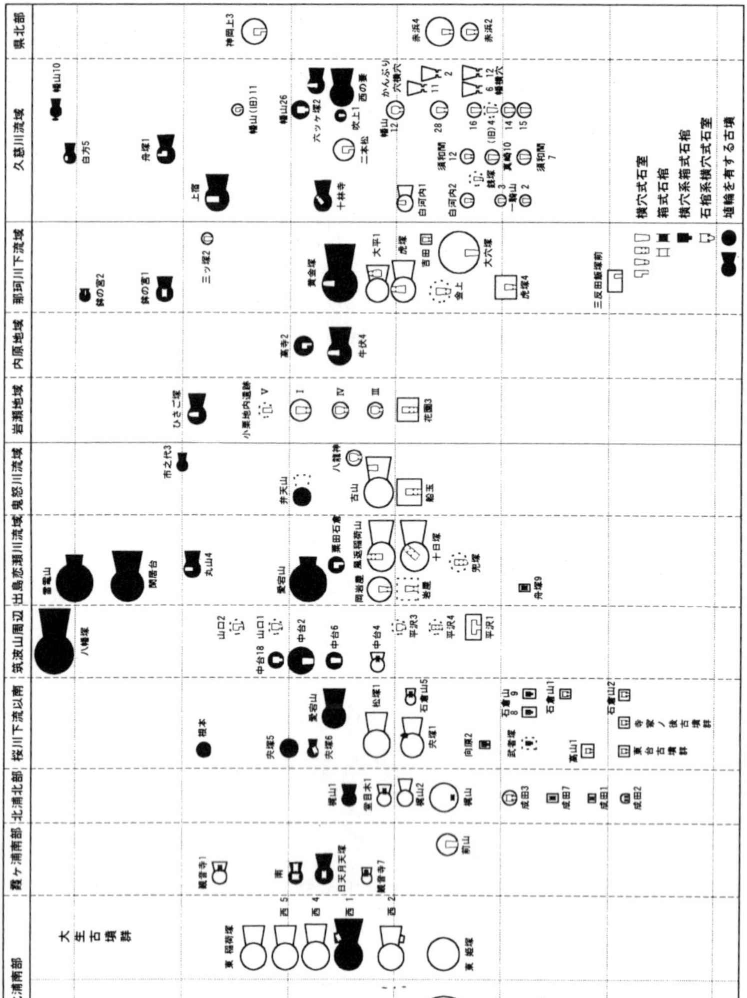

第 1 図 茨城県における終末期古墳編年表（稲村 2000）

常陸国の7世紀

2011)。このことから、台渡里廃寺跡周辺では、寺院創建直前に「首長居館跡」または評衙に関わる遺構が存在したことになる。

台渡里廃寺跡周辺の古墳として、まず廃寺跡から南東約2kmの場所に古墳時代中期の愛宕山古墳がある。古墳は全長136mの前方後円墳で、県内4番目の規模を誇る。古墳の時期は5世紀前半と推定されている。古墳時代後期には、那珂川の対岸約3kmの台地上に、富士山古墳群・小原内古墳群がある。詳細は不明だが、円筒埴輪や

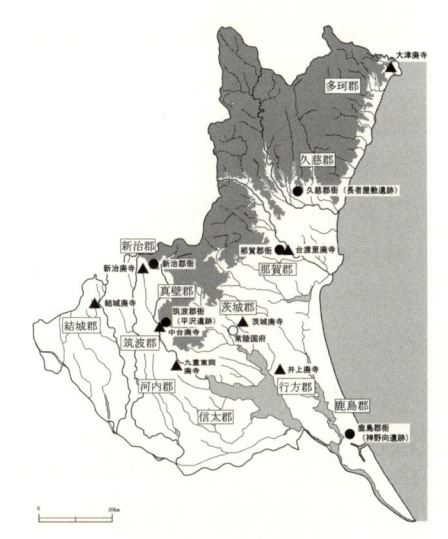

第2図　古代寺院位置図

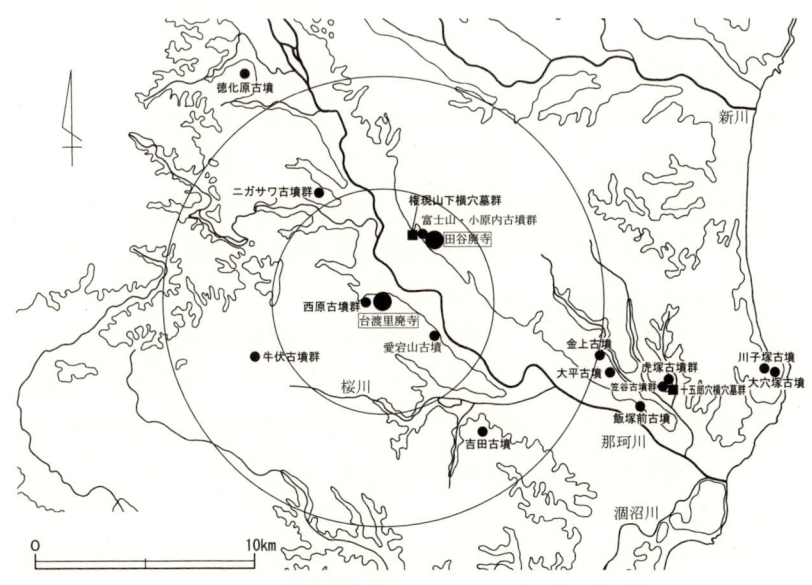

第3図　台渡里廃寺跡周辺の中～終末期古墳位置図

131

形象埴輪、直刀、鉄鏃が出土している。
　6世紀後半から7世紀の古墳については、以下に概観する。
　西原古墳群は、廃寺跡から西へ約1kmの場所に位置し、廃寺跡から最も近い場所に位置する古墳群である。古墳は15基確認されており、前方後方墳1基・円墳14基で構成される。円墳の中には、調査により凝灰岩を用いた横穴式石室や、出土遺物として円筒埴輪・須恵器・勾玉・管玉・丸玉・棗玉・銅釧・鉄鏃等が確認されているものもある。発掘された円墳群は6世紀代の所産であろう。第1・3・11号墳の測量調査を実施した佐々木（佐々木ほか2011）は、前方後方墳の第1号墳の時期を前期中葉、最大の円墳である第11号墳を埴輪が見つからないことに基づき7世紀と推定している。第11号墳は墳丘直径29mを測り、幅6m以上の周濠を伴う。常陸南部では直径50mの大型円墳も存在するが、常陸北部では直径30mは大型円墳のカテゴリーに属する。したがって、佐々木は第11号墳も在地豪族の墓の可能性を指摘する（佐々木ほか2011）。
　吉田古墳は、廃寺跡から南東へ約7kmの場所に位置する。現況では、一辺約8m、高さ約1.7mの方形状の墳形が残っている。2005年度から水戸市教育委員会によって、史跡整備に伴う調査が実施されている。調査では周溝の一部が確認され、それにより東西方向で内径26.2m、外径35.2mの規模を持つ古墳であることが判明した。また、墳形も方墳ではなく八角形を呈する多角形墳の可能性が高まっており、今後の調査が期待される。埋葬施設は、凝灰岩の板状の切石を用いた横穴式石室である。玄室奥壁には、靫や大刀等の線刻がみられる。出土遺物には、銀環・鉄鏃・刀片等が出土したとされるが、現在確認できるものは銀環のみである。時期は7世紀中葉と推定される。報告書には、当古墳の周囲には現在消滅したものも含め3基の古墳の存在が確認されており、古墳群を形成することが記されている。内第2号墳としたものは現存しており、墳形は方墳で横穴式石室を有し、須恵器の甕片が出土している。
　ニガサワ古墳群は廃寺跡から北西へ約6kmの場所に位置する。発掘調査によって、前方後円墳4基と円墳1基が確認されている。群内で最古の古墳

は、6世紀第3四半期と推定される第2号墳で、全長約31mの前方後円墳である。埋葬施設は横穴式木室である。終末は、7世紀前～中葉の第1号墳で、規模は径約26mの円墳である。埋葬施設は、凝灰岩切石積の横穴式石室である。

虎塚古墳群は廃寺跡から東へ約13kmの場所に位置する。古墳群は前方後円墳1基と方墳2基、円墳1基、不明2基からなり、全ての古墳で埴輪は確認できない。第1号墳は全長56.5mの前方後円墳である。埋葬施設は凝灰岩の板状の切石を用いた横穴式石室で、壁面にはベンガラによって幾何学文や武器類等が描かれている。築造時期は7世紀前半で、前方後円墳としては市内で最終末に位置づけられる。第4号墳は、一辺約20mの方墳である。埋葬施設は奥壁・左右側壁・天井石・床石すべてが凝灰岩の一枚石で箱形に構築された横穴式石室で、玄門部は刳り抜き玄門である。周溝から出土した遺物から、7世紀中葉の時期が推定される。虎塚古墳群の展開する台地縁辺部には、十五郎穴横穴墓群が存在する。2012年時点で確認されている横穴墓の基数は226基を数え、埋没しているものも含めると400基を越えると推定される。虎塚古墳群との関係については、2010年度の調査で指渋支群第121号墓から7世紀第2四半期のフラスコ形瓶が出土したことにより、台地上の古墳と併行して横穴墓が造られていた可能性がある。

大平古墳群は廃寺跡から東へ約10kmの場所に位置する。古墳群は前方後円墳3基と円墳数基で構成される。前方後円墳3基の内1基で埴輪が確認されている。埴輪が確認された黄金塚古墳は、未調査で湮滅したため詳細は不明であるが、全長約60mで前方部に横穴式石室を有し、大刀や馬具が出土した記録が残されている。この古墳の次に築造されたと考えられる前方後

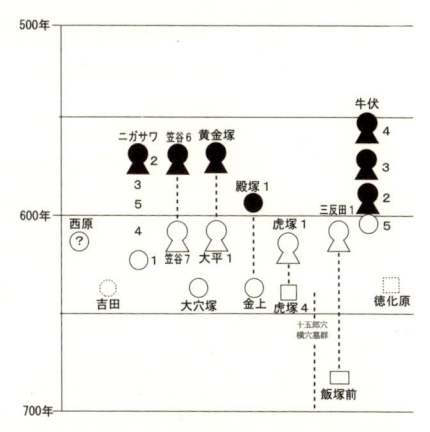

第4図 台渡里廃寺跡周辺の後～終末期古墳の編年案

円墳が第1号墳で、規模は全長48mを測る。埋葬施設は黄金塚古墳同様に前方部に位置し、凝灰岩の板状の切石を用いた横穴式石室である。埴輪は出土していない。古墳の時期は黄金塚古墳が6世紀後半で、第1号墳が7世紀第1四半期と推定され、石室構造等から第1号墳は虎塚古墳群第1号墳に先行するものと考えられている。当古墳群に近接する場所には、金上古墳がある。墳形は径約30mの円墳で、埋葬施設は凝灰岩の切石を用いた横穴式石室である。壁面には吉田古墳と類似する靫の線刻がみられる。時期は7世紀前半に推定される。

　飯塚前古墳は廃寺跡から東へ約11kmの場所に位置する。当古墳は、前方後円墳3基、円墳13基で構成される三反田古墳群に属している。全長約30mの前方後円墳である第1号墳は、埴輪が確認できないことから7世紀前半の時期の古墳と考えられている。飯塚前古墳は、東西30m、南北20mの長方墳である。報告書によると、埋葬施設は凝灰岩を用いた横穴式石室とされる。また、その石室が長方墳の中心よりもやや東寄りに位置し、西側に空間があることから、そこにもう一つの石室の存在の可能性が考えられている。出土遺物は確認されていないが、墳形等から時期は7世紀後半と推定される。

　牛伏古墳群は廃寺跡から西へ約6kmの場所に位置する。古墳群は前方後円墳7基と円墳9基で構成される。古墳の造営期間は5世紀末が最古で、6世紀後半まで築造される。前方後円墳の築造は6世紀代で終焉をむかえ、当古墳群近隣では円墳や方墳に墳形が変化する。

　徳化原古墳は廃寺跡から北西へ約15kmの場所に位置する。墳形は一辺約20mの方墳と思われる。江戸時代にすでに石室は開口しており、出土遺物は確認できない。埋葬施設は、虎塚古墳群第4号墳同様、奥壁・左右側壁・天井石・床石すべてが一枚石で箱形に構築された横穴式石室で、その石室構造が栃木県南東部の古墳の石室に類似する。時期は石室の形態から7世紀中葉頃と考えられる。

　台渡里廃寺跡周辺地域の7世紀の古墳についてまとめると、7世紀第1四半期で前方後円墳の築造が終了し、その後円墳や方墳へと墳形が変化する。

埋葬施設は横穴式石室が主体で、これは県北部の古墳と共通している。また、当地域には虎塚古墳群第1号墳や吉田古墳、金上古墳の3基の装飾古墳が存在する。古墳の立地については、台渡里廃寺跡周辺には5世紀前半の愛宕山古墳以後、大型の前方後円墳は存在せず、強いてあげると廃寺跡から東へ10km以上離れたひたちなか市の虎塚古墳群第1号墳（7世紀）くらいである。しかしながら、台渡里廃寺跡の南東部の台渡里遺跡で、7世紀代の「首長居館跡」または評衙に関わる遺構と想定される大溝が確認された。また、廃寺跡にもっとも近い西原古墳群の第11号墳は7世紀の築造と推定され、この地域で最大級の円墳である。つまり首長墓の可能性がある。したがって、古墳時代前期に築造が開始される西原古墳群〜台渡里廃寺跡と、古墳時代から古代へと連綿と続く首長系譜を想定することは可能である。

3　茨城廃寺跡と周辺の古墳

　茨城廃寺跡は、石岡市小目代の恋瀬川を望む標高約24mの台地上に所在する。1980年から3年間の調査により、塔・金堂・講堂の建物跡と溝が確認され、法隆寺式の伽藍配置であることが判明している。創建年代は7世紀第4四半期とされる（黒澤1997）。

　茨城廃寺跡周辺の古墳として、まず古墳時代中期に、廃寺跡から南東へ約2kmの場所に舟塚山古墳がある。古墳は全長186mの前方後円墳で、県内最大の規模を誇る。古墳の時期は5世紀前半と推定されている。

　次に、6世紀から7世紀の古墳について以下に概観する。

　染谷古墳群は廃寺跡から北西へ約4kmの場所に位置する。分布調査によると、古墳群は円墳29基、方墳3基、不明9基で構成される。古墳の規模は、10m未満が11基、10〜20m未満が16基、20〜30m未満が3基、40mが1基である。埴輪を確認できるものはない。発掘調査が実施されたものは、道祖神第1・2号墳の2基のみである。道祖神第1・2号墳の墳形は方墳である。規模は第1号墳が18×15mで、第2号墳が15×12mを測る。第1号墳の埋葬施設は、雲母片岩の板石を用いた複室構造の横穴式石室である。年代は、第1号墳が7世紀第4四半期で、第2号墳が7世紀後半と推定

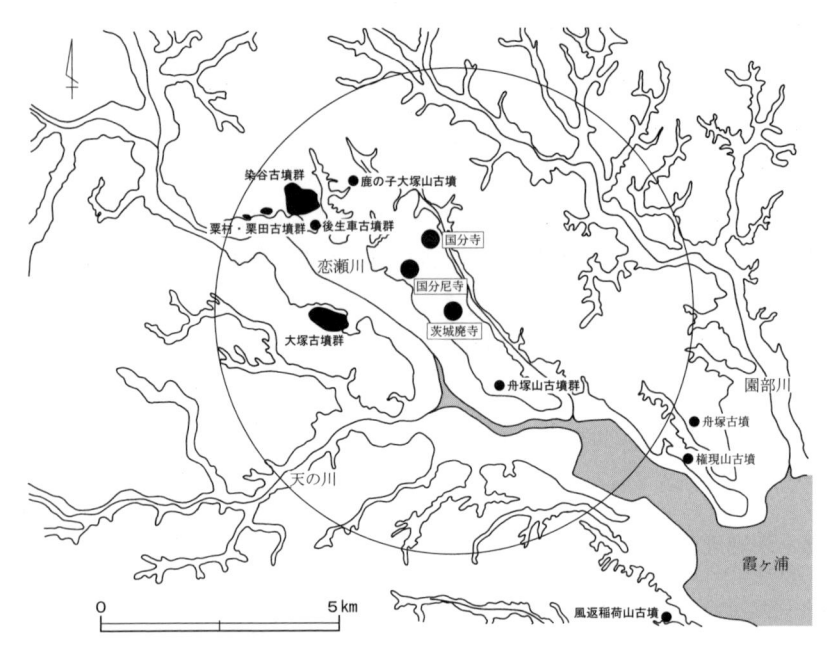

第5図　茨城廃寺跡周辺の中〜終末期古墳位置図

される。当古墳群は、各古墳の検討から、墳形が円墳から方墳へ、埋葬施設が箱式石棺から横穴式石室への転換がみられる古墳群であることが指摘されている。

　御生車古墳群は廃寺跡から北西へ約3kmの場所に位置する。古墳群は前方後円墳1基と円墳11基で構成される。規模は、前方後円墳が全長23mで、円墳が10m未満7基、10〜15m未満4基である。埋葬施設は、箱式石棺が主体とされる。

　栗村・粟田古墳群は廃寺跡から北西へ約4kmの場所に位置する。分布調査では、前方後円墳1基と円墳16基が確認されている。埋葬施設は、横穴式石室が主体とされる。

　鹿の子大塚山古墳は廃寺跡から北西へ約3kmの場所に位置する。墳形は円墳で、規模は径約25m、高さ約5mを測る。埋葬施設は不明である。

　大塚古墳群は廃寺跡から西へ約2kmの場所に位置する。古墳群は、黒澤

彰哉氏の分析によると 13 群に分けられ、その総数は 120 基を数える（黒澤 1993）。古墳群は、前方後円墳 7 基、帆立貝式前方後円墳 6 基、円墳 97 基、方墳 2 基、不明 8 基で構成される。埋葬施設は箱式石棺が主体である。古墳群の時期は 5 世紀前半から 7 世紀前半と推定される。第 52 号墳は、径約 40 m、高さ 4 m の円墳で、当古墳群中最大規模である。各前方後円墳の全長は 20～30 m を測る。埴輪はない。時期は 7 世紀と推定される。第 103 号墳（笄崎古墳）は径約 20 m の円墳である。埋葬施設は箱式石棺と思われる。出土遺物に頭椎大刀がある。

舟塚山古墳群は廃寺跡から南東へ約 2 km の場所に位置する。古墳群は前方後円墳 4 基、円墳 22 基、方墳 1 基、不明 14 基で構成される（曾根 2009）。中期には先述の舟塚山古墳等の前方後円墳があるが、後期以降は小円墳群が築造される。埋葬施設は箱式石棺が主体とされる。

茨城廃寺跡周辺の古墳についてまとめると、埋葬施設が横穴式石室主体の古墳群（栗村・栗田）、箱式石棺主体の古墳群（大塚・舟塚山）、箱式石棺から横穴式石室へと移行したと思われる古墳群（染谷）とバリエーション豊かな古墳群が展開する。しかし、これらの茨城廃寺跡周辺地域の古墳はいずれも中小規模のもので、この地域に有力な首長墓を見いだすことは出来ない。一方、霞ヶ浦沿岸地域では、5 世紀以降 7 世紀前半まで小美玉市の権現山古墳や、かすみがうら市の風返稲荷山古墳といった有力首長墓と考えられる大型の古墳が多数存在する。また、当地域には 7 世紀前半に操業した須恵器窯の柏崎窯跡も所在する。しかし、7 世紀後半になると霞ヶ浦沿岸地域には目立った古墳が見られなくなり、古墳時代中期に有力首長墓が位置していた茨城廃寺跡周辺地域に寺院が造営される事象がみられる。

このように茨城廃寺跡の立地場所は、5 世紀後半以後有力な首長墓が希薄なエリアに創建されたことになる。しかし、廃寺跡近隣にはその創建直前まで中小古墳が存在する。これらの古墳の埋葬施設は群によってバリエーションが豊かで、このことはそれぞれの埋葬施設を採用する集団が複数存在した可能性を伺わせる。

4 まとめ

　以上、台渡里廃寺跡と茨城廃寺跡の二つの古代寺院周辺の古墳について検討した。その結果、茨城廃寺跡は創建直前に有力な首長墓が希薄な地域に位置することがわかった。このことは、常陸国では久慈郡や新治郡でも同じ様相が伺える。それに対して、あまり明瞭ではないが、台渡里廃寺跡付近には7世紀と推定される大型円墳や首長居館が存在し、在地首長系譜が連綿と続く可能性がある。より明確な例としては、筑波郡が挙げられる。筑波郡では、つくば市北条に所在する中台廃寺跡が初期寺院とされている。そのすぐ近くには中台古墳群が位置する。古墳群は前方後円墳が4基、円墳が44基、不明が16基の64基で構成される。埋葬施設は、横穴式石室が6基、箱式石棺が25基、埴輪棺1基が確認されている。最大規模の古墳は、前方後円墳ではなく第2号墳の径36mの円墳である。当古墳群の時期は6世紀中葉から7世紀第1四半期に比定される。この古墳群に続くのが、7世紀前葉〜中葉にかけて築造された平沢古墳群である。古墳群は円墳が6〜7基と方墳1基で構成され、方墳の第1号墳は雲母片岩の横穴式石室を有し、平面形態がT字形を呈す。この第1号墳は、中台廃寺跡や平沢官衙跡を見下ろす山の丘陵地の中腹に所在する。このように、中台廃寺跡周辺には6世紀中葉から7世紀中葉にかけて古墳群が展開し、さらにその中には有力な首長墓と思われる古墳も存在する。よって、中台廃寺跡は茨城廃寺跡と違い、寺院創建直前まで首長墓が築造されていた地域に位置する例となる。

　このように、常陸国の初期寺院の立地には、創建直前に首長墓が希薄な地域に位置する例と、創建直前まで首長墓が築造されていた地域に位置する例があることが分かる。また創建直前まで首長墓が築造されていた地域でも、首長墓のあり方に地域的差異が存在する。なぜこのように大きな地域的差異が常陸国内において見られるかについては、我々の力不足でここで明らかにすることは出来ないが、常陸国に複数の国造がおかれたことと関係するのかもしれない。今後の寺院跡やその周辺地域の発掘調査の成果、官道の整備といった律令期の政治背景を検討することなどにより明らかになるであろう。

最後に、常陸国の7世紀の古墳の特異性について記述する。常陸国では関東地方で唯一、彩色による装飾古墳が存在する。装飾古墳については、古墳9基、横穴墓9基の計18基が現在確認されている。装飾古墳の特徴としては、既存の古墳群ではなく新たに形成された古墳群中で、かつ、前方後円墳や古墳群の盟主墓に出現することや、虎塚古墳群第1号墳やかすみがうら市折越十日塚古墳といった県内最後の前方後円墳が装飾古墳であること、埴輪を伴うものはないことなどが挙げられる（生田目2002）。また、常陸国には1300基を越える横穴墓の存在もある。このように、常陸国では7世紀に特異な墓も存在しており、今後これらを検討することにより、常陸国の「古墳から寺院へ」の様相の一端が判明する手かがりになるであろう。

引用文献

稲村　繁　2000「茨城における前方後円墳の終焉とその後」『第五回東北・関東前方後円墳研究会　前方後円墳の終焉とその後』pp. 21-26　前方後円墳研究会

川口武彦　2011「台渡里官衙遺跡群における近年の調査成果」『古代常陸の原像―那賀郡の成立と台渡里官衙遺跡群―発表要旨』pp. 1-6　茨城大学人文学部・水戸市教育委員会

黒澤彰哉　1993「常総地域における群集墳の一考察―茨城県新治郡千代田町大塚古墳群の分析から―」『婆良岐考古』第15号、pp. 95-158　婆良岐考古同人会

黒澤彰哉　1997「常陸国の初期寺院」『シンポジウム　関東の初期寺院』pp. 337-374　関東古瓦研究会

佐々木憲一・鶴見諒平・木村翔・川口武彦　2011「茨城県水戸市西原古墳群測量調査報告」『考古学集刊』第7号、pp. 79-97　明治大学文学部考古学研究室

曾根俊雄　2009「舟塚山古墳群の再検討」『常総台地』16　pp. 260-271

生田目和利　2002「茨城県の装飾古墳と装飾横穴墓」『装飾古墳の展開―彩色系装飾古墳を中心に―』pp. 63-83　埋蔵文化財研究会

＊紙面の都合上、各古墳の報告書については省略させていただきました。ご寛恕ください。

龍角寺創建の年代

山 路 直 充

はじめに

　日本の瓦葺きの寺は、588（崇峻元）年着工の飛鳥寺から始まるという。飛鳥寺の場合、瓦葺き建物の出現をもって寺の創建といえるが、それが全ての寺にあてはまるのであろうか。

　飛鳥寺に次いで瓦葺き建物が造営された豊浦寺の場合、文献史料には前身の寺についての記載がある。桜井道場、もしくは桜井寺と呼ばれた施設で、仏教公伝後、蘇我稲目の向原（豊浦）の居宅を寺にしたとされる（『日本書紀』欽明13年10月条、『元興寺伽藍縁起幷流記資財帳』）。桜井寺は未調査で、そのあり方が居宅内の仏殿であったのか、狭いながらも寺として独立した空間を伴うものであったのか、はたまた実在しなかったのかは不明である。

　不明なものを詮索しても致し方ないが、桜井寺の問題は寺の創建を瓦で断じる危うさを示唆する。仏教の各地への伝播は不明な点が多い。桜井寺の問題を仏教公伝直後の出来事と片付けないで、仏教伝播に伴う事例の1つとして扱うべきであろう。

　こういう視点に立てば、筆者が取り上げる龍角寺は創建年代が不明である。推定できるのは、瓦の年代を根拠にした瓦葺き建物の創建年代である。発掘成果の多くが不明な龍角寺で、寺の創建を瓦葺き建物の創建と同じとする根拠はなにもない。現状でわかる創建とは瓦葺き建物のそれであり、寺でないことを初めに断っておきたい。

　なお、龍角寺の年代については、既に大要を述べているが、数回にわたる論証で変更があり、全体がわかりにくくなっている。その年代には龍角寺に

関わる問題点も多く含まれるので、今回改めて現状の認識をまとめたい。

1　周辺の遺跡からみた年代

龍角寺とその瓦窯　龍角寺はJR成田線安食駅から2km東の下総台地にある。現在の所在表記は千葉県印旛郡栄町であるが、近世以前は下総国埴生郡であった（第1図）。境内には本堂、庫裏、校倉造りの倉、金堂基壇、花崗岩の塔心礎と塔基壇、仁王門跡（八脚門の礎石）、数基の石塔が残る（第2図）。本堂には本尊で白鳳仏の銅製薬師如来椅像が安置され、重要文化財の指定を受けている。過去数回の発掘調査がおこなわれたが、中心堂塔の正式な報告書は未刊のままである。

古代の堂塔は、金堂・塔以外では、講堂基壇が金堂基壇の北で確認され、南門は金堂基壇の南にある仁王門跡付近に推定されている（多宇1998）。南門推定地は東西からの谷で台地が狭くなり、寺の南限にふさわしい。堂塔の配置は、南門・金堂・講堂が南北に並び、塔が金堂の東に位置するので、いわゆる法起寺式と呼ばれる配置とは異なる。

瓦窯は3箇所あり、2箇所で発掘調査がおこなわれている。その2箇所は五斗蒔瓦窯と龍角寺瓦窯で（第3図）、五斗蒔瓦窯は寺から北0.35kmにあり、地下式無階無段登窯1基を確認した（印旛郡市1997）。龍角寺瓦窯は寺から北0.1kmにあり、地下式無階無段登窯1基（1号窯。調査所見では有階有段登窯を改造したとするが、五斗蒔瓦窯の構造と似ることから同じ構造と判断）と地下式有階有段登窯1基（2号窯）を確認した（須田1998）。ともに創建期と補修期（7世紀末〜8世紀初頭）の瓦窯である。未調査の1箇所は、寺から北東15.5kmにある北羽鳥瓦作瓦窯で、一枚作りの平瓦が出土する。時期は8世紀後半以降の補修期であろう。

龍角寺周辺の墓と集落　龍角寺の南には龍角寺古墳群があり、関東地方の後期古墳から寺の出現を問題にする時、数多く取り上げられてきた（第3図）。その古代における地形環境は、所在する下総台地の西に印旛沼、東に長沼（根木名川の河口域）、北に衣川（近世におこる利根川の流路変更が鬼怒川に影響を及ぼすので、鬼怒川を近世以降の名称、衣川を中世以前の名称とする）河口から続

第Ⅱ部　地域研究

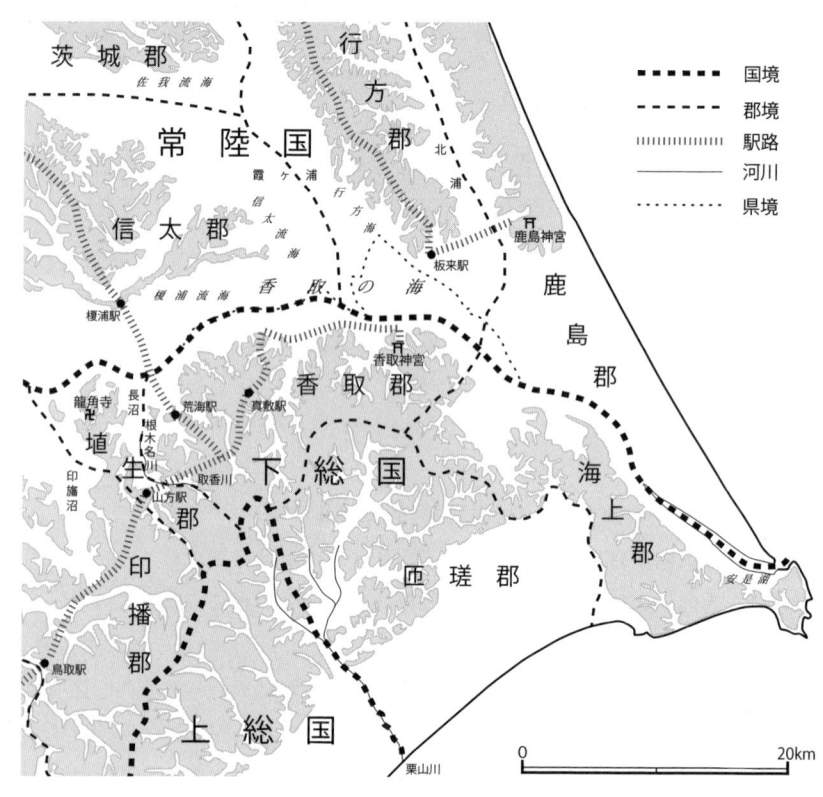

第1図　龍角寺と香取の海

く香取の海が広がり、寺と古墳群は、これら3つの水域に囲まれていた（第1図）。その場所は関東地方有数の水上交通の要衝で、古墳や寺の造営を推進した人びとはその利を得ていたに違いない（山路2004・2009）。人びとの中心人物は印波国造といわれる。

　寺と古墳群の周辺には5〜9世紀の集落、6世紀以降の土壙墓、8〜9世紀の火葬墓が広がり、これらを一つの地域とみなすと、その空間は大きく居住域と墓域に分けられる。寺は居住域の中央に造営され、古墳群は居住域の南方（墓域の西側）に形成される。寺と古墳群の間の東西1.2km、南北0.8kmほどの居住域には7世紀第4四半期〜8世紀代に埴生郡（評）衙の遺構（大畑遺跡。以下、とくに拘らない限り「こおり」の表記は郡に統一）が展開する。

龍角寺創建の年代

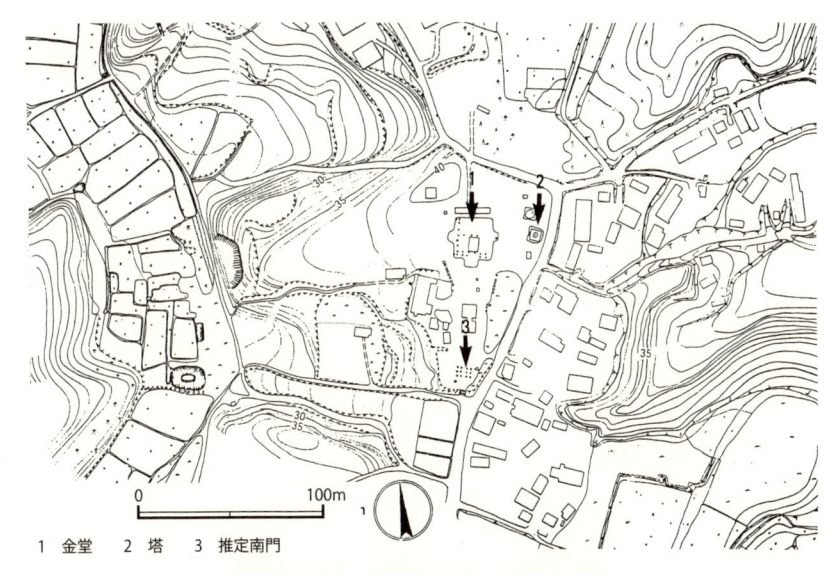

第2図 龍角寺の現況（滝口1972に加筆）
1 金堂　2 塔　3 推定南門

　また、浅間山古墳が南面する谷を挟んだ東方（墓域の東側）には、土壙墓や火葬墓が造営され、古墳群とは異なる埋葬の地域となっていた。龍角寺尾上遺跡は、龍角寺を挟んで東0.1kmの台地に造営された木室墓（以下、尾上遺跡）であるが、これも土壙墓・火葬墓と同じ墓域に含まれる。
　寺と郡衙は居住域の南方に造営され、郡衙が寺と墓域の間に展開するので、郡衙成立以降の空間は、北から居住域、寺、郡衙、古墳群となり、寺と郡衙の東方に土壙墓・火葬墓が広がることになる。
　浅間山古墳と岩屋古墳　寺との関わりで古墳群の首長墓（印波国造の墓）を取り上げる場合、古墳群最大で最後の前方後円墳浅間山古墳と最大の方墳岩屋古墳は欠かせない。ともに長沼から入る谷に面して築造され、長沼を意識していた。2基の被葬者は、水上交通の要衝にあって同じ水域を意識したことから、極めて近しい関係にあったことが想定できる。
　浅間山古墳は古墳が集中する古墳群北側にあり、居住域に近い古墳の一つである。築造が7世紀第1四半期、埋葬が同第2四半期、追葬が同中葉とされる。追葬後あまり時を隔てることなく副葬品は持ち出されたため、石棺内

143

第Ⅱ部　地域研究

第3図　龍角寺と周辺の遺跡（千葉県 2002 に加筆）

は空洞であった（千葉県史 2002）。

　岩屋古墳は古墳が散漫な古墳群南側にある。みそ岩屋古墳など他の方墳も付近にあるので、周辺は方墳の築造域であった。岩屋古墳の築造は浅間山古墳に続く7世紀第1四半期～第2四半期の早い段階とされるので（千葉県史 2002）、首長墓の墓域は方墳築造に伴い南へ移動した。

　この移動は、居住域も含め7世紀前半の浅間山古墳付近に古墳が築造できる空間があったにもかかわらずおこなわれている。地域の空間認識に変化があったとみるべきであろう。

居住域の変化　居住域の竪穴建物の数は、郡衙が造営される龍角寺南側では6世紀後葉から増加し、7世紀前葉を頂点に7世紀中葉から減少し、8世紀に激減する（第9図 朝布）。この変化を古墳や郡衙遺構との関わりでみると、竪穴建物は浅間山古墳や岩屋古墳の築造までは増加し、岩屋古墳周辺の方墳築造の時期に減少が始まり、郡衙遺構の出現で減少が進み、その拡充で激減、という経過をたどる。一方この経過とは別に、龍角寺北側の麻生天福遺跡などでは、7～9世紀の竪穴建物の増減は少ないので（石戸 1998）、居住域の変化が郡衙遺構と関わることがわかる。

　郡衙遺構の出現・拡充における竪穴建物の減少を、地域支配の拠点整備による減少と捉え、その始まりを7世紀中葉の減少に求めると、7世紀中葉に居住域に新たな王権の支配拠点が設けられた、という理解が成り立つ。その新たな空間認識は、墓域の移動に伴って始まったのではないか。この推古期後半～舒明期前半の画期に、瓦葺き以前の龍角寺が創建されたのなら面白いが、現状では肯定も否定もできない。

尾上遺跡からみた年代　龍角寺と墓の関係で古墳以上に興味深いのが尾上遺跡である（第3図・第4図）。

　尾上遺跡は、南北に細長い台地の先端全体を溝と土塁で囲んだ遺跡である。溝の規模は、東西 22～25 m、南北 35～37 m、深さ 1.6～1.7 m で、断面形は逆台形。土塁は、溝の掘り土でその外周に盛られ、幅 6.0 m、高さ 0.5～1.0 m。区画内のほぼ中央に、東西 5.6 m、南北 5.0 m、深さ 3.3 m の方形の土坑があった（第4図 004号）。土坑には木室が設置され、底近くから長さ

第Ⅱ部　地域研究

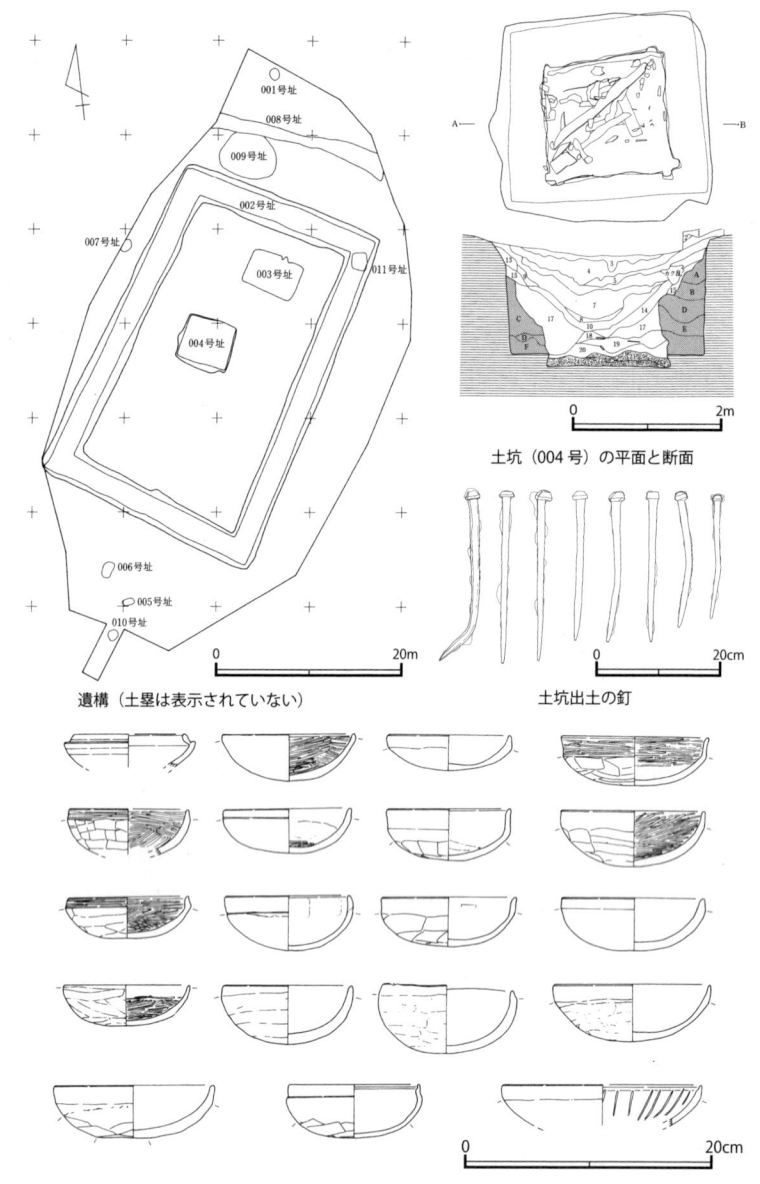

土坑（004号）の平面と断面

遺構（土塁は表示されていない）

土坑出土の釘

竪穴建物（003号）出土の土器

第4図　尾上遺跡の遺構とと遺物

19.5～29.5 cm という大型の鉄釘が9本出土した。区画内の北東隅には竪穴建物（第4図 003 号）があり、煮沸具とともに多くの杯が出土し、付近の区画溝や土坑からは手づくね土器が出土した。区画の外には8世紀初頭の火葬墓（第4図 005 号）も確認された（印旛郡市 1991）。

遺跡の性格について報告書は殯の施設とするが、周辺の8世紀の火葬墓は古墳に隣接して設けられることが多く（小牧 2007）、尾上遺跡も同様に捉えれば、8世紀初頭は墓と認識されていた可能性が高い。木室墓という見解（白井 2009）に従う。竪穴建物は埋葬儀礼に関わる施設であろうから、この竪穴建物の年代（7世紀第3四半期）をもって墓の年代とする。

鉄釘は木室の部品には大き過ぎるので、副葬品といわれる（白井 2009）。実用品を副葬したとすれば、遺跡の位置と釘の大きさから、釘本来の用途は龍角寺の瓦葺き建物しか考えられない。尾上遺跡の年代をもって、龍角寺における瓦葺き建物の創建の下限とする。尾上遺跡の被葬者について、鉄釘の出土から龍角寺造営の匠という説がある（白井 2009）。現状では寺の檀越や僧なども含め広く龍角寺関係者と捉えておく。

周辺の遺跡からみた龍角寺の瓦葺き建物の創建年代は 670 年代が下限となる。

2 軒丸瓦からみた年代

山田寺式の瓦当文様　龍角寺創建期の瓦当文様は、軒丸瓦が三重圏文縁単弁八葉蓮華文、軒平瓦は三重弧文である（第5図）。

その文様は山田寺式と呼ばれる文様で、軒丸瓦は外区が直立縁で重圏文、内区が単弁蓮華文、軒平瓦は重弧文である。その文様は 639（舒明 11）年に舒明天皇が発願し着工した百済大寺（吉備池廃寺）で出現し、641（舒明 13）年に蘇我倉山田石川麻呂（以下、蘇我石川麻呂）が発願し着工した山田寺で定型化する。ただし、河内国西琳寺のように軒丸瓦は山田寺式でも軒平瓦を伴わない場合や、重弧文軒平瓦は他の文様の軒丸瓦にも伴う場合がある。一般に山田寺式といえば軒丸瓦の文様を主に捉えることが多い。龍角寺の山田寺式軒丸瓦は後述のように山田寺の山田寺式軒丸瓦の系統に属する。

147

第Ⅱ部　地域研究

　山田寺式が日本の瓦当文様で画期となったのは、軒丸瓦では外区の重圏文と内区の単弁蓮華文、軒平瓦では重弧文を採用したことである。とくに軒丸瓦の重圏文は、7世紀の東アジアの軒丸瓦でも珍しく、日本独自の文様といってもいい。そのモチーフは、仏像の光背が想定され（井内1982）、伴う重弧文は重圏文の影響で成立したという（古代瓦2000）。山田寺式が仏像に由来するものであれば、その文様は、百済大寺の創建において、仏像や堂舎の荘厳も含め造営の全体構想のなかで考案されたもので、単に仏師が文様を採択したという次元ではない。山田寺式の瓦当文様を王権の紋章とする説がある（岡本2002）。

山田寺の瓦当文様と年代　山田寺の山田寺式軒丸瓦の瓦当文様は

① 高く直立する外縁に四重圏文をめぐらす。
② 子葉の先端は丸みを持つ。
③ 細い凸線で蓮弁の輪郭を表す。
④ 輪郭線は完全に弁端まで達せず、その両側で切れる。
⑤ 弁央の鎬（稜線）は、弁端で逆三角形をなし、反転する。
⑥ 内区と外縁の間には、細い圏線が一重めぐる。

とされるが（佐川・西川2005、本文ではこの外縁は外区。蓮弁は花弁という）、ここに中房のことを加え、

⑦ 中房は円柱形をなし、蓮子は中央に1顆を、その周りに4～6顆を一重に廻らして置く（1＋6などと表記）。

とする。山田寺の山田寺式軒丸瓦は、A～Fの6種の笵があり、蓮子の配置から1＋6（A・B・C種）、1＋5（D・E種）と1＋4（F種）に分けられる。単弁八葉蓮華文の垂木先瓦も、中心の釘穴を蓮子にみなすと、蓮子は1＋6（A・E種）と1＋5（B・C・D種）になる。ともに面径が小さくなると、外周の蓮子は6から5・4と数が少なくなる（第5図）。

　伴う軒平瓦は四重弧文と三重弧文があり、主となる四重弧文は文様、製作技法、施文方法からA～H種に分類されている。顎は段顎である（奈良文2002、以下山田寺に関する情報・資料は同書による）。

山田寺の軒丸瓦の編年　山田寺の創建は『日本書紀』『上宮聖徳法王帝説

龍角寺創建の年代

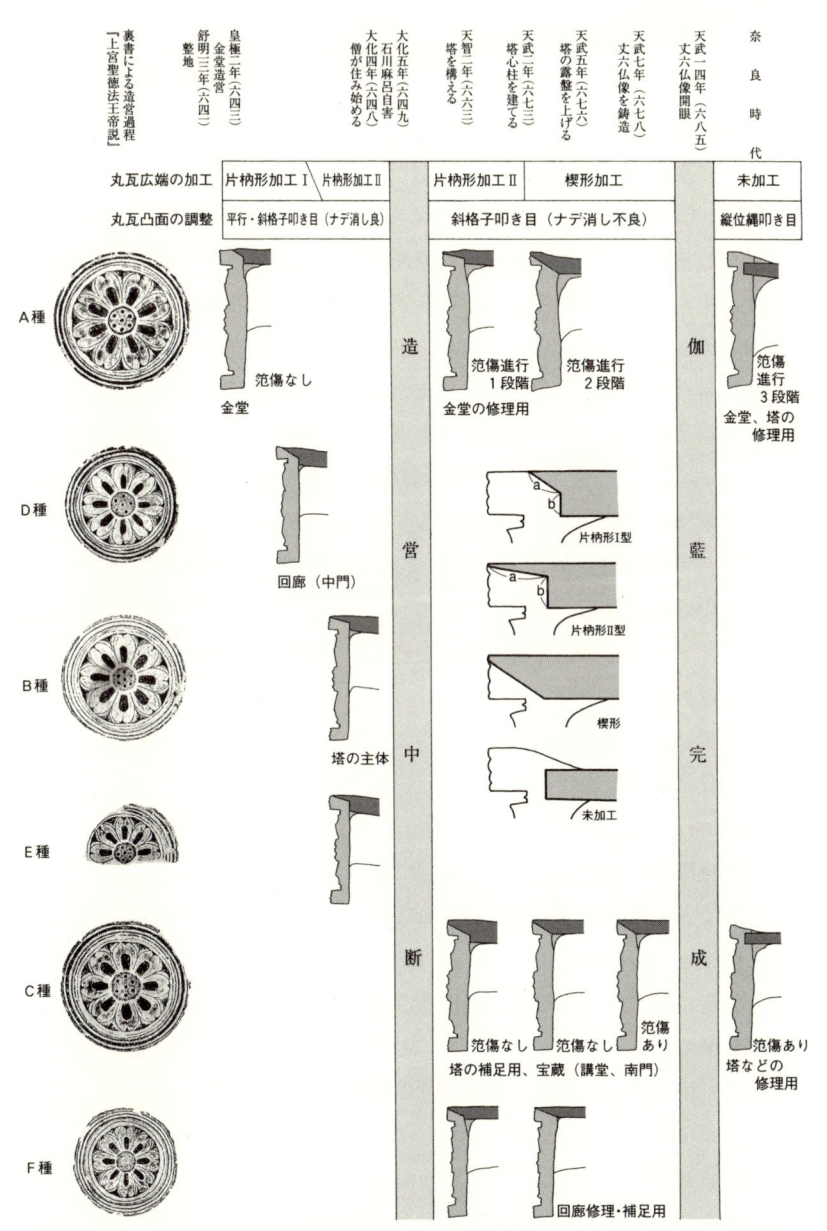

奈良時代								
裏書による造営過程「上宮聖徳法王帝説」	皇極二年(六四三)金堂造営	舒明三年(六三一)整地	大化五年(六四九)石川麻呂自害 大化四年(六四八)僧が住み始める	天智二年(六六三)塔を構える	天武二年(六七三)塔心柱を建てる	天武五年(六七六)塔の露盤を上げる	天武七年(六七八)丈六仏像を鋳造	天武一四年(六八五)丈六仏像開眼

丸瓦広端の加工	片柄形加工Ⅰ	片柄形加工Ⅱ	片柄形加工Ⅱ	楔形加工	未加工
丸瓦凸面の調整	平行・斜格子叩き目(ナデ消し良)		斜格子叩き目(ナデ消し不良)		縦位縄叩き目

造営中断 — 伽藍完成

A種 — 笵傷なし 金堂
D種 — 回廊(中門)
B種 — 塔の主体
E種
C種
F種

笵傷進行1段階 金堂の修理用
笵傷進行2段階
笵傷進行3段階 金堂、塔の修理用

片柄形Ⅰ型
片柄形Ⅱ型
楔形
未加工

笵傷なし 塔の補足用、宝蔵(講堂、南門)
笵傷なし
笵傷あり
笵傷あり 塔などの修理用
回廊修理・補足用

第5図　山田寺創建の軒丸瓦の編年と丸瓦広端部の加工(奈良文2002を改変)

第Ⅱ部　地域研究

裏書』による造営過程から、

　　A期：641〜649年（舒明11〜大化5）金堂建立、僧止住。

　　B期：663〜数年（天智2〜）塔の着工。

　　　　※665（天智4）年前後に伐採した建物の部材が出土。

　　C期：673〜685年（天武2〜14）塔の心柱建立〜完成、丈六仏完成。

に分けられる。軒丸瓦の編年はこの時期区分に、瓦当文様の変化、製作技法の変化、出土状況などを踏まえ、第5図のように理解されている。

　なお、第5図の編年では、丈六像を講堂の本尊として、その鋳造年代を講堂の造営時期とするが、最近、この丈六仏は金堂の本尊で、講堂の造営年代を示すものではないという説が出されている（原2011、同説では講堂を食堂とする）。その当否は即断できないが、他の山田寺軒丸瓦の年代や製作瓦技法から、講堂所用とされるC種軒丸瓦の暦年代は編年表の年代を用いる。

　龍角寺の瓦当文様　龍角寺の山田寺式軒丸瓦（龍角寺軒丸瓦Ⅰ、第6図）の特徴を山田寺の軒丸瓦と比較すると、

① 　高く直立する外区に三重圏文をめぐらす。圏線の幅はほぼ等しいが、高さは外周がやや高い。

② 　子葉は細長く、先端の丸みは少なくなり、平らもしくは尖る。

③ 　花弁に輪郭はない。

④ 　間弁は中房まで達する。

⑤ 　弁央の鎬はほとんど無く、弁端で認められる。弁端の逆三角形の反転はなく、丸みを帯びた弁端が反る。

⑥ 　内区と外区の間には、細い圏線がめぐらない。

⑦ 　中房は円柱形をなし、蓮子の配置は1＋5であるが、笵の彫り直しで変化する。

となって、山田寺よりも後出する。⑦の蓮子の改変と笵傷の進行による軒丸瓦の変化は、

　Ⅰa：蓮子1＋5。

　Ⅰb：蓮子1＋5。中心の1顆を大きく彫り直す。

　Ⅰc：蓮子1＋10。まわりの5顆の間に5顆を彫り加える。

龍角寺創建の年代

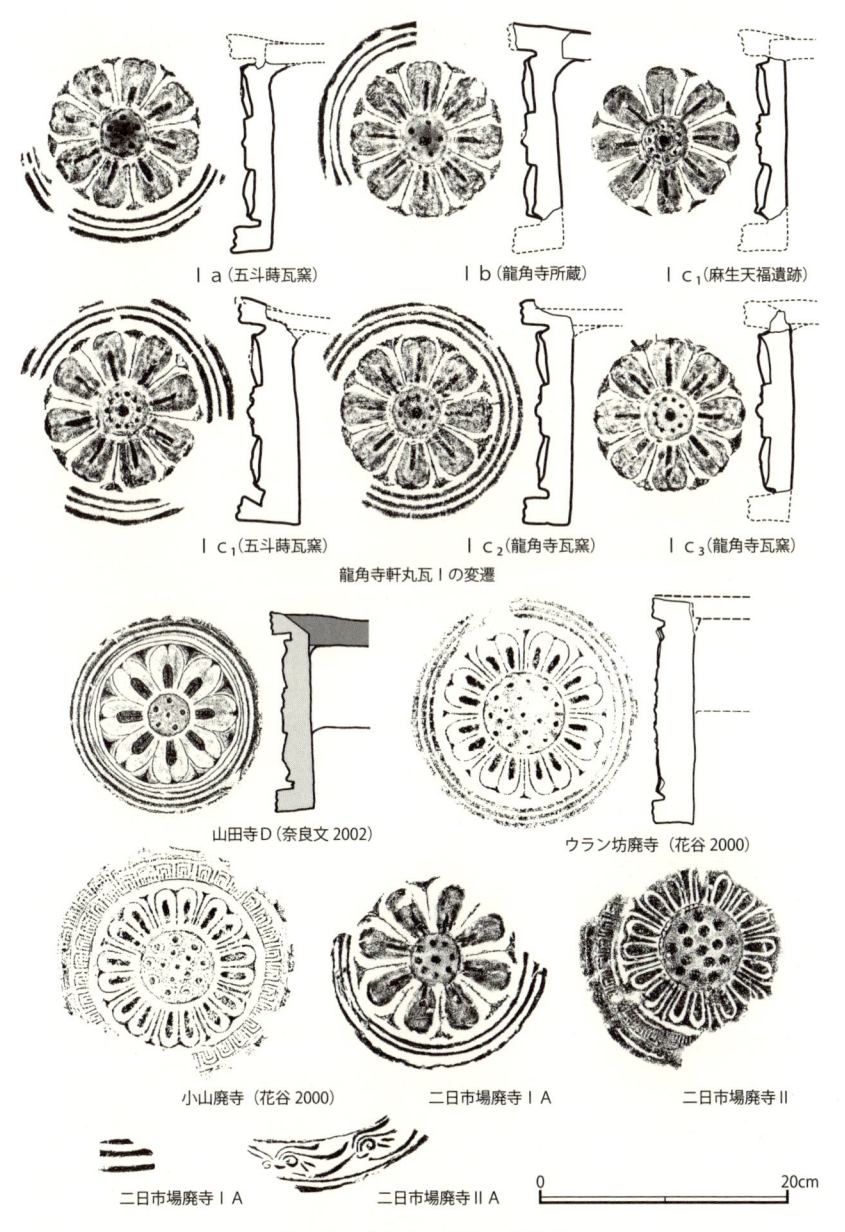

Ⅰa（五斗蒔瓦窯）　　　　Ⅰb（龍角寺所蔵）　　　Ⅰc₁（麻生天福遺跡）

Ⅰc₁（五斗蒔瓦窯）　　　Ⅰc₂（龍角寺瓦窯）　　　Ⅰc₃（龍角寺瓦窯）

龍角寺軒丸瓦Ⅰの変遷

山田寺D（奈良文 2002）　　　　　　ウラン坊廃寺（花谷 2000）

小山廃寺（花谷 2000）　　二日市場廃寺ⅠA　　　　二日市場廃寺Ⅱ

二日市場廃寺ⅠA　　二日市場廃寺ⅡA

第6図　龍角寺と関連の軒先瓦

Icは内区と外区の間の范傷の進行でIc₁〜Ic₃に分けられる。Ic₁：范傷なし。Ic₂：范傷は間弁の先端に1箇所。Ic₃：范傷はIc₂の右側の花弁先端に1箇所増えて、2箇所となる。

である。龍角寺軒丸瓦Iaの祖型を山田寺の軒丸瓦に求めると、蓮子と花弁の配置が同じで、面径が近い軒丸瓦D種である。

軒平瓦の三重弧文は、軒丸瓦Ia〜Icには次の2種の重弧文が伴う。

IA：弧線の幅が同じ。

IB：中央の弧線の幅が太くなる。

軒丸瓦との組み合わせは、軒丸瓦Iaと軒平瓦IA、軒丸瓦Icと軒平瓦IBに大きく分けられる（第1表）。軒丸瓦Iaの重圏文と軒平瓦IAの重弧文は、幅がほぼ等しく共通する。軒平瓦の顎は段顎である。

瓦当文様からみた年代 龍角寺軒丸瓦Ⅰの祖型となる山田寺軒丸瓦D種は中門と回廊に使用され、その時期は創建のA期にあたる。軒丸瓦の瓦当文様からみた龍角寺の瓦葺き建物の創建年代は640年代が上限となる。

山田寺軒丸瓦の製作技法 製作技法も時期のよって変化があり、丸瓦部広端部の加工が、片柄形加工Ⅰ型（創建A期）→同Ⅱ型（創建A・B期）→楔形加工（創建C期）→未加工（補修期）に変化する（第5図）。瓦当部に対する丸瓦部の接合位置も丸瓦広端部の加工と同じく変化し、任意な位置にあったものが、片柄形加工Ⅱ型の段階以降、180°ないし90°のような一定の位置での接合に変わる。

龍角寺軒丸瓦の製作技法 龍角寺軒丸瓦Ⅰは、范の変化とともに、丸瓦広端部の加工と丸瓦が接合する瓦当部の部位が変化する（第6図）。その技法と范の対応は、

技法A：丸瓦部広端は未加工もしくは凸面を斜めに切る。瓦当部裏面上端に丸瓦を接合する。Ia、Ib、Ic₁。

技法B：丸瓦部広端が山田寺の片柄形加工Ⅱ型のように加工される。瓦当部側面に丸瓦を接合する。Ic₁、Ic₂、Ic₃。

となり、技法Aから技法Bに変化する。また、技法Bは范傷の進行で、片柄形加工が変化する。進行に伴いa面が短く、b面が長くなり、片柄形が崩

第1表　瓦窯出土の軒先瓦と文字瓦

五斗蒔瓦窯			時期	龍角寺瓦窯		
文字瓦	軒平瓦	軒丸瓦		軒丸瓦	軒平瓦	文字瓦
朝布　朝　神布　神神戸布　布 朝布・神布　神真　服止　服　皮止□ □(止ヵ)戸　赤久在　赤加真　赤加 赤　加　阿加真　加真　加皮真　真 □皮麻　皮麻　阿麻　麻□　水津 土　土ヵ主ヵ　□□女瓦四百五十　入	IA	出土	Ia	Ia		
			Ib 創建期	Ib		
□□□(禾ヵ)〈加ヵ刀利〉	IB IC	出土	Ic₁	Ic₁	出土	IB IC ID IE	加刀利　加刀入　加刀 □□□(加刀利ヵ) 刀□(利ヵ)　□(刀ヵ)入 □入　加ヵ 加(複数・習所ヵ) 加刀(複数・習書ヵ)
			Ic₂	Ic₂	出土		
			Ic₃	Ic₃	出土		

※軒平瓦IC〜IEについては今回触れていない。

れた形からしっかりした形になる。この変化は、山田寺の片柄形加工とは反対の変化で、工程の変化としては山田寺の変化が一般とすれば、龍角寺の変化は特殊である。龍角寺の場合、Ic_1の片柄形加工がIc_3の加工に変化したというより、Ic_1に加工する工人とは別にIc_3に加工する工人がいたとみるべきであろう。

　また、瓦当部と丸瓦部の接合位置は、90°ごとに変化する。

　笵と製作技法の変化が対応することから、Ia〜Ic_3を創建期の段階に捉えることができる（第1表）。

　瓦窯の操業は、五斗蒔瓦窯が先行する。Ic段階で龍角寺瓦窯が開窯する

と、操業の中心は龍角寺瓦窯に移る。龍角寺瓦窯の操業は、五斗蒔瓦窯と龍角寺1号窯の構造が似ること、五斗蒔瓦窯のIa段階の平瓦と龍角寺瓦窯のIc段階の平瓦が同じ桶型で製作された可能性が高いことから（ともに桶巻作りで5分割で、大きさが似る）、五斗蒔瓦窯の操業からあまり時を隔てることなく開始されたとみられる。

製作技法からみた年代　龍角寺軒丸瓦Icの片柄形加工が鍵となる。片柄形加工は588（崇峻元）年に飛鳥寺造営のために百済から渡来した瓦博士が伝えた技法で、大和国でこの技法で製作された最後の軒丸瓦はウラン坊廃寺出土の三重圏文縁複弁八葉蓮華文軒丸瓦とされる（第6図の断面図では片柄形加工は角ばって復元されているが、実見した結果、丸瓦があたる瓦当部裏面の角は丸みを帯び、b面の当たりも短いので、片柄の形は復元より形が崩れ、b面は短い。龍角寺$1c_1$に近い、形骸化した加工である）。大和国で軒丸瓦の内区に複弁八葉蓮華文が採用されるのは、660年代（天智初年）に造営が開始される川原寺以降である。このウラン坊廃寺の軒丸瓦に伴う四重弧文軒平瓦は、山田寺創建C期の四重弧文軒平瓦に近いとされる（花谷2001）。山田寺創建C期は下限が685年なので、ウラン坊廃寺の軒丸瓦の年代は、670～680年代となる。

山田寺では創建A期で片柄形加工Ⅰ型から片柄形加工Ⅱ型に変化し、Ⅱ型はB期まで用いられた。創建C期で楔形加工に変化するので、山田寺の片柄型加工Ⅱ型は660年代までの技法といえる。

また、山田寺では瓦当面に対する丸瓦部の接合位置は、片柄形加工Ⅰ型の段階では任意に取りつくのに対して、片柄形加工Ⅱ型の段階では180°ごとに取りつく。この変化は、范の外形が関わり、接合位置が90°・180°ごとになる場合は、范の外形が方形のため、范の上下が方形の四辺（180°の場合は外形が長方形でその長辺）に規制されたためにおこる。任意の場合は、外形が円形のため范の上下が規制されない。山田寺の場合、軒丸瓦Aは片柄形加工Ⅱを採用するに伴い、接合位置が任意から180°に変化する。この変化は円形の范を長方形の板に嵌め込んだ結果とされている。龍角寺は、接合位置が90°ごとに変化すのので、范の外形は正方形であったことがわかる。

龍角寺の范の外形が正方形であったことを加味して、山田寺の製作技法の

龍角寺創建の年代

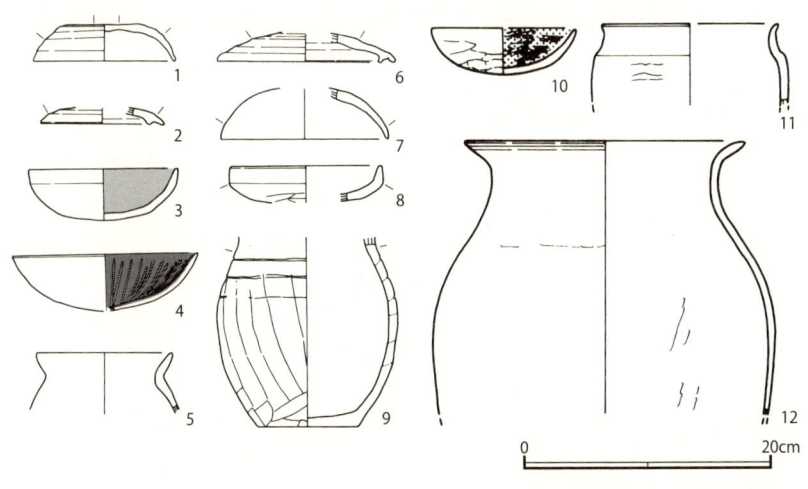

第7図　瓦と共伴して出土した土器（石田1985、石戸1998）

1～9：向台遺跡　　10～12：天福遺跡

年代から龍角寺軒丸瓦Icの年代を求めると660年代が上限、また形骸化した片柄形加工からはウラン坊廃寺軒丸瓦の680年代が下限となる。

　Ia段階とIc段階にあまり時間差を設けないとすると、Ia段階の上限は650年代が妥当であろう。

　二日市場廃寺の軒先瓦からみた年代　上総国と下総国では、龍角寺軒丸瓦Icの瓦当文様を祖型にして、5系統の軒丸瓦が成立する（山路2005a）。

　その系統の一つに上総国二日市場廃寺出土の軒丸瓦がある。二日市場廃寺の軒先瓦の大半を占めるのは、三重圏文縁単弁八葉蓮華文軒丸瓦（二日市場廃寺軒丸瓦IA）と三重弧文軒平瓦（同軒平瓦IA）、雷文縁複弁八蓮華文軒丸瓦（同軒丸瓦IIA）と忍冬唐草文軒平瓦（同軒平瓦IIA）の組み合わせで、出土量でもこの組み合わせが確認できる（千葉県文1984、第6図）。

　ただし、その瓦の胎土と焼成は、軒丸瓦IAと軒平瓦IIA、軒丸瓦IIAと軒平瓦IA2が同じになることから、軒丸瓦IAとIIAの生産は同時期に生産されたことがわかる。軒丸瓦IIAの瓦当文様は大和小山廃寺出土の雷文縁複弁八蓮華文軒丸瓦（紀寺式軒丸瓦）を祖型とする（第6図）。小山廃寺の紀寺式軒丸瓦の年代は7世紀第4四半期とされるので（近江2009）、二日市場

155

廃寺軒丸瓦IIAと同時期生産の軒丸瓦IAの年代は7世紀第4四半期が上限となる。つまり、二日市場廃寺軒丸瓦IAの祖型となる龍角寺軒丸瓦Icの年代は670～690年代が下限となる。

土器との共伴からみた年代　龍角寺周辺の竪穴建物では龍角寺の瓦と土器が共伴して出土した。龍角寺南側の居住域にある向台遺跡では3号竪穴建物から軒丸瓦1c段階の平瓦と7世紀第4四半期の土器（千葉県文1985）、龍角寺の北5kmにある麻生天福遺跡では39号竪穴建物から軒丸瓦 Ic_1 と7世紀第4四半期の土器（石戸1998）が出土している（第7図）。龍角寺軒丸瓦Icは7世紀第4四半期が下限となる。

軒丸瓦からみた龍角寺の瓦葺き建物の創建年代は、650～680年代である。

3　文字瓦からみた年代

龍角寺の文字瓦　軒丸瓦Ia～Ic段階に伴う文字瓦は、龍角寺周辺の地域を示すものが多い。Ia段階は「朝布」「麻布」（以後「朝布」）、「服止」、「赤加」「阿加」（以後「赤加」）、「神布」「神負」（以後「神布」）、Ic段階は「加刀利」「加刀入」（以後「加刀利」）などである（第1表）。ほかに補修期でも文字瓦が出土しているが、今回はあまり触れない。

文字瓦が示す地域は、郡名、郷名（『和名抄』）、墨書土器、地名、集落の分布から、

麻布：成田市麻生。埴生郡麻在郷。

服止：成田市北羽鳥・南羽鳥。埴生郡酢取郷。

赤加：成田市赤坂・江弁須・大袋・台方・下方など江川流域。大袋台畑遺跡から8世紀前半の「赤界寺」「赤寺／崎寺」墨書土器が出土。から周辺に推定。江川流域。旧公津村の一部

神布：成田市郷部・囲護台など小橋川流域。

加刀利：香取に音が通じる。推定地域は後述。

となる（第8図）。文字瓦はこれらの地域が瓦の製作費用を負担するため、瓦屋で瓦の数量や製品の点検のため生産された。五斗蒔瓦窯出土の瓦の検討によると（中村2007、清地2009）、Ia段階の瓦は出土の72.3％を占め、そのう

龍角寺創建の年代

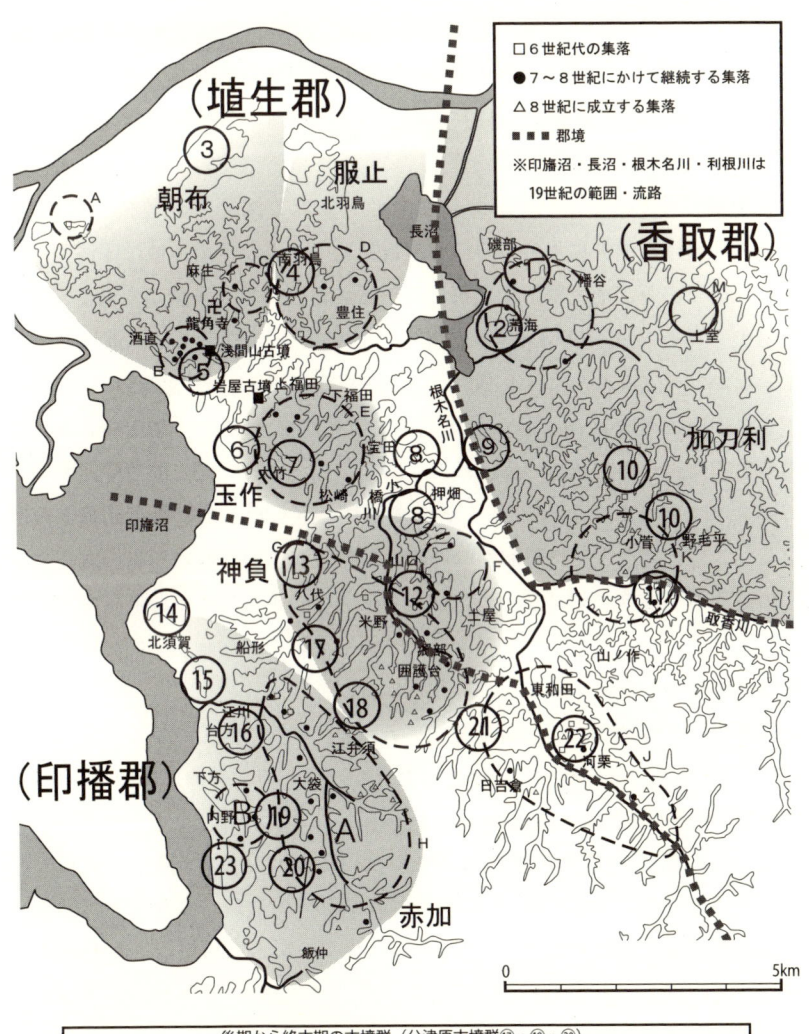

凡例
- □ 6世紀代の集落
- ● 7～8世紀にかけて継続する集落
- △ 8世紀に成立する集落
- ‥‥ 郡境
- ※印旛沼・長沼・根木名川・利根川は19世紀の範囲・流路

後期から終末期の古墳群（公津原古墳群⑰・⑱・⑳）									
①	磯部	⑤	龍角寺	⑨	新妻	⑬	八代台	⑰	天王・船塚	21	日吉倉
②	荒海	⑥	大竹	⑩	野毛平	⑭	北須賀・勝福寺	⑱	瓢塚	22	川栗
③	上原	⑦	上福田	⑪	久米野	⑮	五郎台	⑲	宗吾・飯仲	23	和田ノ原
④	南羽鳥	⑧	押畑・宝田	⑫	山口	⑯	台方	⑳	伊篠・石堂		

第8図　文字瓦が示す地域

157

ち文字瓦は 1406 点で 70% ほどに達する。Ia 段階の瓦の半数が文字瓦であった。Ia 段階の文字瓦の内訳は、朝布 40.6％、神布 4.5％、□布（朝・神が不明）19.8％、服止 1.7％、赤加 5.9％、記号 0.9％、その他の文字 0.7％、判読不能 25.9％になる。

文字瓦の多寡が地域によって生じることは別の機会に述べるとして、Ia 段階の地域は長沼・根木名川西岸の地域に集中する。その地域は印波国造の中心地域であり、埴生郡と印播郡に広がる。両郡の境は小橋川であるが、Ia 段階の「神布」は小橋川両岸に想定されるので、Ia 段階では両郡は分立していなかった（以下、埴生と印播が分立する前の地域名を印波とする）。

また、Ic 段階では Ia 段階の地域名の文字瓦が出土せず、「加刀利」文字瓦のみとなる。その瓦窯での出土は五斗蒔瓦窯の 1 点に対し、龍角寺瓦窯では 27 点となり、龍角寺瓦窯で多くが焼成された。しかし、龍角寺瓦窯から出土した 4 点の完形平瓦は無記銘である。発掘調査の終了時に多くの丸瓦や平瓦の破片資料を窯に埋め戻したといわれるので、「加刀利」文字瓦の出土数はあまり多くないことが想定できる。その出土率は五斗蒔瓦窯における各地域の文字瓦と同程度であろうか。

「加刀利」が示す地域　「加刀利」文字瓦が、多数の無記銘の瓦に対して、「加刀利」を識別するために生産されたとすれば、無記銘の瓦は、「加刀利」以外の地域の瓦となる。Ic 段階で、Ia 段階の文字瓦が出土しないことから、多数の無記銘は Ia 段階の諸地域（長沼・根木名川西岸）を一括して示したものと理解できる。「加刀利」は根木名川西岸以外の地域となり、その場合、音が香取に通じることから、「加刀利」は長沼・根木名川東岸の香取郡に関わる地域に想定できる（第1図・第8図。香取郡は長沼・根木名川東岸・根木名川支流の取香川北岸だが、今回は長沼・根木名川東岸とする）。

では、「加刀利」が香取郡全体を示すのかというと、Ia 段階の地域が埴生郡と印播郡を合わせた広さからみれば一部の地域に止まり、各地域は後の郷程度の広がりであったことや、「加刀利」文字瓦の出土量の想定から、「加刀利」も香取郡の一部の地域、郷程度とすべきであろう。さらに、Ia 段階の地域が印波国造の中心地域であったことから、「加刀利」も印波国造と関わ

る可能性が高い。

　印波国造に関わる現象として、方墳の出現に伴い、石室や石棺の石材が砂岩へ変化することが指摘されている（永沼1992）。その変化は、長沼・根木名川東岸の成田市野毛平古墳群でも確認でき（前方後円墳：推出し1号墳（千葉県文1986）→方墳：上之内1号墳（印幡郡市2010、第8図）、西岸の変化が東岸に及んだことがわかる。浅間山古墳や岩屋古墳の立地からもわかるように、7世紀前半の印波国造は長沼を意識していたが、その意識は長沼・根木名川東岸も向けられていた。東岸が印波国造の影響下にあった地域、すなわち印波国造のクニとすれば、「加刀利」はその東岸の流域、もしくはその一部を示すことになる。

　文字瓦の記銘の変遷で、Ia段階の文字瓦の地域名が長沼・根木名川西岸を示し東岸を含まないこと、Ic段階の文字瓦の地域名が東岸、無記銘の瓦が西岸を示すことから、印波と香取の分立はIa段階にあったことがわかる。

　香取評の成立　龍角寺周辺の遺跡および龍角寺軒丸瓦Iから求められる龍角寺の瓦葺き建物の創建年代は650〜670年代である。ここでは、文字瓦から香取郡の成立と印波郡の分立を捉え、この年代幅を縮めたい。

　鍵は「加刀利」である。長沼・根木名川東岸は香取郡の西端なので、この地域が「加刀利」と呼ばれるには、香取が広域の地域名称になっていたことが前提となる。すなわち香取郡の成立である。香取郡は神郡であり、神郡の成立は、『常陸国風土記』香島郡条における常陸国鹿島郡、『皇大神宮儀式帳』初神郡度会多気飯野三箇郡本記行事条、『神宮雑例集』神封事条における伊勢国渡会・多気郡の記載から、649（大化5）年の天下立評に遡る。香取郡も649年に香取評として成立した可能性がある。

　香取評が海上国造のクニを割いて成立したことは、8世紀前半の下総国海上郡と香取郡の境が、海上国造の中心地域を割くように設定されていることから想定できるが（山路2009）、それは鹿島評が隣接する那賀国造と海上国造のクニを割いて成立したことと同じである。748（天平20）年の「他田日奉部神護直解」で、中宮舎人の海上国造他田日奉部直神護が海上郡の大領司を望む理由として、祖父忍が難波朝廷で少領司であったことをあげる（『大日本

第Ⅱ部　地域研究

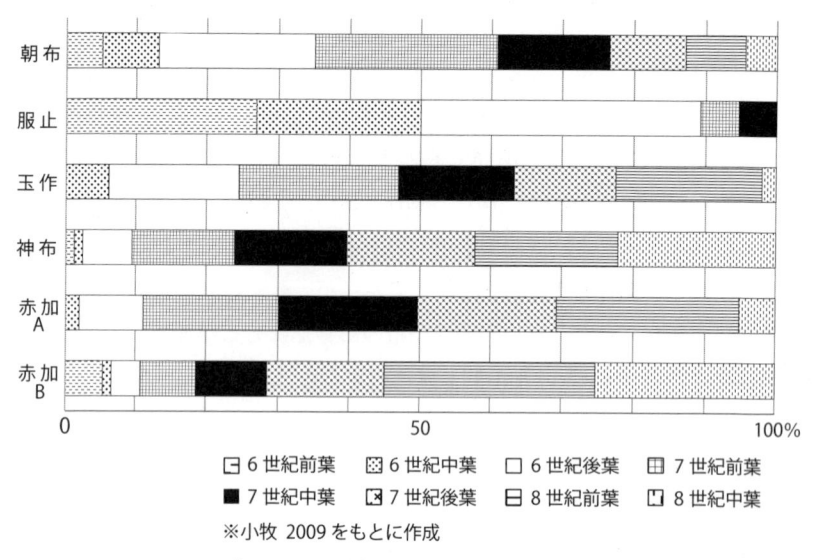

第9図　印波各地域の竪穴建物の変遷

凡例：□6世紀前葉　▨6世紀中葉　□6世紀後葉　▥7世紀前葉　■7世紀中葉　▦7世紀後葉　▤8世紀前葉　▨8世紀中葉

※小牧 2009 をもとに作成

古文書』3-149・150)。海上評が孝徳期に成立していたことがわかるので、海上評とともに香取評が649年に成立していた信憑性は増す。

問題となる印波評と香取評の関わりについても、龍角寺の文字瓦の変遷から、印波国造のクニを割いて香取評にクニの一部が編入されたことが想定できる。香取評も鹿島評と同じく2つの国造のクニを割いて成立したとすれば、印波評の成立も649年となり、龍角寺で瓦が出現した年代の上限となる。

印波評の分割　龍角寺Ⅰa段階の「神布」が示す地域は、埴生と印播の双方に広がり、分立前の状況を示している。つまり、この分立の時期が想定できれば、瓦の年代の下限が求められる。

埴生郡が8世紀に成立していたことは、737（天平9）年ごろに埋没した平城京左京二条二坊五坪二条大路濠状遺構（SD5300）から出土した木簡に「左兵衛下総国埴生郡大生部直野上養布十段」（『千葉県の歴史』史料編古代494-56、奈良文2006）と記銘されていることや、五斗蒔瓦窯出土の文字瓦は7世紀末〜8世紀初頭になると「皮尓負」など埴生郡内に関わる記銘に変化すること（今回は触れていない）からわかる。

160

とはいえ、郡衙遺跡の7世紀第4四半期の出現が埴生評の成立を表すのかというと、判明している遺構や遺物からではわからない。そこで、龍角寺 Ia 段階の文字瓦に記銘された印波の諸地域における、7～8世紀の集落の消長を竪穴建物の増減で捉えると、埴生（朝布・服止・玉作）側では7世紀中葉以降減少する傾向にあるが、印播（赤加）側は7世紀中葉以降微増する傾向にある（第9図）。なかでも「赤加」（江川流域）に含まれる印旛沼沿岸（第8図、「赤加」B）は、増加の傾向が著しい。郡衙遺跡の出現直前におきた埴生と印播の変化は、印波評から埴生評と印播評が分立した反映と捉えるべきだろう。埴生郡衙は成立当初から埴生に帰属していた。

集落の動向から埴生評と印播評の分立を7世紀中葉～後葉にかけての時期とすると、Ia 段階はそれ以前であり、龍角寺で瓦が出現した年代の下限は、660年代になる。

文字瓦からみた年代　印波評および香取評の立評と印波評からの埴生評と印播評の分立を踏まえると、龍角寺における瓦の出現年代は 650～660 年代になる。

おわりに

龍角寺における瓦葺き建物の創建年代を、龍角寺周辺の遺跡の動向、軒丸瓦、文字瓦から考察し、650～660 年代に導いた。ただし、「はじめに」で指摘した瓦葺き以前の龍角寺は、集落の変化や方墳の築造域の移動などから存在の可能性が想定できるので、今後の成果に期待したい。

瓦葺き建物が出現した背景には、立評にともなう新たなモニュメントの創出、瓦葺き建物造営に対する地域の負担と古墳築造に対するそれとの同質性と異質性、対東北政策を見据えた王権の政策、などが関わるが、それについては王権と地域の立場から私見を述べているので、参照いただきたい（山路 2009）。

最後に、今回瓦の年代をまとめるにあたり、龍角寺における山田寺式瓦当文様の採用と香取の海をめぐる寺社造営について、新たな所見をもったので取り上げて結びとしたい。

山田寺式の採用　この問題については、方墳の築造とともに蘇我氏が関与したという説（安藤 1980）、王権の紋章を採用したという説（岡本 2002）が示されている。そして、この2説を検討する際に関わるのが、山田寺創建各期の造営主導者であり、以下のように理解されている（奈良文 2002）。

A期：発願者蘇我石川麻呂とその子興志。蘇我石川麻呂は 649 年（大化 5）に謀反の疑いを中大兄皇子にかけられ、興志ら家族とともに山田寺金堂で縊死する。A 期の造営はその死をもって中断する。

B期：石川麻呂の弟の蘇我連子。連子は 662（天智元）年に大臣に就任し 664（天智 3）年に現職のまま亡くなる。B 期の中断は、連子の死、663（天智 2）年の白村江の大敗、667（天智 6）年の近江遷都、672（天武元）年の壬申の乱などが原因とされる。

C期：石川麻呂外孫の鸕野讃良皇女。石川麻呂の2人の娘（遠智娘、姪娘）は中大兄皇子の妃となり、皇子1人、皇女4人を生んだ。なかでも鸕野讃良皇女（母：遠智娘）は、天武天皇の皇后を経て持統天皇となった。C 期の造営から蘇我氏の氏寺から国家的色彩の持つ寺へと変貌する。

龍角寺で瓦葺き建物が創建された頃の山田寺は、A 期後の中断期か B 期にあたる。B 期までの造営は蘇我氏が主導したとなると、この時期の龍角寺造営に蘇我氏が関与したことは十分想定できる。王権の紋章説は、王権が造営に関与した C 期ならば理解できるが、蘇我氏が関与した A〜B 期となると無理がある。仮にこの時期に王家の紋章説を説くのであれば、龍角寺の祖型を天皇が創建した百済大寺としないと、瓦当紋様の型式と系統から王権の紋章説は成り立たない。

そこでもう一度山田寺の創建を見直すと、650 年代に王権との関わりが見出せる。蘇我石川麻呂の没後、その資財は没官されるので、石川麻呂の居宅に隣接した山田寺も対象になった可能性はある。この没官には『日本書紀』に逸話が残り、資財の好書・重宝には皇太子（中大兄皇子）の書や物と記され、謀反を疑った中大兄皇子は後悔したとある（『日本書紀』大化 5 年 3 月是月条）。

龍角寺創建の年代

第2表　香取の海の海域と建立された寺社

分類	相当する場所※	沿岸評	寺社
開口部	風土記：安是湖 現在：北浦　北浦開口部付近の利根川	下総：海上 常陸：鹿島　行方	鹿島神宮
中央部	風土記：行方海　信太流海　佐我流海 現在：霞ケ浦 　　　霞ケ浦開口部付近の利根川	下総：香取 常陸：行方　茨城　信太	香取神宮
奥部	風土記：榎浦流海 現在：根木名川河口部（長沼開口部） 　　　から印旛沼開口部付近の利根川	下総：香取　印波 常陸：行方　茨城　信太	龍角寺

※風土記：『常陸国風土記』での呼称。

　『日本書紀』の石川麻呂没後の関連記事は、石川麻呂の外孫の皇女たちの影響で潤色が指摘されるが、好書・重宝の逸話は没官された資財と王権との関わり、とりわけ中大兄皇子との関わりが想定できる。

　また、653（白雉4）年5月に僧旻が難波で亡くなると、孝徳天皇は6月に追善のための仏画製作を命じた。その安置先を『日本書紀』本文は川原寺とするが、或本は山田寺とする（『日本書記』白雉4年5月是月条・6月条）。

　川原寺は天智初年に着工されたので、画像が『日本書記』編纂段階で川原寺に安置されていたとすると、当初の安置先が山田寺となる可能性が生じる。孝徳天皇は654（白雉5）年10月に亡くなるので、画像の安置に誰が関与したかは不明だが、この記事からも650年代の山田寺と王権と関わりが想定できる。

　ならば、B期の主導者を蘇我氏に限定する必要はないだろう。むしろ、天智天皇もしくはその妃との関わりを想定し、B期の造営中断を667（天智6）年の近江遷都に求めるべきではないか。王権が関与するC期の造営はB期の延長と捉えたい。650年代以降の山田寺が王権の関与で維持・運営されたのであれば、龍角寺の瓦葺き建物創建にも王権の関与が想定できる。

　香取の海をめぐる寺社造営　天智天皇関連で、鹿島神宮を取り上げる。鹿島神宮の常設社殿の創建は、天智天皇の命令であった（『常陸国風土記』香島郡条）。この社殿創建と龍角寺の瓦葺き建物の関わりは既に取り上げ、香取

163

第Ⅱ部　地域研究

神宮の社殿も、香取の祭神が鹿島の斎主神で、鹿島と対になることから、同時期の創建を想定した（山路2009）。

そして、今回、以下のように香取の海を開口部、中央部、奥部という海域に分けてみると、各海域には650～660年代に王権の関与で寺社が造営されたことがわかる（第1図、第2表）。

海域の特徴は他の水系との結節にあり、開口部が太平洋、中央部が霞ヶ浦沿岸の河川、奥部が印旛沼・手賀沼・衣川・常陸川と結節する。香取の海を太平洋に通じる関東地方の一大港湾地帯とすると、その機能は各海域を結ぶことで一体として稼働する。各海域の寺社がその拠点（要津）に関わる施設であることはいうまでもなく、寺社が榎浦流海から安是湖（現在の利根川の流路）に沿う様は、香取の海と太平洋を結ぶ航路の反映とも受け止められる。王権はこの港湾機能を十分認識した上で、拠点整備の一環として寺社造営に関与したのであろう。東国の水上交通に楔を打ち込むその先に、対東北政策があることは既に述べている（山路2009）。

また、これら寺社と立評のあり方は、国造のクニを割いて成立した評に神社、国造の本拠地の成立した評に寺が造営されている。古墳から寺へばかりでなく、神社も考える必要がでてきた。石舞台古墳と飛鳥寺を根底に、古墳から寺へを喧伝するのはステレオタイプなのかしらん。瓦以前の寺の問題も含め難しい課題である。

参考文献

安藤鴻基　1980「房総7世紀史の一姿相」『古代探叢』　早稲田大学出版部
石戸啓夫　1998「麻生・竜角寺遺跡群」『千葉県の歴史』資料編考古3　千葉県
井内功　1982「山田寺瓦当紋様の遡源」『古代瓦研究論誌』　井内古文化研究室
印旛郡市文化財センター編　1997『龍角寺五斗蒔瓦窯』　印旛郡市文化財センター
印旛郡市文化財センター編　2001『龍角寺尾上遺跡・龍角寺谷田川遺跡』　真里谷
印旛郡市文化財センター編　2010『野毛平東方遺跡　野毛平上之内遺跡　野毛平泉台Ⅰ遺跡　野毛平泉台遺跡』　成田市
近江俊秀　2009「大和地域の雷文縁軒丸瓦」『古代瓦研究』Ⅳ　奈良文化財研究所

岡本東三 2002『古代寺院の成立と展開』 山川出版社
川尻秋生 2003「大壬生直と印波国造」『古代東国史の基礎的研究』 塙書房
古代研究会編 2000「討議」『古代瓦研究』Ⅰ 奈良国立文化財研究所
小牧美知枝 2007「印旛沼周辺の古代火葬墓」『印旛郡市文化財センター研究紀要』5 印旛郡市文化財センター
小牧美知枝 2009「集落の移りかわり」『房総と古代王権』 高志書院
佐川正敏・西川雄大 2005「山田寺の創建軒丸瓦」『古代瓦研究』Ⅱ 奈良文化財研究所
白井久美子 2009「前方後円墳から方墳へ」『房総と古代王権』 高志書院
須田 勉 1998「龍角寺瓦窯」『千葉県の歴史』資料編考古3 千葉県
清地良太 2009「龍角寺文字瓦の造瓦技法」『房総と古代王権』 高志書院
多宇邦雄 1998「龍角寺跡」『千葉県の歴史』資料編考古3 千葉県
滝口 宏 1972『下総龍角寺調査報告』 千葉県教育委員会
千葉県史料研究財団編 2002『印旛郡栄町浅間山古墳発掘調査報告書』 千葉県
千葉県文化財センター編 1984『市原市二日市場廃寺跡確認調査報告』 千葉県文化財センター
千葉県文化財センター編 1985『主要地方道成田安食線道路改良工事（住宅宅地関連事業）地内埋蔵文化財発掘調査報告』 千葉県土木部・千葉県文化財センター
千葉県文化財センター編 1986『東関東自動車道埋蔵文化財調査報告書』Ⅰ 日本道路公団東京第1建設局
永沼律朗 1992「印旛沼周辺の終末期古墳」『国立歴史民俗博物館研究報告』44 国立歴史民俗博物館
中村友一 2007「龍角寺五斗蒔瓦窯跡出土の文字瓦」『古代学研究所紀要』3 明治大学古代学研究所
奈良文化財研究所編 2002『山田寺発掘調査報告』 奈良文化財研究所
奈良文化財研究所編 2006『平城京木簡』3 解説 奈良文化財研究所
原 浩志 2011「興福寺蔵旧山田寺仏頭再考」『佛教藝術』318 毎日新聞社
花谷 浩 2000「京内廿四寺について」『研究論集』ⅩⅠ 奈良国立文化財研究所
花谷 浩 2001「たかが重弧、されど重弧」『帝塚山大学考古学研究所研究報告』Ⅲ 帝塚山大学考古学研究所
山路直充 1999「龍角寺軒瓦（山田寺式）の年代」『官営工房研究』6 奈良国立文化財研究所

第Ⅱ部　地域研究

山路直充 2004「『衣河の尻』と『香取の海』」『古代交通研究』13　古代交通研究会
山路直充 2005a「上総・下総の山田寺式軒先瓦」『古代瓦研究』Ⅱ　奈良文化財研究所
山路直充 2005b「文字瓦の生産」『文字と古代日本』3　吉川弘文館
山路直充 2009「寺の成立とその背景」『房総と古代王権』　高志書院

第Ⅲ部　シンポジウム

古墳から寺院へ ―関東の7世紀を考える―

古墳から寺院へ ―関東の7世紀を考える―

（パネラー）小林三郎、白井久美子、土生田純之、川尻秋生、
　　　　　　髙井佳弘、田中広明、眞保昌弘、稲田健一、山路直充
　（司　　会）岡本東三、酒井清治

岡本（司会）：各地の事例報告をもとに、古墳から寺院へというシンポジウムの取り纏めをしたいと考えています。このテーマについては、地域によって、また研究者間でも立場が必ずしも一致しているわけではありません。古墳の終末の年代をどう捉えるのかという点に限っても、研究者によって見解が違います。寺院の成立をどう考えるのか、時期をどれくらいに考えるのかについても、議論のあるところです。それを二つ一遍にやろうという欲張りな話です。その二つの接点にどういう問題があるのかを抽出できれば今回のシンポジウムの意義があるのではないでしょうか。とくに古墳という一つの記念碑、モニュメントが、7世紀代に新しい形で、寺院というモニュメントに変容する。その変容の意味合いについて、意見を深めることができればいいのではないかと考えています。それでは、討論の具体的な問題について入っていきます。

酒井（司会）：では古い時代の方からということで、古墳時代の方から話を聞いていきます。まず古墳、前方後円墳が消滅する時期については、須恵器のTK209型式の実年代が6世紀代だったのが、最近では7世紀へ少し下がるという見解を受けて、各地の事例でも幅を持たせて考えたいと思います。

　いわゆる前方後円墳が汎列島的に築造されるという現象は、「前方後円墳体制」という概念でも言われることがあります。そういうシステムが、東国に限らず日本の中で果たしてありえたのかも含めて、前方後円墳が終焉するという現象について、まずは土生田先生にコメントをお願いします。

土生田：前方後円墳が最初になくなるのは畿内ですが、西日本全域もそれに

第III部　シンポジウム

さほど遅れることなく、ほぼ同じような時期になくなります。その時期は昨日申しましたように、6世紀の後半～末、正確ではないですが、あえて言えば580年代くらいだと思います。580年代については、敏達朝の終わり頃というふうに言っておきます。その理由ですが、5世紀には讃・珍・済・興・武という倭の五王が直接中国南朝に使いを出して、中国の冊封体制の中に入ろうとしました。それによって朝鮮半島に対する牽制を行うとともに、外交を有利に運ぼうとしました。しかし期待したほどうまくいかなかったので、それに見切りをつけて、別の政策をとろうということになってくるわけであります。6世紀代はもちろん他の世界に門戸を開けていないわけではありません。朝鮮半島、そして6世紀末になって、再び中国に使いを出して、直接中国の今度は文物を始め、その背後にある思想とか政治、つまり律令体制を摂取しようとします。これはそう簡単には行きませんから、100年間くらいかかるわけです。そのような意味ではこの7世紀が重要な時期となるわけです。その中で、中国の皇帝を初めとする上層階級の墓の「形」は方墳であるということを学んで帰ります。そこで、もう古い前方後円墳を廃絶して新しい権威の象徴としての方墳を採用したのではないかと思っております。

しかし、東国では前方後円墳は7世紀初め～前半まで築造され続けていました。前方後円墳の廃絶が東国ではなぜ一世代遅れたかと言うと、その時代、近畿が思うほどの力が東国では発揮できなかったのです。近畿に対して対等だとまではいえません。広く古墳文化の始まりが畿内であり、その後の展開過程でも大きくは畿内の影響を東国が受けているのは否定できないわけですから、もちろん大きな範囲ではこの中に入っておりますが、地理的な距離の問題などから地域差も生じ、自ずからやや違った色になっていったというふうに考えております。明瞭な国境線があって、一歩それを越えると違う国であるというように考えるのはごく近代の国民国家になってからであります。また、明確な国境という意識は、おそらく律令国家以後に形成されたものであろうと思います。律令制国家以前の段階を、近代国家を念頭に置いて考えるのは歴史的に間違いがあるだろうと思います。

それから白井さんからお話があった畿内から受け入れたいろいろなモノ。

先走りすぎて悪いのですが、仏教的なモノがあるといっても、馬具や仏具の断片であったり、セットとしてではなく、それを分解・細分して配布されたものと思われます。おそらく畿内から、東国における重要人物としての評価を受けている大首長というか、そういうところに懐柔策として分け与えている。さらに、それを東国は東国で再分配しているということがあったのではないかと思います。つまり、再分配の再分配ですね。

酒井：中国からの方墳の形、それから東国の独自性というようなお話もありました。東国の性格は、白井さんいかがでしょう。

白井：対外的な契機について今お話して頂いたのですが、もう一つ国内の問題に着目したいと思います。6世紀前半代は、継体王という今までと系譜の異なる大王が登場した時代です。この頃から王権が内部的に波乱を抱え、弱くなってきた。つまり相対的に弱体化した王権の立て直しを図る時期にあたり、それが対外的な政策とも結びついたのではないかと思います。そこで、中国で学んで来た方墳という王陵の形を配布することによって、今まで王権の象徴であったモニュメントの形式を変えてもう一度体制を立て直そうという内的な要因があったのではないかと思います。それで、推古朝の600年前後に主要な古墳の形を変えるという列島規模の転換も起こっているように思います。東国については、やはり中央の政権がまだ掌握しきれない地域という要素がきわめて強かったために、そのモニュメントの形を変える時期も遅れてしまったのではないかと考えています。

酒井：今の話も、一つは推古朝が変化の画期というご指摘と、そういう東国の話も出てきました。この二つの問題について討議すれば、このシンポジウムが前方後円墳の終焉だけで終わってしまう可能性がありますから、それより先に行かずに、寺院に向かって進みたいと思います。

　それで、一つの東国の独自性もありましたけれども、前方後円墳終焉後、古墳が円墳、あるいは方墳に変ってくるという一つの東国のあり方が、各地の事例報告でなされました。そういう中で、文献の立場から、大化の薄葬令が東国の古墳のそういう転換に何だかの影響を与えているのかどうかについて、川尻さんお話して頂きたいと思います。

第Ⅲ部　シンポジウム

川尻：大化の薄葬令ついては、『日本書紀』大化二年三月条にあり、主に石室や墳丘の規模、副葬品の種類・量、役民の数などを身分に応じて支給するということが記載してあります。ただし、先ほどの土生田先生のお話にもありましたように、法令が出たからと言って、ガラっと変ってしまうということはおそらくないだろうと思います。でもやはり、この法令が出てジワジワと浸透していったということは十分可能性があるだろうと私は判断しています。中国では葬儀の際、棺が支給されなど、国家の関与が規定されていたのですが、それまでの倭では私財を投入して古墳を築造したため、財力の消費が著しかった。そのあり方を変えて行くことが薄葬令の主要な目的ではなかったかと考えております。

　薄葬令をもう少し大きな視点からみますと、この時には、他にも十数箇条の法令が出されており、そのなかには、たとえば人の結婚や離婚に関するものもあり、全般的には倭国の古い習俗を中国的な習俗に改めさせる、風俗統制令と言ってもよいような要素があります。そうした「風俗統制」という形で、大きな古墳を造るという古い習俗を止めさていくという意識がおそらく王権の中にあったのではないかというふうに想定しています。

酒井：今の議論の一つは、法令が出たという結果大きな変換はないというお話でした。確かに前方後円墳が消滅する時期と方墳が出る時期というのは必ずしも一致しませんし、それと大化の改新の時期が必ずしも一致しません。当然のことながら、そういう変化は、7世紀中葉以降にジワジワと出てきたというお話でした。

　またもう一つは中国の風俗ということでした。それについては土生田先生の中国から方墳を取り入れたという話と関連するかもしれません。そういう中で、地方では、大化の改新の薄葬令を受けてどういうふうに古墳が変っていったのか、述べて頂きたいと思います。発表順に、髙井さんの方からお願いします。

髙井：7世紀代になると上野では総社古墳群だけが突出した規模になり、あとは太田市の巌穴山古墳といった一部の例外を除いて、中小規模の円墳だけになります。総社古墳群では大規模な古墳が造られ続けられますし、その他

の地域でも、とくに大化改新の頃、つまり7世紀中頃に大きな画期が認められるということはないと思います。でも古墳については、私は専門外なので、詳しくは、土生田先生にお聞きになられた方がいいのではないかと思いますが。

岡本：前方後円墳以降の、薄葬令と直接関係してなくても、お話頂ければ。

酒井：円墳・方墳に変りはない？

土生田：その辺の部分について詳しいわけではありませんが、群馬の場合には、引用された髙井論文第1図（本書86頁）では7世紀初頭に前方後円墳が終わるように、奇麗に横一直線が引かれていますが、これは少し違います。この編年表の著者の一人も最近考えが変っております。どれがどれとはなかなか言えませんが、7世紀の第1四半期くらいまで前方後円墳はたぶん残るであろうと思います。先ほど髙井さんのお話にあったように、7世紀の第2四半期に東西で1基ずつ重要な方墳が出ます。7世紀中葉の画期ということで考えてみますと、その後は、截石切組積と呼ばれる、磨いたように、切ったように見える奇麗な石で、石材の一部分を欠き取って、隣の石と組み合わせるようにして造っていく、という横穴式石室が群馬県各所で出現します。その截石切組積の中でも、宝塔山古墳がず抜けて大きくて整備されているという状況になってくるわけです。薄葬令の記述の内容に反する、非常に大きな古墳が多数存在するのが上毛野です。畿内なにするものぞという気概を感じます。

酒井：群馬の状況のポイントは、2箇所に方墳が出てくるということと、また薄葬令と関わりがないということでした。これからは、まず前方後円墳終焉後、方墳あるいは円墳が出る、それから円墳から方墳に代わる、あるいは多角形が出てくる。そういった、墳形の変化をまず話して頂いて、次に、薄葬令との関わりはあるのか、という以上2点に集中して話を頂きたいと思います。続いて田中さんお願いします。

田中：武蔵北部では、埼玉地域でやはり前方後円墳の消滅した後は、巨大な円墳がそれまでの前方後円墳の地位を受け継ぐと思います。ただその段階（7世紀前半）の埼玉地域以外の地域については、なかなかよくわからないの

です。その次の段階（7世紀後半）では、令制下の2郡ぐらい、あるいは3郡ぐらいを地域としたエリアで方墳が造られます。その方墳もやはり若干小さくなります。

　薄葬令の発令と方墳への転換は、直接つながりません。むしろ非常に大きな画期は、7世紀後葉から末に墓域が固定化され、造墓も縮小化し、すでにある古墳への追葬へと向かっていく現象だと思います。それから薄葬令とは違いますが、古墳の副葬品としてそれまで被葬者の身を飾っていた、耳飾りとか頸飾りとかが、古墳終焉以降の7世紀の末から8世紀の初頭にかけて、集落の竪穴住居跡から出土する。東国あるいは東北ではこのような非常におもしろい現象があります。埴輪には男にも女にも耳飾りが表現されますが、この段階に古墳時代的な服飾の耳飾りがなくなっていく。この傾向のほうが、大きな画期スタイルとか身なりが、少し変ってくるというのが、7世紀後半段階について言えるのではないかと思います。

酒井：大化の改新でとらえるよりも、追葬に向かっていくという現象の方が重要だということですね？もう一つの、耳飾りとか7世紀末から8世紀初頭の身なりについては、古墳との絡みではなくて、別の画期があるということですか？

田中：それは時代の大きな流れの中で、古墳に葬られている人が、どのような姿で葬られたか。スタイルそのものが変ってくるということです。

　それから、薄葬令は各階層に応じて墳丘の大きさ、あるいは石室の大きさが決められている。つまり個人墓に関わるところが、非常に大きいと思います。ところが、薄葬令の時期、7世紀後半から末にかけて、造られる古墳は、別のところもありますが、ほとんどが横穴式石室を内部主体としています。家族がどういう意味かというのは問題がありますけども、横穴式石室は基本的には家族を中心としており、複数の遺骸が横穴式石室に入るということは、薄葬令の考え方とは根本的に違うわけです。位階に応じた人が古墳に葬られる8世紀の第2四半期以降、位階に応じた帯金具（腰帯）などで象徴されるような人が古墳に葬られる段階であっても、東国の場合は、帯金具を保持する階層が横穴式石室に葬られています。官人的な性格を持っていても、最後

の最後まで家族墓に葬られるのが東国の特質といえます。

酒井：はいわかりました。武蔵国は上野と違って各地に方墳が出てくる地域があるわけですが、その大きさは、確かに群馬ほど大きくはないのですが、各地に出てくるということが言えると思います。また、個人墓に段々移っていくというのが確かに重要な話でポイントですね。土生田先生も個人墓について言及されましたね。大化改新の薄葬令もそうですけれども、この家族墓が7世紀後半にまだ存続するのか。これは東国のあり方として重要ですが、先の話を聞きたいものですから、後回しにさせて頂いて、続けさせて頂きます。

続きまして、栃木の例ではいかがでしょうか？

眞保：栃木県南部の「下毛野」地域では、最後の前方後円墳に埴輪はみられず、およそTK209段階で終焉を向かえます。そして、その後ほぼ大型円墳にとって代わられる状況が考えられています。円墳の築造は6地区で認められ、後に下野薬師寺という初期寺院が造営される地区において方墳の多功大塚山や多功南原1号墳が7世紀後半までに築造されると考えられます。薄葬令との関係については、直接結びつくものなのかは、不明ですが、薄葬令前後の時期に円墳から方墳へと変化する状況をうかがうこともできます。

那須地域に関しては、古墳時代前期以来、独自な動きをしめしていたことが明らかです。後期古墳の動向はまだわかっていないのですが、下毛野地域に影響された両袖胴張の石室が川崎古墳などにみられます。しかし、下毛野地域で盛行する基壇や大型円、方墳、切石石室については認められない状況にあります。また、県内では那珂川流域の那須地域に横穴の偏在がみられ、築造が古墳から横穴へと変化している状況があります。

土生田：申し訳ないのですが、少し文句をつけさせてもらいます。眞保さんの問題ではないのですが、眞保論文第2図（本書110頁）の思川のところをご覧頂くと、ちょうど600年前後が点線で括ってあって、600年を境に見事に、6世紀が前方後円墳、7世紀が円墳と分かれております。これは必ずしもそうではないと私は思います。6世紀をもって前方後円墳が終わり、7世紀には方墳ないしは円墳になるという、一種の固定観念があって、こういう

第Ⅲ部　シンポジウム

図になったのだろうと思います。と言いますのは、これらはほとんど遺物のない古墳ばかりで、横穴式石室も見た目にはあまり型式変化がない。そして、墳丘に基壇をもつ古墳の石室も、細かく見れば多少違いが見えてくる可能性があるので、もう少し編年をしっかりして頂きたいと思います。ぜひよろしくお願い致します。

酒井：続きまして、常陸の稲田さんの方から。

稲田：稲田・佐々木論文第1図（本書130頁）の稲村氏の古墳編年表にあるように、常陸国では7世紀第1四半期頃までに前方後円墳の造営が終了します。その後は、30mクラスや20mクラスの円墳や方墳へと墳形が変化しますが、例外的に大型の古墳も存在します。小林先生が講演で触れられた鹿嶋市の宮中野古墳群では、前方後円墳造営終了後の7世紀第2四半期頃に全長90mの円墳とするか帆立貝形とするか問題はありますが、大塚古墳という大型の古墳が造営されます。また、ひたちなか市にも大穴塚古墳という推定径40mの円墳で、横穴式石室を有する古墳があります。墳丘上からは埴輪が拾えず、主体部が横穴式石室であることから、古墳の時期は7世紀第2四半期頃と思われます。

　また、常陸国では6世紀末頃から県北部を中心に横穴墓が造営され始めます。

酒井：大化の薄葬令との関係に関して、なにかあります？

稲田：大化の薄葬令との関係は、稲村繁氏の編年表を見ると西暦650年のラインを境に先ほど述べたような大型円墳は造られなくなり、全体的に古墳の規模が縮小しています。このことが大化の薄葬令と関係があるのかどうか証明することは出来ませんが、そういう現象が見られます。

酒井：常陸では、円墳で終わるところ、方墳が出てくるところ、あるいは横穴墓が、というような様々な形があるというお話でした。では続きまして、千葉県、白井さんよろしくお願いします。

白井：白井論文第4図（本書38頁）には、千葉県の終末期の前方後円墳や方墳の変遷を示しております。左から右へ、古墳が時間的に変遷していくように配置しました。東京湾東岸にある二つの前方後円墳は7世紀に入らない段

階のもので、金鈴塚古墳は、6世紀の後葉あるいは末葉の段階に築造されている前方後円墳。三条塚古墳は6世紀の終わりごろに築造されていたと考えられる前方後円墳です。一方、九十九里沿岸の大堤権現塚古墳と印旛沼沿岸の浅間山古墳は、7世紀に入ってから築造された可能性のある前方後円墳です。これら大型の前方後円墳が築造された後の段階に、大型古墳のほとんどは方墳に変わっています。ただし、九十九里沿岸には後・終末期の大型円墳が集中する地域があり、墳丘径65mの大円墳もあります。

　7世紀中葉に重要な変化が起こると考えられるのですが、築造年代が最も注目される龍角寺岩屋古墳は残念ながら非常に早い時期に石室が盗掘されてしまっていますので、年代の限定は難しいのが現状です。しかし、浅間山古墳の主な埋葬時期が7世紀の第2四半期に近いのを前提にして、前方後円墳から方墳へという変化を捉えますと、やはり7世紀の第2四半期の新しい段階というのが、龍角寺岩屋古墳の築造時期として妥当ではないかと思います。山路さんの龍角寺建立年代、650年から660年という想定とも、そう大きく矛盾しないのではないかと思います。その後、方墳は継続して造られるのですが、7世紀の中葉を境に規模がずっと小さくなります。第4図最下段の図を見ていただければ分かるように、龍角寺岩屋古墳は80mの大方墳、その次の段階のみそ岩屋古墳は35mと半分以下の規模になります。そしてさらにその次の段階と考えられる上福田岩屋古墳は、非常に特殊な石室をもつ方墳で、さらに縮小して32mとなります。7世紀中葉、646年に出された薄葬令を視野においていたかどうかは難しいのですが、規模が格段に小さくなることは確実です。

　それから、岩屋古墳は一辺80mという非常に大きな墳丘をもつ割には、小さい横穴式石室が二つ並んで作られています。追葬はなかったかどうか確証はないのですが、2つの横穴式石室を作る必要性を考えると、特定の人物の墓を想定することができるのではないでしょうか。

酒井：以上、各地の事例をいろいろ報告して頂きました。前方後円墳の消滅から次に寺院が出現するまでの間は一つ大きな変革期ですが、この間、各地域でさまざまな古墳のあり方があるわけです。方墳あるいは円墳に変わる地

第III部　シンポジウム

域、横穴に変わる地域、また言及がありませんでしたが、前方後方墳もそうでしょう、さらに多角形のものも出てくる。さらにたとえば群馬では、この時期方墳は2箇所しかないのに、初期寺院は3箇所ありますね。

　こういった現象を説明するために、この時期の各地域における首長墓の位置づけについて検討してみたいのです。つまり、方墳が首長墓で、円墳はその次のランクを意味するとか、あるいは、別の地域では小円墳でも首長墓でもある、とか。そういう視点が、寺院の出現を考える視点にもつながれば、意味があると思うのです。地域ごとに、簡単にお話頂けますか。まず、北の方から、群馬のケースをお話下さい。

土生田：その脈絡では、関東の前に近畿のことを申し上げた方がよいと思います。6世紀の末に方墳に変わると先ほど言いましたが、実は畿内の有力古墳はすべて方墳になるわけではありません。円墳もあります。たとえば、天王山式の一つの標式になっている牧野古墳が円墳です。聖徳太子墓も円墳です。6世紀末から7世紀前半にかけて、この段階は円墳と方墳が併存します。これについて白石太一郎さんは、かつて蘇我系と非蘇我系という区分を使いました。この仮説の文献的な根拠は、薗田香融先生の説です（「皇祖大兄御名入部について―大化前代的な皇室私有民の存在形態―」『日本書紀研究』第3冊1968年塙書房）。この解釈を単純に地方に延ばすと、蘇我と結んだのが方墳で、そうでないのが円墳ということになります。しかし、どうもそうとはいいきれないようです。たとえば群馬の場合、上毛野国造歴代の墓と考えられる総社古墳群を見ればわかるように、明らかに方墳が頂点を占めています。7世紀において総社古墳群以外のほとんどの地域では円墳です。群馬以外の地域がすべてそうかと言うと、そうでもないようですので、以後は皆さんに譲ります。

酒井：では群馬の方はいかがですか。

髙井：土生田先生がおっしゃったように、7世紀に前方後円墳が作られなくなったあと、隔絶した規模をもち、明確に首長墓と解釈できるのは総社古墳群だけとなってしまい、そこは方墳で構成されています。その他の地域では、中小規模の円墳が主流で、太田市の巖穴山古墳だけが、規模はかなり小さく

なりますが、例外的に方墳となります。首長墓とはいっても、総社古墳群に関わる豪族をあまりに過大評価するのはいかがなものかと私は思っていますが、とすれば、それ以外の古墳との大きな差をどのように考えればいいのか、この時期の古墳の意味、上野国の政治状況にも関わる大きな問題なので、逆に古墳の専門家に意見をお聞きしたいところです。

　また、宝塔山古墳から始まり、この時期の古墳の特徴として知られている截石切組積の横穴式石室ですが、この石室は「地域」首長墓に用いられるものとして県内では考えられています。「地域」といっても、それはもちろんかなり狭い範囲だとは思いますが。しかし、7世紀中頃から後半に截石切組積に変わるのは、上野の全域ではなく、その中心は宝塔山古墳から東の方、赤城山麓といったところです。とすると、新田郡などは完全にその範囲には含まれないのです。佐位郡の上植木廃寺の場合は、北にある多田山古墳群で截石切組積石室の古墳が3基認められ、その分布の東端近くになるようですが、なんとかその範囲に収まります。上植木廃寺とその造営氏族の古墳ということでは、この古墳群との関連が重要かと思います。上野ではこのように3箇所の寺院で古墳の様相が異なり、古墳と寺院との関係は一様ではありません。

酒井：埼玉、武蔵国の方、お願い致しします。

田中：埼玉古墳群の後に八幡山古墳が築造され、その後はお寺が造られない（行田市に盛徳寺という古代の寺院跡がありますが、出土した瓦は平安時代に下がります。ただし境内に残る礎石は終末期古墳に採用された硬質安山岩が用いられており、古くまで遡る可能性を残しています）という現象がみられます。そこは、武蔵国では最大級の古墳が作られた地域です。ただ私は、八幡山古墳に関わる人は、武蔵国一帯を経営していたのではなく、東京湾から熊谷あたりまでの低地のあたり一帯、つまり令制下の埼玉郡、あるいは大宮台地を含めた地域、後の埼玉郡・足立郡・大里郡ほどの地域を経営していたのではないかと考えています。

酒井：栃木の方いかがですか。

眞保：先ほど、下毛野地域の薬師寺地区について円墳から方墳への変化を指

摘しました。同じように円墳から方墳への変化が認められる地域として小山地区が想定されています。ここでも7世紀代に位置づけられる大型円墳である千駄塚古墳から方墳である宮内5号墳へと変遷し、当地区もその後寒川郡衙などの拠点施設が造営される地域になります。これらのことから下毛野地域での終末期古墳である方墳が築造される地区は後の奈良時代に寺院官衙が造営される地域にほぼ限定されてくる傾向がみられます。

　また、那須地域では、浄法寺廃寺、尾の草遺跡の2寺院の建立される周辺地域に後期古墳とともに横穴墓が認められ、大型円、方墳や切石石室を採用しないこととあわせて、那須の独自性を物語る可能性があります。

酒井：続いて常陸の方いかがですか。

稲田：稲村氏の編年表にあるように、前方後円墳から方墳へと変わる地域、又は円墳へと変わる地域がありますが、最終的にはみな方墳に変わるという大きな流れがあると思います。ただし、県北地域では円墳の他に横穴墓が盛行しており、古墳から横穴墓への変化も考えられます。

酒井：では千葉の方、お願い致します。

白井：方墳と円墳の問題については、山路さんが話された龍角寺の瓦当文の問題、つまり大和に初めて本格的な寺院を建立した、仏教導入の第一人者である蘇我氏の系統の瓦を龍角寺は採用し、岩屋古墳がこの時期最大の方墳であることを考え合わせると、龍角寺古墳群が蘇我氏の息のかかった地域にあることは否めないのではないかと思います。しかし、先ほど触れたように、太平洋側には、大型円墳で終末期に位置づけられるものがあります。ですから房総は蘇我氏系、あるいは大型方墳のみへの変換になびいた地域ではなかったと思います。

山路：その千葉県の状況について白井さんにお聞きしたいことがあります。千葉県は、後期から終末期の古墳群のそばに、いわゆる白鳳期の瓦といわれる、外区内縁に珠文をもたない軒丸瓦と重弧文軒平瓦が出土する遺跡があって、古墳から寺へという話では私がお話した龍角寺以外いろいろ取り上げられています。そこで東京湾岸の上総大寺に関連して、質問します。上総大寺は小櫃川流域にあって、その河口には祇園・長須賀古墳群があり、関連が取

りざたされています。川原寺式の軒丸瓦からわかる年代は、瓦当文様・製作技法から、660～670年代前半という年代が想定できます。しかし、昨日の白井さんのお話しでは、小櫃川の南の小糸川河口に広がる内裏塚古墳群に方墳があって、祇園・長須賀古墳群には方墳がないという。祇園・長須賀古墳群の最後の前方後円墳とされる金鈴塚古墳と上総大寺廃寺のあいだには大分タイムラグが生じてしまいます。龍角寺古墳と龍角寺の場合は割ととスムーズに続くのですが、房総のもう一つの代表地域であるする東京湾岸の現象を白井さん、どうお考えなるのでしょうか。

白井：「馬来田国造」の領域に位置する金鈴塚古墳の周辺には、大円墳か、あるいは前方後円墳か不明の松面古墳（2005年12月の調査で墳丘一辺44ｍの大型方墳と判明）が知られており、この古墳が金鈴塚古墳より若干新しく位置づけられます。それでも、川原寺系の瓦当文をもつ上総大寺とのタイムラグは、埋まらないのではないかと思います。もし祇園長須賀古墳群という大首長系譜のなかから寺院が発生したとしますと、やはり消滅してしまった古墳を想定せざるを得ないと考えます。

山路：房総の場合、龍角寺を除くと、古墳と寺のあいだにはすべてタイムラグがあります。ただし、今まで取り上げられた寺は瓦葺きの寺ばかりなので、瓦葺きでない寺を想定すれば話は別ですが。

酒井：白井さん、山路さんからお話がありましたが、古墳と上総大寺の建立との間にタイムラグがあるということです。そういう時に、やはり大古墳を考えざるを得ないと思うのです。私なんかは前方後円墳体制のような法令がまだあるのではないかという気がするわけです。ひょっとしたら、7世紀に円墳・方墳に変わるのは、身分の表徴や権力の象徴として、もっと何か別の意味があるのではないかと推測したいのです。それに関連して、先ほど田中さんが紹介された、7世紀後半、終わりの方になると帯金具が出てくるという現象があります。それは冠位の関連でしょう。確かに中央では冠位がすでにある。たとえば大刀とか、そういうものに関する何か別のものはないだろうか。今回は寺院との関連ですから、古墳から出てくる仏教的な関連資料について話していきたいと思います。たとえば小林先生が言及された、古墳の

第III部　シンポジウム

石室の下の版築と、寺院の版築とが関連するのではないか。あるいは土生田先生の截石切組積の化粧が寺院建築と関連するのではないか。また白井さんが指摘された王冠、毛彫りの馬具との関係。それらも含めて、それぞれの先生方にお話して頂きたいなと思います。まずは小林先生に、関連する話をお願いしたいと思います。

小林：石室下部の掘り込み地業の方の例は、私が自分の目で確認したのは熊野神社古墳が初めてですが、今日各地の事例の中に何箇所も、規模の大小は別として、掘り込み地業を行っていることが報告されました。私の少ない経験では、下総国分寺金堂の基壇はものすごい掘り込み地業で、深さ2mくらいはあったと思います。ロームと砂質土の互層の土をしっかり突き固めて、鶴嘴が通らないほど硬い。これは国分寺に用いられた典型的な版築で、その他にも、新聞記事によると、武蔵国の幡羅郡衙の掘立柱の基礎部に掘り込み地業が認められるということでした。今、我々が見ることのできる版築地業は7世紀代になってからのものが多いのですが、その技術のなかに、それ以前、古墳時代のある時期から、かなり用いられる部分があったと考えてよいのではないかと推定します。

それから熊野神社古墳の調査では、石室の裏込めに石や砂利を用いたりして、奥壁、側壁が内側へ倒れるのを防ぐ工法が採用されていることが判明しました。たぶん行田市の八幡山古墳もそうだったと思いますが、石室を構成する石を積んで、その裏にすぐ版築状の工法で墳丘の一部を構築するという技術が導入されます。それは、工学的には一歩進んだ技術と考えてもいいのではないかと思います。その工法がそのまま初期寺院に用いられることを考えると、古墳築造から寺院建築へのつながりを解明するひとつの手がかりになるのではないかというようにも思います。ただこれは、新しくわかってきた事例でありますので、すぐに結論を出すわけにはいかないようです。今、話題になっている高松塚古墳、あるいはキトラ古墳など畿内の終末期古墳の場合、石室あるいは石槨の基底部の調査がなされておりませんので、どういう工法で石室が造られるのか、全体がわかっていない。そういうような解明を踏まえると、古墳と寺院建築とのつながり、これはおそらくかなり直結す

るのではないかと思っています。

　また、大化の薄葬令に関わるかどうかわからないのですが、私達がこの20年以上調査してきている長野市大室古墳群では、6世紀代の終わりというより、7世紀代に築造されたと思われる横穴系埋葬施設で、ちょうど羨道部、あるいは羨門部にあたるところから、灰釉陶器が出土して、奈良時代の先ぐらいまで埋葬が続けられていたことがわかっています。それらの墓はまだ2基か3基しか調査事例がないので、十分わからないのですが、石室のほとんど全体が地下に潜っている。それから、上に乗っている墳丘は高さ1m足らずで、主体部を覆うという程度のマウンド。掘ってみると、立派な副室付きの横穴式石室でした。今まで発見した調査した2例ともそうなのです。そういう事例を見ると、どうも大化の薄葬令ぐらいを境にして、それまで墳丘盛土の中にあった主体部を地下に設置するようになると考えてしまう。類似の例が、群馬県ではあまりないのですが、栃木県には、円形の周溝を巡らしていて、主体部は完全に地下に潜っているという古墳が存在して、もしかすると同じつながりで、薄葬令前後から寺院建立が開始されるまでの間には、こういうものが入ってくるのではないかということを考えてしまうのです。

酒井：仏教との関係については、石室の裏込めのことを新たな事例としてご指摘いただきました。また石室の下にあるのは、単に版築だけではなく、掘り込み地業といって、一旦、下を掘り窪めてそこを版築していくという点が寺と共通する部分であるというお話を頂きました。

白井：小林先生がおっしゃった、石室下部の掘り込み地業に近いような工法は、前方後円墳の浅間山古墳でも判明しました。墳丘全体ではなく、前庭部の壁面で一度掘り込んだところを版築状に盛り土し、さらに整形しているのがわかりました。それが掘り込み地業と言えるかどうかは別ですが、それに近い、非常に手の込んだ土木工事をすでに前方後円墳で行っていることを報告させていただきたいと思います。

　次に、仏教色の強い遺物について触れたいので、白井論文第6図（本書44頁）をご覧ください。古墳の副葬品、とくに馬具に表れる仏教的な要素というのは、実は6世紀の前半代から徐々に浸透してきており、飛鳥時代におい

第Ⅲ部　シンポジウム

て急に出てくる現象とは言えません。とくに推古朝に出現する金銅製毛彫り馬具の段階で、仏教美術のはっきりした影響が現れるといえます。昨日もお話ししましたように、この馬具を副葬された古墳は、東北に向かって分布しているというのが大きな特徴です。推古朝以降になって、王権は東国からさらに北の方へ力を伸ばして行く政策を展開する。その際、東国の勢力を利用して東北へ進出するという動きが、毛彫り馬具の分布状況と一致するわけです。もしかすると、この馬具を勲章のように貰った各地の地方豪族たちが、東北進出の一翼を担ったのではないか。その馬具に、エキゾチックで視覚的にも分かりやすい仏教美術の文様が表現されていたため、地方豪族たちに受け入れられたのでしょう。彼らが仏教美術の内容を果たして理解していたかどうかは疑問です。それでも、仏教美術に関わる文様が、彼の地への憧れ、高い文明への憧れとして受容されたのではないかと思います。

　これとは別に、古墳時代後期の各地の豪族が冠を副葬する例があります。先ほどお話した毛彫り馬具は日本海側にはないのですが、これは日本海側でも見つかっております。冠を副葬することが果たして古墳時代の身分を表示していたのかという問題はこれまでも検討されてきました。同じ身分を表示したのであれば、同じ型式のものが各地の古墳に入っていてよさそうなものですが、どうもそうではありません。それぞれの地域の豪族たちがいろいろな型式のものを手に入れて副葬しています。この時代の王権が身分表示として、一律に配布したとは考えにくい現象だと思います。

　白井論文第6図（本書44頁）には、昨日お話しした銀製の冠と、それに良く似た意匠をもつ仏像の宝冠をあげております。一番上の真ん中が浅間山古墳から出土した銀冠の断片です。これと非常に良く似た銀製の鉢巻式帯冠が福岡県鞍手町銀冠塚古墳から出土しています。これらのつながりを知るために、各地から出土している帯冠を探してみたのですが、残念ながらこの時代にこの種の帯冠を副葬した例がほとんどないということがわかりました。類例は、前述の2例に加え、7世紀後半代のやや新しい資料ですが、茨城県新治村（現、土浦市の一部）の武者塚古墳例の3例しか見つかっていません。

　7世紀代の冠がどういう意味をもって副葬されているのか考えてみると、

7世紀の初めにすでに中央では冠位十二階が制定されており、冠によって身分を表示するということを指向しています。それによれば、銀冠はその規定の中に入ってきません。最高位に使われるのは金の冠飾です。その次の位には豹の尻尾、次の官位以下には鳥の羽というふうに決められています。それでは、銀の冠をかぶっていた人たちはどういう人だったのか。この時代の地方豪族が冠や冠飾を入手する動機、あるいは王権から配布される要因は何だったのでしょうか。おそらく、仏像の宝冠に象徴される新時代の文物への憧れがあり、一方では装身具に固執する気風が東国、北九州には残っていたため、それを威信材として入手したか、あるいは下賜品として配布されたものと考えられます。

　また、先ほどの毛彫り馬具にしても、この宝冠を模した銀冠にしても、飛鳥時代の仏教に対する精神的な憧れと一定の知識を示しており、仏教を受け入れる体制をつくるには十分であったと思います。そのことが、寺院を造営する上で十分な基盤になったのではないかと思います。

酒井：次に、土生田先生が、硬い石の截石切組積は寺院と関係があるということを示唆されて、泥石のようなものはどうかなというお話がありました。各地で同じような截石切組積が出てくるわけです。その硬い石ではなくて、截石切組積の技術が、その後の寺院にも見られるわけで、そういった関連が果たしてあるのかないのかを含めて、お話頂きたいと思います。

土生田：化粧石がきれいに残ってよくわかる例があまりないので、そういう関連があるのか証明がなかなか難しいのです。たとえば山王廃寺は化粧石があったことはたぶん間違いないと思います。でも詳細はわかりません。それでも、一つ考えるきっかけになればと思って敢えて申し上げます。截石切組積の石室と初期寺院とは時期的には重なるので、それらが関連する可能性が高いのではないかという視点が必要なのではないかと提言はできます。

　一つは、小林先生が石室の掘り込み地業のことに触れ、仏教的な関係もあるだろうとおっしゃいました。実は、私が畿内型石室と名づけている、6世紀初頭に成立した横穴式石室の、最も古い宇治二子山古墳や、やや遅れて真の継体天皇陵と考えられる今城塚古墳などは掘り込み地業で、土ではなくて

第Ⅲ部　シンポジウム

礫で基盤を固めています。その後も、地盤の弱いところではそういう作業例があります。ですから、そういった工法が6世紀を通じて「伏流水」となって継続し、新らしく仏教が入ってきた時に堂塔基壇に伴う掘り込み地業が在来の古墳構築法を伝えた工人達にたやすく影響したのではないかというのが、私の考えです。

次に白井さんが、冠の身分表示制について触れました。さらに出土のあり方から考えて、東北や東国で出てきているものは、しっかりした身分表示制とは別物ではないかとおっしゃいました。白井さんが身分表示制ということをなぜわざわざおっしゃったかということについて、私なりに補強したいと思います。新羅の冠は金製や金銅製など材質の相違が身分差に基づくものであることが推測されています。刀の把飾金具も同様です。それから百済では、身分差によって木棺にも差別の存したことが解明されています。

それから、東国から出てくる仏教的な遺物について、もう少し掘り下げてみましょう。たとえば上総地域における6世紀の馬具の中に、仏教的な色彩を持ったデザインがあるということです。これらの古墳は、その被葬者が必ずしも上層の人々ばかりではありません。というのは、馬具というのは一式あって始めて意味がある、あるいは枢要の部分があって意味があるものなのに、セットではなく断片的なものとして出てくる例があるからです。服装で言えば、背広も何もなくてネクタイだけしている、そういうものもたくさんあるはずです。ですから、仏教とは限らないけれども、また一つの正式な形でしっかりやるわけではなくとも、仏教的な色彩をもった儀礼（ただし、儀礼執行者は十分に仏教を理解しておらず、ただ新しい文化の象徴として儀礼を執行したに過ぎない）を行うために、何かすごくいいもの、新しい文化の香りがするものを、大和が懐柔策として分け与えた。また、分け与えられた大豪族がさらに下位の身分の者に分配したということもあるのではないか。つまり再分配の再分配です。ですから、これらをもって直ちに仏教が浸透したというふうにはならないと思います。それでも、先ほど白井さんがおっしゃったように、そういった物質文化が入ってくるということは、すでに仏教の香りがついてくるわけですから、そういう下地の上に仏教が比較的すんなり受容さ

古墳から寺院へ

れた。私もまさにその通りであると思います。
　最後にもう一つ。先ほど、関東の人々が東北に派遣されたのではないかという話が出ました。東北、宮城県あたりの横穴は、茨城あたりの横穴墓と共通し、かつ、出てくる遺物も関東のものが出てくる。これは、文献に出てくる東北経略について関東の人たちを動員したというものに関係があるのではないか、と私も考えております。

酒井：白井さん、今の身分表示の話はいかがでしたか。
白井：国内の類例が極めて少ない現段階で、百済との関係を言うのは勇気がいります。銀の冠飾をつけるのは百済の地方官ですから、あるいは身分表示と関係するのではないかと思いました。現在のところ、銀冠は東国・九州にしか出土例がありませんので。畿内を無視して半島から入手したと仮定するのはあまりにも地方至上主義になってしまいますので、配布された可能性があると解釈したいと思います。また、浅間山古墳からは、さらに僭越な最高位の冠に付けたとされる金銅製の冠飾りが出ていますから、これは正式な冠制とは別のものと考えた方がいいのだろうと思います。意匠については、その当時、最新流行であった金銅仏の宝冠や光背に求められるため、おそらく仏像にかかわる仏師たちが製作したものではないかと考えています。

　それから、毛彫り馬具をバラバラにして配布している可能性については、副葬品がすべて残っているかどうかという問題もあります。ただ、馬具として本当に認識して持っていたものなのかどうか、再検証する必要のあるものが多いと思います。そのような毛彫り馬具が集落や祭祀遺跡に配布されるセンターがどうも龍角寺古墳群の周辺にあったようです。山路さんが、香取の海は水上交通の一大拠点であると言ったように、仏教色の強い毛彫馬具の配布センターでもあったという点で、新しい文化の中心にもなっていたのだろうと思います。

酒井：この冠、冠と身分制についての話と関連して、韓国忠南大学校大学院・釜山大学博士後期課程での留学を経て、母校の日本大学の教壇に立っておられる山本孝文さんが、百済のサビキュウ、石室の部分にも、材質に応じて棺にも位、ランクがあると発表されています。そういったシステムが日本

にどのように受容されたかは、今後の研究課題かと思います。
　では、寺院出現以前に関して、考えのある程度の下地ができたわけですから、今日のテーマの寺院に話を集中して頂きたいと思います。
岡本：地方に寺院がどうして造られていくのか、どうして仏教が地方に受容されていくのか、大きな問題で、なかなか答えられる問題ではありません。
　その前に少し話を戻しますが、前方後円墳の終焉は7世紀代に入るところもあるし、畿内では580年代だろうと話がありました。そしてそれは中国の墓制との関係で起こるだろうとの話でした。白井さんからは、内部的な要因として方墳が出てくるのだというお話がありました。前方後円墳が日本全国広がって300年、400年続いたわけですが、それは単に形だけが広がっているわけじゃなく、王権の継承儀礼や葬送儀礼、あるいはその死後の世界のコスモロジーといった思想的な側面も伝わったと私は思うのです。それは地方においては、在地の首長権の継承、あるいは族的な結合の表象として前方後円墳があるという理解にたつのです。それから、山路さんが言われたように、古墳造りは宗教だという「精神論」も重視すると、前方後円墳をやめてしまうということの意味が寺院を考える時に非常に重要になってきます。難しい問題だと思いますが、その辺、土生田さん、白井さんにお答え頂いた上で、寺院が出てくることについて、改めてお話を伺っていきたいと思います。
土生田：墳形は、確かに前方後円墳が方墳に大きく変わった。ただ、今お話になった儀礼の部分については、内部主体に注目せねばなりません。古い方から二塚式（畿内最後の前方後円墳がこの型式に相当）、天王山式、石舞台式と、みんなもちろん違うのですが、流れはスムーズなのです。ですから、墳形のようにびっくりするほどの変化がない。ただし、墳形というのは一番、目に見えるところです。この全体に見せるという大きな意味があります。
　もう一つは、ちょうど6世紀末から7世紀の間、前方後円墳が消滅した頃の畿内では、天皇陵（大王墓）を始め、ほとんどの古墳が数年で改葬されているのです。推古もそうです。この意味は、私はわかりませんが、この時期を考えるにあたってこういう現象を考えないといけないように思っております。改葬するというのは、殯を実施することではない。一旦、墓を造って埋

葬したのに、また移葬するというようなことです。そういうものが、前方後円墳が消滅するということと、あるいはリンクするかもしれない。しかし今のところ考古学では、証明する、説明するということがなかなか難しいのです。

　というのは、遺物を見ても、石棺、石室をみても、全部スムーズに変化しています。先ほど言ったように、墳形の方墳化は中国の皇帝陵等に似せたということは間違いないと思います。しかし、その他にも変わる要素があっただろうというご指摘に賛同はしますが、お答えする術がない。ただし、今言ったように、改葬がこの時期に集中するというのは間違いないのですから、なにか儀礼が変化したと言えるかもしれません。たとえば、この時期、前後を含んでですね、殯の期間が非常に長い大王がいる。これは跡継ぎを決めるのに、なかなかスムーズに決まらないものだから、まだ正式に死んでない形にして、その間裏で死闘を演じて、後継者を決めてやっと本番の埋葬儀礼を実施するはこびとなるのだというような考察をかつて和田萃さんが発表しています。このように、政治的理由とはいえ、異常に長い殯期間が何らかの影響を葬送儀礼に与えたであろうと当然予想できます。殯と改葬は区別せねばなりませんが、改葬が、あるいはこの問題に攻め込む一つの手がかりになるかもしれない。今のところ私から言えるのはこれだけです。文献の方もいらっしゃるので、カバーして頂きたいのですが。

川尻：殯についてはあまり文献になく、お答えすることはなかなか難しいのですが、天武は3年間も殯をやっています。ただし、やはり殯だけでは解決できない問題もあると思います。何か一つ挙げるとすると、いわゆる推古朝の宮の問題ですね。たとえば、推古天皇の小墾田宮で、宮の構造が大きく変わりますが、その原因は遣隋使の派遣にあったと思います。冠位十二階も憲法十七条、これについては問題もありますが、遣隋使の後に出されました。やはりこの段階でより濃い中国的な要素が入ってきた可能性を指摘することができると思います。推古朝はやはり画期として捉えることができます。

白井：前方後円墳が消滅しつつあって、方墳あるいは円墳に切りかわる時期に築かれた畿内の古墳で、調査された例が藤ノ木古墳です。その家形石棺か

第Ⅲ部　シンポジウム

らは多くの豪華絢爛たる遺物が出土しました。被葬者は皇族クラスだと推定されますが、豪華な副葬品を伴って埋葬するという習慣がこの段階を最後に次第に消えつつあったといえます。ただし、一変したというのではなく、飾り大刀の副葬にしても前方後円墳から方墳にかわった途端になくなってしまうというわけではないので、徐々に古墳時代の伝統的な威信材が姿を消して副葬品の内容が変わっていく現象を捉える必要があると思います。

岡本：そういう、シンボライズされたものが新しい時代に寺院という新しい記念物を造っていくわけで、その意味においては、古墳から寺院へというつながりは当然認められるわけです。その個々の状況の前に、川尻さんの方から大きな問題が提起されています。古代の文明化の中で仏教と文字が果たした役割という問題です。それについて、会場から質問が来ております。確かに、そういう仏教の普及の中で文字が広がっていくことについては異論のないところですが、渡来系の人々もいたわけで、その点はどのように考えるかということです。それから文字、人手との関連を指摘されていますが、それについて、何か補足することがございましたら、お願いしたいのが第1点。もう一つは、仏舎利信仰というか、日本に入ってきた仏教の特徴は、塔を中心としたものが最初だっていうように、おっしゃられて。塔を重視するという、祖霊、祖霊追善と関わって、祖霊信仰→舎利信仰→塔の重視→仏教のシンボルでありますが、その点はどうでしょうか。その仏教、仏像が入ってきて、仏像ができると、そういう仏像信仰を、本能を重視するようなあり方っていうのはね、日本の初期仏教のあり方だと思いますが、その辺との関連も含めて、その2点についてお話して頂ければ。

川尻：最初の点、文字と渡来人の関係です。文字は、稲荷山鉄剣の銘文のように、5世紀、あるいはそれ以前からあったわけです。ただし、私がここで重視しているのは、文字がこの時期、かなり広い範囲に入り、普及したという点です。それは、吉祥句や年号などとは異なり、政務の中で使われているというような広い意味での文字の使用が始まること、文字本来の機能を発揮するような段階がやはり重要だということです。それはやはりそれ以前の渡来人による部分的な使用とは、やはり一線を画して考えた方がいいのではな

いかという意味です。

　それから2点目の塔・舎利について。以前から言われていることですが、舎利（釈迦の骨）を信仰するということは、やはり、古墳が持っていた祖霊信仰というものとオーバーラップしている。そういう意味で一つは重要ですし、またもう一つは、何と言っても塔は遠くからも見えるわけで、シンボルという意味では、これ以上のものはないのではないかと思います。もちろん仏像も重要でしょうが、シンボルと言った時、やはり、塔というものがやはり一番目に付くという意味で、私は重視していきたいと思うわけです。

岡本：祖霊追善・祖霊信仰という点で、古墳から寺院へというつながりが、当然認められるわけです。それから外見上のシンボルとしての塔という点についても、十分視覚的な意味で重要な要素です。

　それで、埼玉の田中さんには古墳を中心にしてお話頂きましたので、会場にお越しの埼玉県の昼間孝志さんに、寺谷廃寺、あるいは関連の古墳とのお話等若干頂ければと思います。

昼間：寺谷廃寺は、埼玉県の滑川町、東松山市のちょうど西北の丘陵上の、南側にいく丘陵の先端にあります。発掘調査が行なわれておりませんので、規模そのものに関してのデータが全くなく、詳しいことはわかってない。ただ昔から古い瓦が拾われており、軒丸瓦が4種知られています。その他、丸瓦、平瓦は、厚いもの、薄いものが区別されています。それからすぐそばの滑川町周辺は、ため池が非常に多くて、そこに須恵器窯が一基かつて調査され、その須恵器窯が7世紀初め頃という年代が与えられています。その須恵器窯の灰原が、そのため池の中に流れ込んでいる状況で、ちょうどその上に寺があると考えられています。

　瓦のうち、創建瓦と考えられるものは3種類あり、いずれも同じ文様ですが、それぞれ笵が違います。この瓦はこの寺のために焼かれたもので、他の地域、寺から出てきた例はありません。それからもう1種類の軒丸瓦は、比企地方に7世紀末に分布するボウ状資料と呼んでいる関連の瓦ですが、3種類の素弁の瓦とは、胎土が明らかに違います。それから、丸瓦、平瓦は厚いもの、薄いものがあると言いましたが、厚いものは単弁の瓦に伴う可能性が

第Ⅲ部　シンポジウム

高い。薄いものは素弁に伴いそうです。素弁の創建の時期には、軒平瓦は伴わないと考えております。創建の年代についてはいろいろ言われておりますが、7世紀前半と考えております。先ほど報告の中で、古墳が作られてその後、どのような形で寺院が作られたかというお話しがありましたが、寺谷廃寺の南側の方、数100mのところに月の輪古墳群という、前方後円墳を中心とする、数10基からなる円墳で構成される古墳群がございます。6世紀後半以降を中心とするのはわかっていますが、7世紀まで及ぶのかはわかりません。側に古墳があるという事実はあります。

岡本：寺谷廃寺とその年代については、研究者によっていろいろ意見があるわけですが、昼間さんのご意見にしたがって、伽藍があったかどうかは別にして、7世紀前半にはそういうものがこの武蔵の中にあった。そのように考えると、龍角寺より一段古い可能性もあるという重要な地域であります。それに対応するかどうかは別にして、月の輪古墳群という、6世紀後半からの古墳群がその地域に見られるというお話です。ここで、田中さんが、レジュメの中にそういう初期寺院の本流に至らなかった武蔵の特質と書いておられますので、補足的にお話をお願いします。

田中：まず7世紀前半の地域編成のありかたについて、武蔵という地域を一括りにして、その内に埼玉と比企の寺谷があるという枠組みではなく、埼玉と比企という別々の地域（枠）として捉え、埼玉は継続する寺院を建立しえなかった、比企は新たなイデオロギーをもった人々が寺谷という寺院をつくったと考えるべきです。また「国」の成立、「評」の成立がきわめて不安定な首長間のパワーバランスの上に成り立っていたということです。

岡本：首長墓の系譜からずっと追えるような、前時代から寺院成立まで追えるような現象はない地域だというのが北武蔵の特質だという意味合いで理解してよろしいですか。

田中：はい。

岡本：それでは寺院がなぜ受容されたのか。在地側から見て寺院というものをなぜ造らざるを得なかったのか、という要因に関してお話を聞かせて頂ければと思います。まず髙井さんから、上野では一方で古墳を造りながら、山

王廃寺がなぜ出現するのか、そういうものを造らざるを得ないのかということの意味について、お考えをお聞かせ願いたいと思います。

髙井：なぜかということになると、これは非常に難しいご質問です。なぜ山王廃寺のような初期寺院が造られたのかということを考えてみますと、7世紀後半に寺院が造られていくという要因は、須田先生もお話しされたように、律令制の地方支配が確立していく過程の中で理解していかなければならないと思います。上野国で7世紀第3四半期に遡る可能性のあるのは山王廃寺ですが、そのような時期に寺院がいち早く造られるというのは、やはり大和政権との特別なつながりがある地域なのでしょう。7世紀後半から評が設置されていくわけですけれども、その過程の中で地方が大きく再編成されていきます。そういった地方にとって激動の時代に、地方豪族はさまざまな対応策をとったものと考えられます。その中で新しい思想・文化である仏教を地方豪族も取り入れていく、それは大和政権の政策とも合致するわけなので、それはそれでその時代に合致した対応であったと思います。そのような動きに対応することができて、豊富な財力があり、最新技術を導入することができた有力豪族が最初に寺院を造ることができた、それが総社古墳群を造り続け、そして、山王廃寺を建立できた豪族だったのだと思います。

　それから先ほど、土生田先生から、古墳の石室に使われた切石と寺院の基壇の築造とが関係しないのかというお話がありました。宝塔山古墳と同じ時期に造られた山王廃寺はどうなのかということについて、一応お話ししておきます。山王廃寺は金堂が調査されていますが、残りはあまりよくなかったようです。ただ、切石が基壇の周辺から出ているようなので、金堂の基壇は切石を使って化粧していたことは確実だと思います。仏教寺院は地方にとって新技術の集合体みたいなもので、いろいろな技術がその造営に伴って入ってきていますが、石を切って積み上げるという技術も、基壇化粧の技術としてこのときに新たに伝わってきた可能性はもちろんあります。ただ、それが宝塔山古墳の石室とどう関わるのかということについては、両者の時期的な問題もありますので、今の時点ではよく分からないというのが正直なところです。

第Ⅲ部　シンポジウム

　山王廃寺の金堂の発掘には田中さんが高校時代に参加されているそうです。切石を実際にご覧になっていると思いますので、何か具体的にお話しいただければ。

田中：ブロック状の切石が、バラバラといくつか金堂基壇のへりに出てきたのは覚えています。その石は、宝塔山古墳の截石切組積石室の石材を加工する技術と全く同じ技術で、表面を敲打した痕跡が残っている。ただ截石切組積みが古墳の方でも非常に長く残るわけで、切石の出土が寺院の出現を古く遡らせる材料にはならないと思います。

岡本：切石組みと、石工との関連は当然技術的に結びつく点でありますから、どちらが早いかは解釈の問題です。土生田さんによるそういう関連性のご指摘を追認するという形にしておきたいと思います。続きまして、那須地域における寺院成立は上野と若干異なっているかもしれませんので、この地における寺院造営の意味というお話を頂ければと思います。

眞保：寺院といたしましては「下毛野」として下野薬師寺跡、「那須」として浄法寺廃寺跡、尾の草遺跡を取り上げさせていただきました。現在考えられているこれらの寺院建立と最後の古墳の間に地域的な連続性は認められるものの、タイムラグが生じ、関連性については不明な部分が多くなっています。ここでは、それぞれの寺院の特徴から成立状況を考えたいと思います。

　下野薬師寺に関しましては、創建の段階から外郭施設の規模が、南北351m×東西252mと極めて大規模であり、それが終始踏襲される状況にあること、一塔三金堂型式とされる特異な伽藍配置をもつこと、創建期の瓦である複弁八葉蓮花文鐙瓦が形骸化しつつも北武蔵や南陸奥地域の瓦文様に影響を与えていることなどを特徴としてあげることができます。また、720年代の官寺化、そして天平宝字年間の戒壇設置など東国においては中心的な寺院であり、それが創建期段階にさかのぼる可能性をもっています。これらのことから、寺院建立が、ただ在地の有力豪族の手によるものとは到底考えられません。国家としての東国支配、陸奥国経営などの外的な要因をそこに考える必要があります。

　那須地域には二寺院が小規模ながら造営されます。出土瓦群に有稜素弁八

葉蓮花文鐙瓦など同様のものが認められ、関連の強いものと考えられています。これらの寺院の特徴を良くあらわしているものが、鐙瓦の文様と接合技法です。同種の瓦は、東山道など直線的な分布をしめすことが知られ、東国での畿内系鐙瓦の分布とは明らかに異なるものとなっています。また、陸奥腰浜廃寺にもみられ、これらの寺院の造営の背景を物語っています。瓦の年代観は7世紀前半など諸説あり、定説はみていません。しかし、国造碑や渡来文化の受容などから日本書紀にみえる持統朝の下毛野国への三回の帰化新羅人配置先として那須が有力地となっています。さらに円筒状男瓦の接合や有稜素弁系鐙瓦の文様の特徴などから7世紀後半でも第4四半期にかかる頃と考え、国家による渡来人の配置とこれらの寺院建立を結びつけて考えています。また、那須地域の場合には、那須国造碑の存在を抜きには、この時期の動向を物語ることはできません。那須国造碑は、庚子(700年)に死去した那須直韋提を偲び、その子とされる意斯麻呂らにより、建立されました。碑文にみえる永昌元年(689年)は唐や新羅の年号であり、墓碑の建立や碑文内容等にも、渡来人の関わりが認められるものです。那須におけるこれら2つの寺院と国造碑といった先進的、渡来的文化や技術がいずれも古墳時代後期の那須地域を代表とする古墳群、横穴群が集中する箒川北側、那珂川東岸、西岸にそれぞれ位置しています。

　古墳から律令時代へと大きく変化するこの時期に那須氏は国造から評督となり、国造碑は墓碑としての機能のみならず、いままでもこれからも譜代豪族としての地位を明確にするという意図が認められる状況は、このような那須地域における他地区における二寺院の造営に関連を求めることができます。また、このような複雑な状況が示すごとく、8世紀初頭には浄法寺廃寺の隣接地域に那須郡役所である那須官衙遺跡が造営されることとなります。いずれにしても後期古墳がよく分からない状況にありますが、下毛野地域に認められない横穴墓群の存在が今後これらの当地域の様相を明らかにする可能性をもつものと理解しています。

　古墳に変わるモニュメントとしての寺院造営には、在地は当然のことながら国家などの外的な要因が加味されると考えております。それは寺院の規模

第Ⅲ部　シンポジウム

や瓦の文様系譜が全く異なる影響が下毛野、那須といった陸奥地域と接するという地理的にも国家が重要視する地で認められることとなったのではないかと考えます。

岡本：先ほど髙井さんから、立評に絡んで在地の再編成、そこに出てくる様相を考えてみようというお話を伺ったわけです。それに加えて、下野国の薬師寺は8世紀になって官寺（公の国家的な寺院）になるのですが、眞保さんの話では、薬師寺はひょっとしたら、当初よりその外的、つまり大和政権、中央の意向が反映して、西の観世音寺に対応する東の蝦夷対策を睨んだ国家的な視点が見られるということでしょうか。続きまして、常陸の方をお話頂けますでしょうか。

稲田：常陸国の場合には、7世紀に装飾古墳が存在したり、横穴墓が盛行したりと、他地域とは異なる事例がみられますが、その解明はまだ出来ていません。また、茨城廃寺跡を例にとっても、その近くに存在する120基を超える群集墳のほとんどが未調査で、その性格づけが出来ないというような現状です。ですので、寺院創建直前の状況がみえていません。事例報告では、台渡里廃寺跡と茨城廃寺跡を取り上げ、創建直前まで首長墓が築造されていた地域に位置する例と、首長墓が希薄な地域に位置する例があることを紹介しました。このように2つの寺院では古墳との関係において違いがみられますが、東海道推定路のすぐ近くに位置しているという共通点がみられます。また、台渡里廃寺跡は那珂川、茨城廃寺跡が恋瀬川といった主要河川のすぐ近くの台地上に位置しているということから、2つの寺院とも陸上交通だけでなく水上交通においても要所に位置するという共通点もみられます。ですので、今後寺院と官道との関係やその立地、さらに先に言いました古墳や横穴墓の様相が明らかになることで、常陸国における寺院造営の背景が見えてくるのかなと思います。

岡本：わかりました。そういう官道、のちの官道沿いに、兵站として寺院が造られているということですね。それでは、龍角寺を中心として、上総の寺院成立について、山路さんの方からお話頂けたらと思います。

山路：私は古墳から寺へのタイムラグの少ない龍角寺を取り上げて、突っ込

古墳から寺院へ

んだ話をしました。一般に房総は寺が多いといわれています。しかし、確実に7世紀第3四半期の瓦が出土する寺は龍角寺と上総大寺しかありません。あとは7世紀第4四半期、とくにその後半から8世紀初頭にかけての瓦が出土する遺跡です。古墳から寺への移行をスムーズに解釈するなら、先ほど白井さんが指摘されたように消滅もしくは未明の終末期古墳を想定するか、瓦葺き以前の瓦葺きでない寺を想定するしかありませんが、それはないものねだりです。

それを前提に上総を取り上げますと、安房と上総を含めた房総半島の瓦葺きの寺は、顕著な分布傾向があります。内房といわれる東京湾岸では富津岬より南、外房といわれる太平洋岸では太東岬より南の地域では、瓦葺きの寺は、8世紀の安房国分僧寺を除いてありません。これらの岬の北側は遠浅の砂浜で、南はリアス式の海岸です。やはり、平野や平坦な台地が少なく、交通との関わりでいえば、袋小路のような房総半島の先端には、古墳も寺も少ないようです。当たり前といえばあたりまえですが。

さて、龍角寺との関わりでいえば、内房の寺に龍角寺の瓦当文様を祖型にする軒丸瓦が分布します。市原郡の光善寺廃寺、海上郡の二日市場廃寺と今富廃寺、周淮郡の九十九坊廃寺です。光善寺廃寺は九十九坊廃寺の祖型、二日市場廃寺は今富廃寺の祖型となります。ここに川原寺式の上総大寺を入れると、隣接する郡で瓦の文様が異なるという、非常に地域の間の状況が反映されているようで面白いです。また、二日市場廃寺では大和の小山廃寺を祖型にした紀寺式軒丸瓦が出土して、外房の武射郡にある真行寺廃寺の祖型になります。下総では龍角寺を祖型にした文様が分布しますが、一番北の結城郡の結城廃寺は場所柄近くの下野薬師寺、葛飾郡の真間廃寺は結城廃寺の瓦窯から瓦を搬入しています。

こうして房総をみると、山田寺と龍角寺、川原寺と上総大寺廃寺、小山廃寺と二日市場廃寺のように大和の文様を直接祖型にして瓦当文様が成立し、それが龍角寺や二日市場廃寺のように房総での祖型になってこの域に広がるのです。

そこで面白いのが、龍角寺と上総大寺廃寺です。7世紀第3四半期に建て

197

第III部　シンポジウム

られた二つの寺の瓦当文様が、龍角寺の文様は房総に広く分布するのに対し、上総大寺廃寺はまったく広がらないのです。これはどういうことなのでしょうか。いずれにしても龍角寺が建てられた場所は、香取の海と鬼怒川・印旛沼などが交わる水上交通の要衝ですから、そのことの関わりが大きいのでしょうね。

　それと先ほど白井さんは龍角寺古墳群の方墳の問題で、蘇我氏との関連をおっしゃいしました。この問題については川尻さんが「大生部直と印波国造」という論文を既に公表しておられますから、後でご本人に補足して頂きましょう。平城京左京二条大路から出た木簡に基づき、埴生郡の郡領氏族は大生部氏であり、岩屋古墳や龍角寺の造立主体である印波国造の可能性があるという結論を出されました。生部というのは上宮王家に支配される部民で、上宮王家は蘇我入鹿に643年に滅ぼされてしまいます。岩屋古墳が方墳だからといって、単純に蘇我氏との関係を云々することはできないと思うのですか。王権と龍角寺の関わりは述べましたとおり中大兄皇子に焦点をあててもよいかなと思っています。上宮王家滅亡後の生部のあり方はどうなんでしょうか。方墳＝蘇我論を千葉で展開される場合は充分留意して頂きたいなと思います。

岡本：相関関係が解けてきたような思いが致しますが、果たして、そうであるかどうか。これからの課題が見えてきたようです。これに関連しまして、質問が参っております。下総龍角寺の造営活動は旧勢力ですか、新しい新興の勢力ですか。祖霊崇拝を主な一つとするならば、旧勢力が造営したと考えるべきでしょうか。その辺、川尻さんへの質問ですので、よろしくお願いします。

川尻：それも、山路さんに先ほど紹介して頂いた論文がありますので、詳しくはそちらの方をご覧頂ければと思います。結論から言えば、私自身は新勢力だと思います。もともとの印波国造は、丈部(はかつかべ)かどうか確証はありませんが、印旛の地を本拠とした氏族で、埴生郡の郡領氏族である大生部(おおみぶべ)が急速に勢力を拡大し、印波国造になり、印波クニの分割を申請した。おそらく、それは『常陸国風土記』に見られるように、新興勢力・氏族が新しく評を作り、そ

のトップになるためには、言葉が悪いのですが、国家にすりよっていくことになる。そのためには国家の政策を受容するのが一番で、その最たるものが寺づくりであったと思います。ですから、新しい勢力が伸びていくには、それがすべてだと思いませんけど、寺院造営が重要なファクターではないかと考えています。

岡本：大局的に見れば、在地の寺院成立にあたって、大化の律令以降の評あるいは郡というものの役所の機構と、それからお寺の成立というのは、セットと言ったらおかしいですけども、そういう両輪の関係で、地方へ広がっていく、と考えられるわけです。その辺、郡司、郡名寺院ということを考えていくと、すでにそれ以降、公の寺という感じになってくるわけです。文献史・古代史の方では今議論があるところだそうですが、その郡寺の評価についてはどういうことになっているのですか。川尻さん、お願いします。

川尻：呼び方にもいろいろあり、「郡寺」「郡名寺院」「郡家付属寺院」などがあります。実例として、茨城県石岡市の茨木廃寺から「茨木寺」が出土しており、この他にも茨城県には、他にも確認されています。これらは郡の名を付けているのですが、果たして公の機能を持っているのか、あるいはそうじゃなくて氏寺なのかという点については昔から議論があります。現在もいろいろ論議がなされているところです。私自身は、評や郡との関係が強いと思っておりますが、この点については山中敏史先生に一言お願いできれば有り難いのですが。

岡本：そういう地方編成の時にできてくるという役所と、郡寺になるのかどうかは別にして、その寺院が出来てくる背景について、それらはセットにして考えなければいけない。須田さんは、二、三取りまとめて一つである地域もあるということも言っておられます。それは全国的に見て、どのように考えたらいいのかということをお教え頂きたい。

山中：実は、私の編集で『地方官衙と寺院―郡衙周辺寺院を中心として』という本が奈良文化財研究所より2005年12月に刊行されます。詳細はそちらを参照していただくとして、若干お話しさせていただきます。まず、氏寺か郡寺（いわゆる公の寺）かという問題については、当然二者択一ではないと私

も思います。だからと言って、大家族よりさらに大きな血縁集団、いわゆる氏族の構成員たちが、自分たちの祖先供養のためだけに寺を作ったということになると、問題があると思います。氏というと、どうしても、まとまった大きな血縁的な集団のようなものに見えてくるのですが、氏というものは必ずしもそれだけではなく、大和王権によって政治的に設定、編成されたという部分もあるわけです。そうするとその時代に、氏というものはある程度公の性格を持っていたと思うのです。そういう問題も考慮しなくてはならないので、やはりなかなか難しいと思います。

　京とお寺の関係ですけれども、山路さんは、下総・上総のあたりは、龍角寺とか上総大寺を除いて、ほとんどが7世紀末から8世紀初めに頃にお寺ができると話されました。いわゆる大化、孝徳立評というのは650年、一番早くて649年と考えられていますが、そうなると、その頃の立評の寺はどうなるのかということになります。そうすると、孝徳立評の評価に、逆にお寺のほうから関わってくるという話になります。ですから、その辺はもう少し慎重に考えたほうがいいのではないか。7世紀末にはやはり大きな画期があって、それ以前の寺とそれ以降の寺は、その性格も大きく変わるのではないかなと考えています。

岡本：今、山中さんがお話くださいましたのは、郡の段階になって、いわゆる律令体制となってくる時の寺院の評価ついては、そういう郡との関係で見ることができるというのも、650年代以降、大化の立評に絡んで、どういうあり方の寺院が成立してくるのか、具体的な、さっき山路さんが指摘されたように、龍角寺がケーススタディとして考えられるわけでありますが、そういうものが普遍化できるのかどうか、またそれについては慎重に期す、期さなければいけないというご指摘であったかと思います。

橋本さん（参加者）：これは神奈川県地域に限定的な状況かどうかわからないのですが、神奈川県には、8世紀でしょうか、長さが3m50、4mくらい、幅が1mあるいはそれ以下の横穴式石室を伴った古墳があります。墳丘高さが1m以下のものもあります。これは神奈川県だけなのか、他の地域でどうなのか。先ほど小林さんがおっしゃいました、そういう古墳は地下に潜

っているものがほとんどなのです。各県でそういう事例があるのかどうか、ちょっとお教え願いれば有り難いかなと思います。

酒井：質問用紙には、古墳は、大化以後は造られていないのかという質問もありました。シンポジウムの中で触れましたが、ずっと造られていまして、おそらく7世紀、今のように8世紀に入るのもあるかもしれません。そういうことは、寺院が造られたら、急に古墳が造られなくなるということではないということです。

それで、終末期古墳に関する部分の問題だけをずっとやると、またこれも一つのシンポジウムができてしまって、そこを論議するのは難しい。その部分を今日ははしょって、首長系の墳墓と寺との関係についてだけ絞ってお話をしたものです。土生田先生、今の質問に関して、少しお話頂ければありがたいのですが。

土生田：昨日の須田さんのお話や今日の議論の中で、首長墓系列が終わってタイムラグがあってお寺が出現するととれるようなお話がありました。こういうケースはないことはないのですが、7世紀中葉で首長墓系列が終わるというより、実際は8世紀初頭くらいまである地域も多いのです。お寺に隣接してある首長墓に限るとそうなります。けれども、たとえば在地首長の領域をはっきり復原できませんが、川の流域と考えると、数km上流にあるとか、場所を少し違えて考えてみると、古墳から寺院へ案外続いていることが多いのではないかとも思います。ただ全部が全部だということではない。しかし、8世紀を迎える頃には、汎列島的に古墳築造が全部終わるというところが重要であると私は昨日申し上げました。

先ほど田中さんからお話がありましたが、東国は7世紀の後半になっても、家族墓である横穴式石室がつくり続けられるという現象がある。私、その通りだと思っております。東国では7世紀前半から中葉くらいに、横穴式石室の最大のものが多いと思います。後半になると、小さくなりますが、劇的には小さくなりません。小さくはなるけれども、追葬が十分できるような状況であるわけであります。これに比べて畿内は7世紀の後半になると、横口式石槨、あるいは石棺式石室という人もいますが、要は一人分の棺を入れると

第III部　シンポジウム

もう全く隙間がない、まったく一人だけのためのお墓に、上層のものまで変わってしまうわけであります。したがって、墓制だけで言えるかどうかわかりませんが、社会構造としては、東国と畿内では差があるのではないかと思っています。そういう差があるにもかかわらず、一斉に古墳造りを止めさせ得る力が、8世紀初頭の畿内にはすでに出来上ったというところを強調したわけです。それは文献史学の成果ともおおむね合致するであろうと思います。日本がいつできたかというのは、色々な立場がありますが、701年大宝律令をもって以後、日本国家がまだできていないという人は皆無です。もう一つ言えば、672年の壬申の乱が非常に大きいだろうと思っております。皆さんのお話も素材が違ったのに、言い方が違いますけれども、歴史的展開の認識自体はそんなに変わらないだろうと思うのです。もう一度言いますと、畿内の政権が各地域を完全に掌握した後に全国的に古墳が造られなくなる。ただし、東国は畿内政権が完全に掌握する時期が西日本より遅れるであろう。したがって、古墳の消滅の様相も少し違うのではないかと思っているということであります。

　最後に、ご質問のあった終末期古墳のお話ですが、どういうものか具体的なことはわかりませんが、おそらく、東京都にもある、群集墳的なものであろうと思います。たとえば、府中市高倉古墳群や多摩市塚原古墳群などがあります。同様に静岡県にも類例があります。そのなかで、浜松市の宇藤坂古墳群では、8世紀初頭まで古墳を築造しております。その後は古墳と言えるか言えないか、人によって評価が違いますが、墳丘がほとんどないような、しかしかろうじて石室の構造が省略されたものが8世紀前半まで残ります。これに続いて、三島の方形周溝墓状遺構というようなものがありまして、ここで火葬されたかもしれないというような、古墳としては最終末のものがあります（田頭山古墳群）。しかし、これらは、為政者とは言えない階層のものであり、中央がそこまで隅々に目を光らせていたかどうかということに問題があるということと、墓制というものは伝統的な性格を持つことも多く、そう一朝一夕に変わらない傾向もあり、新来文化との妥協の産物でもあるのではないかと思います。地方地方の具体相については、それぞれの人に聞かな

ければいけませんが、ただそういったものの認定は、掘った人が古墳と認定したのかそうでないのかという問題も関わってくる。そういう遺構は8世紀前半にも残っているということは言えると思います。

岡本：古墳の終焉をどういうふうに考えるのか、それから寺院の成立をどういうふうに考えるのか、あるいは7世紀中頃の薄葬令をどういうふうに考えていくのか、大化の立評と寺院の関係をどういうふうに考えていくのか、2日間に渡って議論しましたが、なかなか結論のでる問題ではありません。どの問題ひとつをとってもシンポジウムになるような課題です。非常に欲張りな課題であって、また、司会が不手際で十分まとめることができませんでしたが、それぞれ話を聞いていただいて、考えていただくきっかけをつくっていただければ大変うれしく思います。2日間にわたりご静聴ありがとうございました。

あとがき

　本書は 2004 年 11 月 20・21 日に早稲田大学戸山校舎で開催されたシンポジウム「古墳から寺院へ ―関東の 7 世紀を考える―」の記録である。このシンポジウムは 2000 年に始まった「大学合同考古学シンポジウム」の第 5 回目（最終回）として開催された。小林三郎、菊池徹夫両教授のご助言を仰ぎながら、中條英樹氏（当時、早稲田大学會津八一記念博物館助手）と佐々木とが講演依頼を行い、予稿集を編集した。まず中條氏に感謝申し上げる。

　本書刊行に向けての作業は、第 4 回大学合同考古学シンポジウムの「縄文と弥生」の執筆依頼が遅れたこともあり、「古墳から寺院へ」シンポジウムの半年以上後、タイミングを外した時期に原稿依頼することから始まった。執筆依頼から 7 年半、講演から 8 年も経過したことになる。当初の締切に合わせて原稿を提出してくださった方に対して、刊行の遅延をお詫び申し上げる。なかには原稿を 2 回書き直してくださった方もいらっしゃる。

　また討論（シンポジウム）のテープ起こしを編集する作業は、中條氏の後任の山田俊輔氏と一緒に、当日のビデオを見ながら行った。山田氏にも感謝申し上げる。討論への加筆修正を各執筆者にお願いしたのは 2006 年 3 月であった。

　さらに編者の小林三郎教授が 2006 年 11 月 5 日に逝去されたことは痛恨の極みである。本書を霊前に捧げ、せめてもの慰めとしたい。実は小林先生はこの基調講演の後体調を崩されたので、これが生前最後のご講演であり、本書所収の原稿が絶筆である。小林先生のご講演は大学院生にテープ起こししてもらって、佐々木が論文のスタイルに編集したものを、小林先生ご本人に加筆していただいた。私が加筆修正をお願いした 2006 年 4 月は丁度退院され職場復帰されたときで、赤で沢山加筆してくださったことを今でも思い出す。

　今回の編集に際しては、この 7 年間の研究成果を原稿に反映させてくださるよう、執筆者にはお願いした。その過程で、「評衙の成立と寺院の造営」

あとがき

をご講演いただいた須田勉先生はご多忙で、加筆する時間がないとのことで、大変残念であるが、執筆をご辞退された。

このように刊行が極端に遅れたのは、2007・2008年における佐々木の原稿督促が不十分であった上、2009年4月から16箇月間在外研究をいただき、アメリカ合衆国に滞在して、編集が滞ったためである。その責は佐々木にあることを明記し、関係各位に重ねて深くお詫び申し上げる次第である。

最後に、本書の刊行は第1～3回大学合同考古学シンポジウム『弥生の「ムラ」から古墳の「クニ」へ』(2002)、『縄文社会を探る』(2003)、『埴輪づくりの実験考古学』(2006)と同様、学生社に本来お願いしてあったものである。しかしながら、原稿提出がこのように遅れたため、当然のこととはいえ、学生社から刊行を断られてしまった。それを六一書房の八木環一会長に救っていただいた。八木会長に満腔の感謝の意を捧げたい。

佐々木憲一

編 者

小林三郎（こばやしさぶろう）
1937年東京に生まれる、元明治大学文学部教授、文学博士。2006年11月5日逝去。
明治大学考古学博物館館長、日本考古学協会副会長などを歴任。
主要著作：『日本古墳大辞典』（共編著、東京堂出版、1989）、『続日本古墳大辞典』（共編著、東京堂出版、2002）、『信濃大室石塚古墳群の研究 Ⅰ』（共編著、東京堂出版、1993）、『信濃大室石塚古墳群の研究 Ⅱ』（共編著、東京堂出版、2006）、『信濃大室石塚古墳群の研究 Ⅲ』（共編著、六一書房、2008）、『古墳時代倣製鏡の研究』（六一書房、2010）

佐々木憲一（ささきけんいち）
1962年東京に生まれ、京都に育つ。ハーヴァード大学人類学研究科大学院博士課程修了、Ph.D.（学術博士）。
現在、明治大学文学部教授。
主要著作：『雪野山古墳―未盗掘石室の発見』（新泉社、2004）、『古代史の基礎知識』（共著、角川書店、2004）、『茨城県霞ケ浦北岸地域における古墳時代在地首長層の政治的諸関係理解のための基礎研究』（共編著、明治大学文学部考古学研究室、2005）、『関東の後期古墳群』（編著、六一書房、2007）、『信濃大室石塚古墳群の研究 Ⅲ』（共編著、六一書房、2008）、『常陸の古墳群』（共編著、六一書房、2010）、『はじめて学ぶ考古学』（共著、有斐閣、2011）

執筆者一覧（五十音順）
稲田健一（茨城県ひたちなか市生活・文化・スポーツ振興公社）
川尻秋生（早稲田大学文学学術院）
菊池徹夫（早稲田大学名誉教授）
白井久美子（財団法人千葉県教育振興財団文化財センター）
眞保昌弘（栃木県那珂川町教育委員会）
髙井佳弘（公益財団法人 群馬県埋蔵文化財調査事業団）
田中広明（公益財団法人 埼玉県埋蔵文化財調査事業団）
土生田純之（専修大学文学部）
山路直充（市立市川考古博物館）

考古学リーダー 22

古墳から寺院へ ―関東の7世紀を考える―

2013年4月25日　初版発行

編　　者　小林　三郎・佐々木　憲一
発 行 者　八木　環一
発 行 所　株式会社 六一書房
　　　　　〒101-0051　東京都千代田区神田神保町 2-2-22
　　　　　電話 03-5213-6161　FAX 03-5213-6160　振替 00160-7-35346
　　　　　http://www.book61.co.jp　　Email info@book61.co.jp
印刷・製本　株式会社 三陽社

ISBN 978-4-86445-023-2 C3321　　© 2013　　　　　　　　Printed in Japan

考古学リーダー 21

縄文社会研究の新地平（続々）
～縄文集落調査の現在・過去・未来～

小林謙一・黒尾和久・セツルメント研究会　編

A5判／242頁／本体3500円＋税

── 目　次 ──

序―縄文集落研究の新地平の15年を巡って―	小林　謙一
調査史年表	小林・中山・黒尾

1部　報告「縄文集落研究の新地平の15年」
縄文時代住居調査学史	小林　謙一
武蔵野台地における縄文中期集落調査の事例から	中山　真治
多摩における縄文中期集落調査の展望	黒尾　和久
調査例個別報告その1　東海地方からの視点	纐纈　茂
調査例個別報告その2　犬島貝塚の調査から	遠部　慎
調査例個別報告その3　山梨県の調査例	櫛原　功一
調査例個別報告その4　福島県井出上ノ原遺跡の調査実践	大網　信良
調査例個別報告その5　北関東から―栃木県の事例―	武川　夏樹
調査例個別報告その6　北海道での調査実践	村本　周三

2部　討論の記録
縄文集落研究の新地平の15年

3部　補論と展望
縄文集落研究の15年と新地平グループの指針	宇佐美　哲也
「縄文集落研究の新地平の15年」公開研究会参加記 ―いわゆる新地平グループのこだわり―	山本　典幸
戦後集落調査の系譜	小林　謙一
型式組列原理再考	五十嵐　彰
結～縄文集落研究の足場	黒尾　和久

── 推薦します ──

縄文集落研究グループ15年の軌跡

　1970年代・80年代の考古学界において集落構造論，廃棄パターン論など縄文集落をめぐる議論はわれわれの憧れであった。しかし，魅力的ではあったものの解釈モデルを提示したに過ぎなかった縄文集落論は，調査事例が急増する中で硬直化していった。これに対し，90年代半ばに全点ドットや接合資料を武器に，徹底したデータ主義と帰納的方法で従来の縄文集落論に反旗を翻したのが縄文集落研究グループである。本書は同グループによる『縄文集落研究の新地平の15年』と題するシンポジウムの記録集であり，ここでは自分史を含めた同グループ15年の歩みを再確認しながら，遺物出土状態の記録化をめぐる葛藤や複雑で理解し難いと批判されてきた彼らがめざす縄文集落研究の姿が熱く語られている。

尚美学園大学教授　櫻井　準也

Archaeological L & Reader Vol. 21

六一書房

考古学リーダー
Archaeological L & Reader Vol.1〜20

1 弥生時代のヒトの移動 〜相模湾から考える〜
　　　　　　西相模考古学研究会 編　209 頁〔本体 2,800＋税〕

2 戦国の終焉 〜よみがえる天正の世のいくさびと〜
　　　　　　千田嘉博 監修　木舟城シンポジウム実行委員会 編　197 頁〔本体 2,500＋税〕

3 近現代考古学の射程 〜今なぜ近現代を語るのか〜
　　　　　　メタ・アーケオロジー研究会 編　247 頁〔本体 3,000＋税〕

4 東日本における古墳の出現
　　　　　　東北・関東前方後円墳研究会 編　312 頁〔本体 3,500＋税〕

5 南関東の弥生土器
　　　　　　シンポジウム南関東の弥生土器実行委員会 編　240 頁〔本体 3,000＋税〕

6 縄文研究の新地平 〜勝坂から曽利へ〜
　　　　　　小林謙一 監修　セツルメント研究会 編　160 頁〔本体 2,500＋税〕

7 十三湊遺跡 〜国史跡指定記念フォーラム〜
　　　　　　前川 要　十三湊フォーラム実行委員会 編　292 頁〔本体 3,300＋税〕

8 黄泉之国再見 〜西山古墳街道〜
　　　　　　広瀬和雄 監修　栗山雅夫 編　185 頁〔本体 2,800＋税〕

9 土器研究の新視点 〜縄文から弥生時代を中心とした土器生産・焼成と食・調理〜
　　　　　　大手前大学史学研究所 編　340 頁〔本体 3,800＋税〕

10 墓制から弥生社会を考える
　　　　　　近畿弥生の会 編　288 頁〔本体 3,500＋税〕

11 野川流域の旧石器時代
　　　　　　「野川流域の旧石器時代」フォーラム記録集刊行委員会（調布市教育委員会・三鷹市教育委員会・明治大学校地内遺跡調査団）監修　172 頁〔本体 2,800＋税〕

12 関東の後期古墳群
　　　　　　佐々木憲一 編　240 頁〔本体 3,000＋税〕

13 埴輪の風景 〜構造と機能〜
　　　　　　東北・関東前方後円墳研究会 編　238 頁〔本体 3,300＋税〕

14 後期旧石器時代の成立と古環境復元
　　　　　　比田井民子　伊藤 健　西井幸雄 編　205 頁〔本体 3,000＋税〕

15 縄文研究の新地平（続） 〜竪穴住居・集落調査のリサーチデザイン〜
　　　　　　小林謙一　セツルメント研究会 編　240 頁〔本体 3,500＋税〕

16 南関東の弥生土器 2 〜後期土器を考える〜
　　　　　　関東弥生時代研究会　埼玉弥生土器観会　八千代栗谷遺跡研究会 編　273 頁〔本体 3,500＋税〕

17 伊場木簡と日本古代史
　　　　　　伊場木簡から日本古代史を探る会 編　249 頁〔本体 2,900＋税〕

18 縄文海進の考古学 〜早期末葉・埼玉県打越遺跡とその時代〜
　　　　　　打越式シンポジウム実行委員会 編　208 頁〔本体 3,200＋税〕

19 先史・原史時代の琉球列島 〜ヒトと景観〜
　　　　　　高宮広土　伊藤慎二 編　306 頁〔本体 3,800＋税〕

20 縄文人の石神 〜大形石棒にみる祭儀行為〜
　　　　　　谷口康浩 編　239 頁〔本体 3,500＋税〕

六一書房刊